Mönche, Magier und Schamanen

J. H. Brennan

MÖNCHE, MAGIER UND SCHAMANEN

Die geheimen Praktiken
der spirituellen Meister Tibets

Aus dem Englischen übersetzt von Jochen Lehner

Lotos

Die amerikanische Originalausgabe erschien 2006 unter dem Titel
»Tibetan Magic and Mysticism« im Verlag Llewellyn Publications, Woodbury,
MN 55125, USA (www.llewellyn.com)

FSC
Mix
Produktgruppe aus vorbildlich
bewirtschafteten Wäldern und
anderen kontrollierten Herkünften
Zert.-Nr. SGS-COC-1940
www.fsc.org
© 1996 Forest Stewardship Council

Verlagsgruppe Random House GmbH
FSC-DEU-0100
Das für dieses Buch verwendete
FSC-zertifizierte Papier *EOS*
liefert Salzer, St. Pölten.

Das vorliegende Buch ist sorgfältig erarbeitet worden. Dennoch erfolgen alle Angaben ohne Gewähr. Weder Autor noch Verlag können für eventuelle Nachteile oder Schäden, die aus den im Buch gemachten praktischen Hinweisen resultieren, eine Haftung übernehmen.

1. Auflage 2006

Lotos Verlag
Lotos ist ein Verlag der Verlagsgruppe Random House GmbH

ISBN-10: 3-7787-8188-X
ISBN-13: 978-3-7787-8188-3

Copyright © 2006 by J. H. Brennan
Copyright © 2006 für die deutschsprachige Ausgabe
by Lotos Verlag, München, in der Verlagsgruppe Random House GmbH
Alle Rechte sind vorbehalten. Printed in Germany.
Illustrationen im Innenteil: Llewellyn Art Department
Einbandgestaltung: SWSP Design, München,
unter Verwendung eines Motivs von Arthur Tress/Getty Images
Gesetzt aus der Berling bei Leingärtner, Nabburg
Druck und Bindung: GGP Media GmbH, Pößneck

INHALT

Einleitung: Das mystische Zentrum der Welt 7

ERSTER TEIL: ENTDECKUNGEN

1 Das Khor-lo-System 25
2 Das Rlung-System 32
3 Gurus und Chelas 37
4 Außergewöhnliche Kräfte 48
5 Illusion und Wirklichkeit 59

ZWEITER TEIL: MAGIE

6 Lung-gom-pa 75
7 Gtum-mo 81
8 Geistiges Gtum-mo 97
9 Tulpas 100

DRITTER TEIL: MYSTIK

10 Karma und die Sechs Bereiche 109
11 Die Suche nach Erleuchtung 116
12 Vorbereitung auf die Meditation 120
13 Vorbereitende Gebete 130
14 Meditation 140
15 Mantra 148
16 Leerer Geist 161
17 Eine unwirkliche Welt 169

VIERTER TEIL: SCHLAF UND TRAUM

18 Der Traum und seine Wurzeln 175
19 Traum-Yoga 179
20 Schlaf-Yoga 187

FÜNFTER TEIL: STERBEN UND TOD

21 Die tödliche Kunst des Wohllebens 203
22 Sterben 211
23 Steuerlos im Bardo 218
24 Wiedergeburt 231
25 Befreiung 234
26 Den Tod träumen 240

Nachwort 243
Anhang: Tibetische Sprache und Aussprache 246
Glossar 249
Literaturverzeichnis 252
Über den Autor 255

EINLEITUNG:
DAS MYSTISCHE
ZENTRUM DER WELT

D*ort stehen Hunderttausende Männer bereit,
zu den Waffen zu greifen ... Vor feindlichen Angriffen
warnen sie mit Feuern und Rauchsignalen. Alle hundert Li
[dieses alte chinesische Längenmaß entspricht knapp 500 m]
steht ein Wachtposten. Ihre Rüstungen und Helme sind vor-
trefflich. Angelegt, schützen sie den gesamten Körper und
haben nur Aussparungen für die Augen. Bogen und Schwert
legen sie niemals ab. Sie verherrlichen die körperliche Stärke
und verachten das Alter ...
Es herrscht strenge militärische Disziplin. In der Schlacht
nehmen die nachrückenden Truppen ihren Platz an der
Kampflinie erst dann ein, wenn vorn auch der letzte ihrer
Männer gefallen ist. Der Tod im Kampf bedeutet ihnen
viel ... Den höchsten Rang nehmen Familien ein, deren
Mitglieder über Generationen in Schlachten gefallen
sind. Wird jedoch einer im Kampf besiegt oder läuft
gar davon ... so versammelt sich gleich eine große
Menschenmenge, und derjenige wird unweigerlich hin-
gerichtet ... Schande ist ihnen unerträglich, und sie ziehen
den Tod bei Weitem vor.
Selbst kleinere Vergehen werden durch Ausstechen der
Augen, Abhacken der Füße oder Abschneiden der Nase
geahndet. Prügelstrafen mit der Lederpeitsche werden nach
Gutdünken bemessen, es gibt keine festgelegte Anzahl von
Hieben. Als Kerker graben sie Löcher von mehreren Körper-*

längen Tiefe in die Erde, und dort halten sie ihre Gefangenen zwei oder drei Jahre lang.
Wenn der König stirbt, sterben mit ihm [fünf oder sechs seiner Gefolgsleute] den rituellen Opfertod ...

Diese Schilderung aus den Annalen des alten China erzählt offenbar von einem kriegerischen, brutalen, barbarischen und blutdürstigen Volk. Aber von welchem? Von den mongolischen Horden, die noch die halbe Welt in Angst und Schrecken versetzen sollten? Den gefürchteten Hunnen, die bereits ins südöstliche Europa eingefallen waren?
Nein, gemeint ist ausgerechnet das Volk, das wir als Inbegriff der Sanftmut zu sehen gelernt haben, die fröhlichen, lächelnden, zutiefst religiösen Tibeter.
Im Unterschied zu dem Bild, das wir im Westen heute von Tibet haben, war dieses Land einst eine Militärmacht, gegen die selbst die nationalsozialistische Kriegsmaschine blass ausgesehen hätte. Vom 7. bis zum 9. Jahrhundert besteht die tibetische Geschichte praktisch ausschließlich aus Kriegen. Dabei war Tibet durchaus nicht ständigen Angriffen ausgesetzt, unschuldiges Opfer mächtiger Nachbarn, wie man es für die heutige Lage sehen könnte. Nein, Tibet war in der Offensive. Seine Truppen drangen immer weiter auf chinesisches Gebiet vor, eroberten und besetzten ganze Landstriche, einmal sogar die Hauptstadt. Außerdem versuchten sie China zu isolieren und besetzten zu dem Zweck gezielt die Gebiete entlang der alten Handelswege durch Zentralasien.
Als Tibet während einer der seltenen Phasen des Friedens Abschriften der klassischen Texte Chinas anforderte, wurde der Kaiser von einem hohen Hofbeamten praktisch beschworen, sich diesem Ansinnen zu verweigern. Noch heute ist der beinahe panische Unterton herauszuhören:

Wie könnten wir unsere ... Klassiker diesen feindlichen Barbaren ausliefern ...? Ich habe gehört, dass die Tibeter von wilder, kriegerischer Art sind ... Wenn sie nun auch noch das Buch der Geschichte studieren, werden sie alles über Kriegsstrategie erfahren. Würden sie sich im Buch der Lieder auskennen, wüssten sie, wie man Kämpfer zur Verteidigung ihres Herrschers ausbildet. Hätten sie das Buch der Riten zur Verfügung, wären sie bald mit dem jahreszeitlich bedingten Gebrauch der Waffen vertraut. Bekämen sie Einblick in das Tso Chuan, so erführen sie, welche Bedeutung Kriegslisten für einen Feldzug haben ... Ist das nicht so, als rüstete man Banditen mit Waffen aus ...?

Tibet muss also einmal ein sehr kriegerisches Land gewesen sein. Als die Chinesen 1950 einfielen, besaß das Land nurmehr symbolische Streitkräfte, deren Bewaffnung eher ins Mittelalter als in die Neuzeit gepasst hätte. Außerdem hatte es sich seit Jahrhunderten dem Gewaltverzicht verschrieben. Was hatte diesen Wandel bewirkt? Wie konnten sich diese zu jeder Gewalttat bereiten Menschen in ein gutmütiges, friedliebendes Volk verwandeln, das sich der Welt seit Jahrhunderten als ein Wahrzeichen der Spiritualität darstellte?
Thubten Jigme Norbu glaubt die Antwort zu kennen. Er ist der frühere Abt des Klosters Kumbum und die vierundzwanzigste Inkarnation eines Mönchs Namens Tagtser, der im 15. Jahrhundert lebte. Seiner Antwort gibt er in einem einzigen Satz: »Chenresig wurde entsandt, um dem Volk der Tibeter zu helfen.«
Chenresig ist einer der Erleuchteten, also eines jener verkörperten oder körperlosen Wesen, die nichts anderes im Sinn haben, als alle Lebewesen zu retten. Chenresig ist jedoch ein so hoch entwickeltes Wesen, dass wir – wie die meisten Tibeter – einen

Gott in ihm sehen würden. Als Tibets Schutzgottheit war es ihm bestimmt, im Jahr des Holz-Schweins (1935) als Norbus jüngerer Bruder geboren zu werden. Später wurde er der gegenwärtige Dalai Lama.

Hier spricht Thubten Jigme Norbu von Chenresigs viele Jahrhunderte zurückliegendem ersten Auftreten:

> *Nicht weil wir gute Menschen gewesen wären, wurde Tibet auserwählt, sondern gerade deshalb, weil wir damals so sehr auf Kampf, aufs Töten und auf Raub aus waren. Wir bekriegten uns untereinander, wir bekriegten unsere Nachbarn. Sogar die Chinesen fürchteten uns, weil wir so kriegerisch und mächtig waren. Vor etwa zweitausendfünfhundert Jahren sagte der Buddha voraus, dass Chenresig nach Tibet kommen werde, und als es dann geschah, änderte sich alles. Wir wurden so friedliebend, dass wir nicht einmal mehr Tiere töten mochten und unsere Feinde meinten, sie könnten unser Land jetzt einnehmen. Mehrmals wäre es ihnen beinahe gelungen, doch Chenresig gab uns Kraft, und wir besaßen nun auch die noch größere Macht der Religion.*

Westliche Historiker führen die spirituelle Rettung Tibets eher auf diese »noch größere Macht der Religion« als auf das Einschreiten einer Gottheit zurück. Der Buddhismus kam im 7. Jahrhundert über die Himalajaberge nach Tibet und beeinflusste das Land und seine Menschen so tief greifend, dass schließlich eine Zeit kam, in der jeder vierte Tibeter sich dem Leben als Mönch oder Nonne verschrieb.

Es steht außer Frage, dass die Lehre des Buddha zur Wende in der Geschichte Tibets beigetragen hat. Allerdings garantiert der Buddhismus allein noch keine friedfertige Kultur. Indien, die

Heimat des Gautama Buddha, war im Laufe meines Lebens zweimal in Kriege verwickelt. Die Schlachtfelder Kambodschas waren mit den Leichen von Buddhisten übersät. Jahrhunderte des Buddhismus in Japan – wo er freilich nicht Staatsreligion war – haben Pearl Harbour und Schlimmeres nicht verhindern können.

Aber wir werden dem Buddhismus vermutlich nicht gerecht, wenn wir ihn als eine einzige fest umrissene Religion sehen, die sich unverändert von einem Land ins nächste ausbreitete. Weitaus mehr als die »Buchreligionen« Judentum, Christentum und Islam sind die Lehren des Buddha von den Kulturen, in denen sie Fuß fassen konnten, abgewandelt worden. Das japanische Zen beispielsweise hat nicht viel mit dem Buddhismus gemein, den man in Burma antrifft.

Einer dieser modifizierenden Einflüsse auf die Praxis des Buddhismus in Tibet war die Religion, die dort vorher existiert hatte. Sie wird üblicherweise Bön genannt, abgeleitet von der Bezeichnung für ihre obersten Priester.

Die Ursprünge und frühen Praxisformen des Bön liegen im Dunkel – noch vorhandene Zeugnisse verlangen mehr Kenntnisse der Riten, als heutige Gelehrte besitzen. Bekannt ist jedoch, dass die ersten Könige als gottähnliche Wesen angesehen wurden, die nach ihrem Tod körperlich in den Himmel aufstiegen, sodass Grabstätten sich erübrigten. Für das gemeine Volk war Tod einfach Tod: Man schloss sich den Reihen der Toten an, die wohl irgendwo sein mussten, aber für diesseitige Dinge keine Rolle mehr spielten.

Im Bön ging es alles in allem mehr um dieses Leben als um das nächste. Es gab seinen Anhängern – in der Regel durch Divination und Astrologie – Aufschluss über die Ursachen von Krankheit und Missgeschick und war anschließend mit Ratschlägen zur Stelle, wie die Dinge wieder in Ordnung zu bringen seien.

Im Bön-Weltbild kommen als Ursache für die Widerwärtigkeiten des menschlichen Lebens vor allem boshafte, wenn nicht direkt bösartige örtliche Gnomen, Dämonen oder Gottheiten in Frage. Götter wurden wie im alten Griechenland als launisch, manchmal feindselig, immer jedoch gefährlich angesehen. Die Behandlung nahm folglich meist die Gestalt eines magischen Rituals an. Besonders beliebt war hier der so genannte Austausch-Ritus.

Der erste Schritt dieser sehr volkstümlichen Prozedur bestand darin, die Verdruss bereitende Wesenheit zu identifizieren; das geschah am besten dadurch, dass der Bön-Priester sich in Trance versetzte oder Träume auf Hinweise untersuchte. Danach bereitete er alles für das Ritual vor und legte die notwendigen Dinge bereit. Das war zunächst eine kleine Figur, die den Patienten oder besser seinen Körper vertreten würde, dann ein Baumsymbol, ein Pfeil, ein Spinnrocken, etliche Ritualstäbe, männliche und weibliche Figürchen, eine Ephedrapflanze, ein paar Senfsamen, eine Nachbildung des Hauses des Kranken, einige stellvertretende Beispiele für Dinge, die er sich dringend wünschte, und vor allem eine sonderbare Vorrichtung, die *Nam-mkha* oder »Himmel« genannt wurde.

Dieses Nam-mkha gab es in verschiedenen Formen. In der einfachsten Ausführung bestand es aus zwei zusammengebundenen Zweigen, zwischen denen bunte Fäden so gespannt waren, dass eine Raute entstand; aber es gab auch komplizierter aufgebaute Nam-mkhas mit kästchen- oder radartigen Formen. Gedacht war es als Falle, in der die Ungemach bereitende Wesenheit gefangen werden sollte wie ein Vogel im Käfig.

Waren diese Vorbereitungen abgeschlossen, wurden die Ritualgegenstände der Gottheit als eine Art Lösegeld präsentiert, um sie günstig zu stimmen. Hatte der Priester alles richtig vorbereitet, wurden die Symbole als dem tatsächlichen Besitz des Hilfe

Suchenden gleichwertig anerkannt (daher der Ausdruck »Austausch-Ritus«) und als Lösegeldzahlung akzeptiert. Daraufhin wurde die Wesenheit entlassen, indem der Priester sie mit einer heftigen Bewegung fortschleuderte.

Im Bön wurde die Vielfalt der den geplagten Menschen zusetzenden Geistwesen kategorisiert. Da gab es zum Beispiel die *Sa-bdag* oder Erdgottheiten, die *Gzhi-dbag* oder Götter, die in auffälligen Felsformationen lebten, und die *Klu* oder Schlangengottheiten, die in Wasserläufen und Quellen wohnten. In einer landwirtschaftlichen Gesellschaft wie der tibetischen konnte man es sich nur allzu leicht mit einem dieser Wesen verderben; sie waren schnell beleidigt, wenn man ihr Land umpflügte oder Gebäude darauf errichtete, ohne sie angemessen dafür zu entschädigen. Man ließ es lieber gar nicht erst darauf ankommen. Waren diese Gottheiten erst einmal aufgebracht, konnten sie Krankheit und Tod verbreiten.

Auch bestimmte Berge galten im Bön als heilig. Sie hatten ihre ganz eigenen Heldengottheiten, von denen, so der Volksglaube, die frühen tibetischen Könige abstammten.

Selbst bei sehr oberflächlicher Kenntnisnahme des tibetischen Buddhismus, wie er heute praktiziert wird, fallen überall die Reste des alten Bön-Pantheons ins Auge, wobei viele Geistwesen sogar noch ihre ursprünglichen Namen tragen – und das Ganze scheint so gar nichts mit den tief nach innen führenden Meditationen eines Gautama Buddha zu tun zu haben. Bedenken wir jedoch, dass der Buddhismus selbst grundlegende Veränderungen erfuhr, als er im 7. Jahrhundert unserer Zeitrechnung nach Tibet kam.

Entstanden war der Buddhismus im 5. vorchristlichen Jahrhundert in einer Gegend, die heute das Grenzgebiet von Indien und Nepal bildet. Es begann damit, dass ein bis dahin von der Welt abgeschirmter Prinz namens Sidhatta in seinem neunundzwanzigsten Lebensjahr zum ersten Mal einen sehr alten Menschen sah.

»Was ist mit ihm?«, fragte er seinen Wagenlenker.

»Er ist alt«, antwortete dieser. »Das geschieht uns allen früher oder später.«

Ein andermal sah Sidhattha, ebenfalls zum ersten Mal, einen schwer kranken Menschen und stellte die gleiche Frage. Wieder erklärte der Wagenlenker, dass Krankheit etwas sei, was jedem droht.

Noch später sah Sidhattha einen Leichnam und erfuhr, dass der Tod die einzige Gewissheit im Leben sei.

Das alles stimmte den Prinzen sehr nachdenklich. Das Leben mochte zwar seine gelegentlichen Höhepunkte haben, aber alles in allem überwog offenbar das Leid, und so bestand das einzig sinnvolle Vorgehen wohl darin, den Absprung vom Rad der Wiedergeburt zu suchen, das jeden immer wieder zu einer neuen Runde zurückholte. Als Sidhattha einen in safrangelbe Gewänder gekleideten Heiligen erblickte, der offenbar mit sich und der Welt in Frieden lebte, hatte er sein Vorbild gefunden. Er wandte sich vom bequemen Leben im Palast ab, verließ seine Frau und seinen eben erst geborenen Sohn und wurde ein wandernder Asket auf der Suche nach dem Weg zum *Nirvana*.

Nachdem er auf diesem Weg beinahe an Auszehrung gestorben wäre, gab er (sehr zum Missvergnügen seiner ersten Anhänger) die traditionelle Selbstkasteiung dieser Lebensform auf, ging zu einer ausreichenden Ernährungsform über und setzte sich schließlich unter einen Feigenbaum (Bodhi-Baum), nachdem er geschworen hatte, er werde sich erst wieder erheben, wenn er gefunden hatte, wie man dem ewigen Rad von Geburt, Tod und Wiedergeburt entkommt.

Durch tiefe Meditation erlangte er bei Tagesanbruch Erleuchtung – das Wort *Buddha* bedeutet »Erleuchteter« – und begann

später die Vier Edlen Wahrheiten zu lehren: aufeinander aufbauende Erkenntnisse, dass alles Leben, sei es das eines Bettlers oder das eines Königs, von Leid bestimmt ist; dass alles Leid ausschließlich und unmittelbar aus dem Begehren erwächst; dass das Begehren beendet werden kann; und dass man zu diesem Zweck einen methodisch angelegten Weg gehen muss. Er starb achtzigjährig im Jahr 483 v. Chr. und legte seinen Anhängern dringend ans Herz: »Erwirkt eure eigene Erlösung mit Eifer.«
Der Buddhismus breitete sich zunächst im Gebiet des oberen Ganges aus, später unter dem Einfluss eines Kaisers des 3. Jahrhunderts in ganz Indien. Etwa am Beginn des christlichen Zeitalters fanden jedoch tief greifende Veränderungen statt. Es entstand eine Schule buddhistischen Denkens, in der gesagt wurde, die ursprüngliche buddhistische Praxis sei zwar gut und schön, stelle jedoch eigentlich einen »geringeren Weg« dar, auf dem es nur ganz selbstbezogen um die eigene persönliche Erleuchtung gehe.
Das, sagten die neuen Denker, könne kaum im Sinne des Buddha sein, denn er selbst habe sich ja nicht mit seiner eigenen Erleuchtung begnügt, sondern um Erlösung für alle Lebewesen gerungen. Mag sein, argumentierten sie, dass er den geringeren Weg für diejenigen Schüler lehrte, mit denen geistig nicht so viel los war, sodass man ihnen nicht mehr als das zumuten konnte; klar sei jedoch, dass für den wahren Anhänger des Buddha nur eins in Frage komme: selbst ein Buddha, ein voll Erleuchteter zu werden und sich wie sein Vorbild Gautama für die Erleuchtung und Erlösung aller einzusetzen. Alle, die sich dieser ehrgeizigen Doktrin verschrieben, nannten sich gern Anhänger des *Mahayana*, des Großen Weges.
Dieser Große Weg nun, modifiziert durch zwei Jahrhunderte tantrischer Praxis (psychospirituelle und körperliche Praktiken, die Erleuchtung, aber auch die Entwicklung besonderer Kräfte

zum Ziel haben, jedoch eine Abweichung von der ursprünglichen buddhistischen Lehre darstellen), gelangte zu einer Zeit nach Tibet, in welcher der Buddhismus in seinem Ursprungsland mit starken Gegenkräften zu ringen hatte (und zwar so sehr, dass er schließlich aus seinem Ursprungsland praktisch verschwand). Der Gedanke, nach Buddhaschaft zu streben, sagte dem tibetischen Temperament offenbar sehr zu.

In *Tibet: Its History, Religion and People* (siehe Literaturverzeichnis) sagt Abt Thubten Jigme Norbu zur Entstehungsgeschichte des Bön in seiner Heimat:

> *Jeder Reisende, der je tibetisches Gebiet betrat, hat sich über den wilden Charakter der Landschaft geäußert ... Dieses Land kann so still und voller Schönheit sein, dass auch die dort Geborenen ... es überdeutlich spüren. Und so still es dort sein kann, so hoch kann es auch hergehen, als ginge die Welt unter ... So kraftvoll das Land in seiner Stille ist, in den schwarzen Augenblicken wirkt dort etwas noch ganz anderes ... Wenn man in einer solchen Welt lebt, ist es schwierig, nicht davon beherrscht zu werden.*

Bön dürfte in dem Sinne, wie der Abt es andeutet, eine Ausgeburt dieses Landes sein. In einem wilden Land wie Tibet ist es wahrlich leichter als etwa in einer New Yorker Wohnung, sich Erdgeister und Schlangengottheiten vorzustellen. Und der neuerlich nach Tibet verpflanzte Buddhismus verwandelte sich zwangsläufig sehr stark. Die beiden Religionen weisen in diesem Land so viele Übereinstimmungen auf, dass man sie oft kaum noch auseinander halten kann. Noch einmal Thubten Jigme Norbu: »Ein Bönpoba ist äußerlich nicht von einem Buddhisten zu unterscheiden, wenn man ihm begegnet. Die gleiche Kleidung, die gleiche Sprechweise, das gleiche Verhalten.«

Die Bön-Religion besaß wie der Buddhismus Klöster. Sie waren auch nach dem gleichen Muster organisiert. Mönche beider Religionen legten die gleiche Anzahl von Gelübden ab – 253. Das neuzeitliche Bön (es befand sich bereits bei der Ankunft des Buddhismus im Umbruch) hat eindeutig manches aus dem Buddhismus entlehnt. Und ebenso eindeutig ist der Buddhismus vom Bön mitgeprägt worden. Bis zum Einmarsch der Chinesen war die (buddhistische) Regierung Tibets eine Reinkarnations-Monarchie und alle Entscheidungen auf höchster Ebene wurden nach Befragung des Staatsorakels, also auf der Grundlage von Geiststimmen gefällt. Nach wie vor gab es heilige Berge. Nach wie vor wurden lokale Gottheiten verehrt. Nach wie vor war das Nam-mkha, das Himmelskreuz, in Gebrauch.

Neben dem Bön gab es jedoch einen zweiten wichtigen Einfluss, die Gebirgszüge des Himalaja. Diese Berge haben eigentlich Tibet geschaffen – eine gewaltige Kette von Achttausendern, die sich über fast 2 500 Kilometer in Ost-West-Richtung erstreckt. Diese Barriere hält die Monsunwinde ab und macht Tibet, ja ganz Zentralasien zu einer Kältewüste. Hier endeten auch alle Völkerwanderungen durch die zentralasiatischen Steppen und dadurch hat Tibet über Jahrhunderte in einem Zustand der Isolation gelebt, der das Gesicht des Landes prägte wie sonst nichts. Bis zum Einmarsch der Chinesen war es in aller Regel so, dass man ausländische Bewohner des Landes an den Fingern einer Hand abzählen konnte.

Jedes Land formt seine Bewohner. Wenn Isolation über lange Zeit der kulturell prägende Zug Tibets war, so ist das hervorstechende physische Merkmal des Landes die dünne Luft – ein Faktor, der das Leben der Menschen tief greifend beeinflusst. Als Perceval Landon, Korrespondent der Londoner *Times*, 1904 Phag Ri besuchte, Tibets höchst gelegenen Ort, fand er ein Dorf aus windschiefen Gebäuden vor, in denen antriebslos wirkende Menschen lebten.

Diese ganz typische Antriebslosigkeit hat etwas mit Sauerstoffmangel zu tun. Das auf ungefähr 6000 Metern gelegene Phag Ri ist nicht nur der höchst gelegene Ort des Landes, sondern der Welt. Selbst Tibeter kommen hier nur schwer zurecht. Natürlich ist Phag Ri ein extremes Beispiel, doch die Sauerstoffkonzentration ist überall auf der tibetischen Hochebene so gering, dass akklimatisierte Tibeter, die das indische Tiefland besuchen, hier das Gefühl haben, sie würden »Suppe atmen«.

Unter Extrembergsteigern gibt es das wohlbekannte Phänomen des »unsichtbaren Begleiters«. Viele dieser Bergsteiger, darunter auch Teilnehmer an Everest-Expeditionen, berichten von diesem unheimlichen Gefühl, dass etwas oder jemand während der letzten Anstiegsphase um sie war, obwohl sie weit und breit niemand sehen konnten. Einer oder zwei dieser Bergsteiger haben sogar berichtet, dieser unsichtbare Begleiter habe ihnen in besonders bedrohlicher Lage geholfen, indem er sie vor den schlimmsten Auswirkungen eines Schneesturms bewahrte oder ihre Schritte zurück auf sicheren Boden lenkte.

Der Okkultist Aleister Crowley, ein erfahrener Bergsteiger, lernte den unsichtbaren Begleiter von seiner unangenehmen Seite kennen, als er sich am zweithöchsten Berg der Welt versuchte, dem K2, den die Einheimischen Kanchenjunga nennen. Crowley bewies bei diesem Aufstieg Mut, der schon an Tollkühnheit grenzte, aber es muss ihm hier etwas begegnet sein, was ihn zutiefst entsetzte. Mindestens einer seiner Biografen, der britische Autor John Symonds, nimmt an, Crowleys Ausdruck »Kanchenjunga-Dämon« sei einfach als Personifizierung des Berges zu verstehen, der bekanntermaßen mit besonders heimtückischen Schwierigkeiten aufwarten kann und schon viele das Leben gekostet hat. Mir erscheint jedoch wahrscheinlicher, dass Crowley hier den unsichtbaren Begleiter meinte.

Zu diesem Phänomen kommt es, wenn man ohne zusätzliche Sauerstoffversorgung in große Höhe vordringt oder die Ausrüstung dort oben versagt. Deswegen wird vielfach angenommen, es handle sich einfach um Halluzinationen, bedingt durch Sauerstoffmangel, eine Extremform der Höhenkrankheit, mit der manche Touristen an Reisezielen wie Nepal Bekanntschaft machen. Die Einheimischen sehen das anders. Für sie ist der unsichtbare Begleiter genau das, was er zu sein scheint: eine körperlose Wesenheit, die sich in guter oder böser Absicht an den heftet, der in ihr Revier eindringt.

Es erscheint nahe liegend, so etwas als Aberglauben einzustufen, doch das könnte ein wenig voreilig sein. Aldous Huxley experimentierte mit Meskalin und schrieb darüber anschließend einen faszinierenden Bericht, in dem er vom »Gesamt-Geist« sprach. Nach Huxleys Auffassung ist der menschliche Geist kein Erzeugnis seines Gehirns, wie viele westliche Wissenschaftler annehmen. Der Geist ist vielmehr nicht an den Körper gebunden und erfährt die Wirklichkeit auf einer viel tieferen Ebene, als die meisten von uns bewusst wahrnehmen. Das Gehirn wirkt dabei wie eine Art »Reduzierventil« und filtert die Informationen aus, die für das physische Überleben ohne Bedeutung sind. Mystisches Bewusstsein schön und gut – aber wenn man sich ihm gänzlich überlässt, besteht die Gefahr, dass man vor den nächsten Bus läuft.

Huxley vermutete, dass psychotrope Substanzen wie Meskalin, aber auch viele spirituelle Praktiken wie die Yoga-Atmung die Filterfunktion des Gehirns herabsetzen, sodass mehr Eindrücke hereinströmen, die aus dem Gesamt-Geist stammen. Und das sind keine Halluzinationen, sondern Ahnungen von Wirklichkeitsebenen, zu denen wir normalerweise keinen Zugang haben.

Gegen Ende der sechziger Jahre gelangte der namhafte britische Neuropsychologe W. Grey Walter durch eine Reihe von Experimenten zu Schlussfolgerungen, die offenbar indirekt die Theorie des Gesamt-Geistes bestätigen. Seine Arbeit blieb weit gehend unbeachtet, obwohl sie schlüssig darlegte, dass Geist – was auch immer man darunter verstehen mag – kein Produkt des Gehirns sein kann.

Grey Walters Experimente gingen von der Tatsache aus, dass das Gehirn messbare elektrische Signale erzeugt. Er brachte am Kopf seiner Versuchspersonen Elektroden an, die das Gebiet des frontalen Kortex erfassten. Über diese Elektroden wurden die Gehirnströme verstärkt und in eine eigens für dieses Experiment konstruierte Apparatur geleitet. Die Versuchsperson hatte vor sich einen Knopf und einen Fernsehbildschirm. Beim Drücken des Knopfs erschien auf dem Bildschirm eine interessante Filmszene.

Wenn man sich zu irgendeiner körperlichen Aktion wie in diesem Fall dem Drücken eines Knopfs entschließt, läuft eine elektrische Welle von 20 Mikrovolt über den frontalen Kortex. In Fachkreisen wird hier von einer »Bereitschaftswelle« gesprochen. Grey Walter verstärkte diese Bereitschaftswelle so, dass sie als Steuerstrom für den Bildschirm dienen konnte, weshalb das Bild zum Erstaunen der Versuchspersonen einen Sekundenbruchteil vor dem Drücken des Knopfes erschien.

Die Probanden fanden jedoch in der Regel schnell heraus, was da geschah, und trainierten sich darauf, das Bild »willentlich« erscheinen zu lassen, ohne tatsächlich den Knopf zu drücken. Wenn das funktionieren sollte, musste man natürlich den Entschluss zum Drücken des Knopfes innerlich simulieren. Wer den Bogen heraus hatte, konnte das Bild mit der bloßen Intention erscheinen lassen und mit einer entsprechenden anderen Intention wieder abstellen.

Das Erscheinen von Bildern ist nicht als direkter Einfluss des Geistes auf die Materie des Bildschirms zu werten, denn tatsächlich wurde der Bildschirm ja über die verstärkte Bereitschaftswelle des Gehirns geschaltet. Doch sobald die Versuchspersonen gelernt hatten, die Bilder durch bloße Intention erscheinen zu lassen, lag sehr wohl ein direkter Einfluss des Geistes auf die Materie vor, nämlich auf die Materie ihres eigenen Gehirns: Um das elektrische Potenzial des frontalen Kortex zu ändern, bedurfte es nichts weiter als eines Entschlusses.
Grey Walters Experimente zeigten demnach, dass der Geist das Gehirn steuert und nicht umgekehrt. Bestätigt wurde das im Jahr 2000 durch wissenschaftliche Forschungen in Schottland. In seltenen Fällen gelingt es, hirntote Patienten (bei denen der Monitor der elektrischen Hirnaktivität nur noch die Nulllinie zeigt) doch wiederzubeleben, und manche dieser Patienten berichten anschließend von Erinnerungen, die vermuten lassen, dass ihr Geist während des zeitweiligen Todes ihres Gehirns weiterlebte. Das hat weit reichende Konsequenzen, unter anderem die, dass man den Gesamt-Geist nicht länger als philosophisches Hirngespinst abtun kann.
Für Tibet könnte dies bedeuten, dass das Land mit seinen geografischen Bedingungen – namentlich der dünnen Luft – über Generationen Menschen hervorgebracht hat, die sozusagen konstitutionell auf Wirklichkeitsebenen eingestimmt sind, die uns übrigen normalerweise verborgen bleiben. Das trug zur Entwicklung des Bön, zur Abwandlung des Buddhismus und zur Entstehung einer tiefen Mystik bei und brachte eine okkulte Praxis hervor, die sich auf beide Religionen erstreckt.
Diese Evolution ist an der tibetischen Sprache abzulesen, an ihrer unerschöpflichen und für durchschnittliche Westler nicht mehr nachvollziehbaren Fülle von Ausdrücken für immer subtilere Schichten der Meditation und Trance. Generationen von

Mönchen, abgeschieden in Klöstern lebend, die mitunter die Größe einer Ortschaft haben konnten, widmeten ihr Leben der Erforschung des menschlichen Geistes – die Größenordnung dieses Unternehmens hat nirgendwo auf der Welt ihresgleichen. Wo die westliche Psychologie den Weg der Theorie und der empirischen Forschung nahm, wurden diese Menschen Psychonauten: Das bei ihren persönlichen Forschungsreisen in den inneren Raum erreichte Neuland erlaubte ihnen, ans Wunderbare grenzende Kräfte zu entwickeln und in der meditativen Betrachtung der wahren Wirklichkeit zu verweilen.

Dieses Buch möchte darstellen, was sie fanden, es erzählt von der staunenswerten Magie und Mystik Tibets.

ERSTER TEIL:
ENTDECKUNGEN

1 DAS KHOR-LO-SYSTEM

Mit der New-Age-Bewegung ist der Begriff der *Chakras* auch im Westen einem breiten Publikum zugänglich geworden. Traditionell werden sie als eine Reihe feinstofflicher Wirbel angesehen, über die universale Lebenskraft empfangen, transformiert und im Körper verteilt wird.
Die westliche Biologie weigerte sich jedoch entschieden, sie als etwas Reales anzuerkennen. Man kann sie nicht sehen oder anatomisch nachweisen, also gibt es sie nicht. Dann kam der japanische Wissenschaftler Hiroshi Motoyama auf den Gedanken, die Chakra-Lehre experimentell zu überprüfen. Seine Versuchspersonen hielten sich während der Experimente in Kabinen auf, die mit Blei ausgekleidet waren, um alle äußere Strahlung auszuschalten. Die Versuche bestanden in Messungen des Energieniveaus an bestimmten Körperstellen. Motoyama stellte tatsächlich hochfrequente energetische Entladungen an den Stellen fest, die traditionell den Chakras zugeordnet werden. Noch wichtiger ist aber, dass das Energieniveau im Vergleich zu dem einer Kontrollperson zunahm, wenn Versuchspersonen mit Meditationserfahrung aufgefordert wurden, ein bestimmtes Chakra zu »öffnen« (meist durch Visualisationen). Bei einer Frau registrierte eine Fotozelle außerdem vermehrten Lichtausstoß, als sie das Herz-Chakra öffnete.
Die akademische Biologie ignorierte jedoch auch diese Befunde und streitet die Existenz der Chakras weiter ab.
Im Osten sieht das ganz anders aus. Die ältesten Hinweise auf die Chakras finden wir in der Literatur des Yoga, aber es ist möglich, wenn nicht wahrscheinlich, dass dieses System unab-

hängig auch in China entdeckt wurde, einem Land, das aufgrund seiner Jahrtausende alten Praxis der Akupunktur viel Erfahrung mit feinstofflichen Energien besitzt.

In Indien fand das Chakra-System in abgewandelter Form auch in den Buddhismus Eingang und könnte durchaus mit dem Buddhismus nach Tibet gelangt sein. Die Tibeter bezeichnen diese Energiezentren als *Khor-lo* oder »Rad«. Das aus dem Sanskrit stammende Wort »Chakra« bedeutet ebenfalls »Rad«. Trotz dieser Übereinstimmung deutet manches auf eine unabhängige Entdeckung der Khor-lo in Tibet hin.

Im Hindu-System sind Hunderte von Nebenchakras und sieben Hauptchakras bekannt. Sie sind entlang der Mittellinie des Körpers mit der Wirbelsäule als Zentrum angeordnet. In Tibet dagegen sind nur fünf Khor-lo bekannt. Wie wir noch sehen werden, stimmen manche von ihnen direkt mit bestimmten Chakras überein, während sich auch einmal zwei Chakras zu einem einzigen Khor-lo vereinigen. Dies könnte auf die eigenständige Entdeckung in Tibet hindeuten; vielleicht wurden Chakras, zwischen denen energetische Überschneidungen bestehen, als ein einziges eingestuft. Die tibetischen Khor-lo jedenfalls – ob sie nun eigenständige Entdeckungen oder Abwandlungen eines bestehenden Systems darstellen – sind von erheblicher Bedeutung für so unterschiedliche Bereiche wie die Medizin und das Träumen.

Um das tibetische System verstehen zu können, bedarf es einer gewissen Kenntnis der ursprünglichen hinduistischen Lehren über die sieben Hauptchakras. Hellsichtigen Menschen stellen sich diese Energiezentren als farbige Räder mit Speichen oder, poetischer, als Lotosblüten dar. Sie werden auch deutlich als in Bewegung, vielleicht in Drehbewegung wahrgenommen. Solche Wahrnehmungen sind schließlich zu einer Lehre ausgearbeitet worden, die jedem Chakra eine vorherrschende Farbe, eine bestimmte Anzahl von »Blütenblättern« und eine Drehgeschwindigkeit oder energetische Schwingung zuweist. Der Gesundheitszustand eines Menschen wirkt sich auf alle diese Eigenschaften aus. Im Krankheitsfall werden die Chakras trüb und ihre Bewegung wird langsamer oder unregelmäßig.

DAS CHAKRA-SYSTEM

Chakra	Wurzel	Kreuzbein	Solar-plexus	Herz	Kehle	Stirn	Scheitel-punkt
Sitz	Basis der Wirbelsäule	Vier Fingerbreit unterhalb des Nabels	Nabel oder unmittelbar darüber	Brustmitte zwischen den Schulterblättern	Kehle	zwischen den Augenbrauen	direkt über dem Scheitelpunkt
Körperzone	Kreuzbeingeflecht	Unterbauchgeflecht	Sonnengeflecht	Herzgeflecht	Halsgeflecht	verlängertes Mark	Gehirn/Hirnanhangdrüse
Steuert	äußere Zeugungsorgane	innere Fortpflanzungs- und Sekretionsorgane	Verdauungssystem	Blutkreislauf	Atmungsorgane	vegetatives Nervensystem	willkürliches Nervensystem
Name	Muladhara	Svadhisthana	Manipurna	Anahata	Visuddha	Ajna	Sahasrara
Blütenblätter	4	6	10	12	16	96	972
Farbe	gelb	weiß	rot	graublau	weiß	–	–
Element	Erde	Wasser	Feuer	Luft	Äther	–	–
Laut	Lam	Vam	Ram	Yam	Ham	A (kurz)	Om
Form	Quadrat	Sichel	Dreieck	Hexagramm	Kreis	–	–

Durch den Umgang mit den Chakras haben sich im Laufe der Zeit bestimmte Zuordnungen herauskristallisiert. Das können zum Beispiel Laute, geometrische Formen, Elemente oder auch Buchstaben beziehungsweise Silben sein. Sie können der Tabelle die traditionellen Zuordnungen auf einen Blick entnehmen.

Natürlich kann eine Tabelle nur eine verkürzte Darstellung geben. Wenn wir zum Beispiel sagen, das Wurzel-Chakra *Muladhara* steuere die äußeren Zeugungsorgane, werden wir seinem weit reichenden Einfluss kaum gerecht. Über seine Verbindung zum Kreuzbeingeflecht des zerebrospinalen Systems erstreckt sich sein Einfluss auch auf die unteren Gliedmaßen. Auf unserem weiteren Weg aufwärts durch die Energiezentren werden wir sehen, dass sie von immer umfassenderem Einfluss sind.

Das Kreuzbein-Chakra *Svadhisthana* kontrolliert Blase und Harnleiter, die unteren Darmabschnitte und die Ausscheidungsfunktionen.

Das Sonnengeflecht-Chakra *Manipurna* beinflusst Magen und obere Darmabschnitte, Gallenblase, Gallengang, Samenleiter, Leber, Nieren und Milz und zugleich, wie Svadhisthana, die Harnblase und die Harnleiter.

Das Herz-Chakra *Anahata* beeinflusst das Herz und in gewissem Umfang die Lunge, folglich auch die Blutzusammensetzung und -zirkulation.

Von größter Bedeutung für die Lunge und die Atmung überhaupt ist das Stirn-Chakra *Ajna*, das auch die oberen Gliedmaßen beeinflusst.

Den größten Einflussbereich hat wohl das Scheitel- oder Kronen-Chakra *Sahasrara*. Es wird angenommen, dass die universale Lebenskraft durch dieses Chakra in den Körper eintritt und dann abwärts an die übrigen Chakras weitergeleitet wird, die die Energie ihren eigenen Bedürfnissen entsprechend transformieren. Sahasrara ist von anderer Art als die übrigen Chakras; es existiert gleichsam auf einer höheren Wirklichkeitsebene und stellt die Verbindung zum kosmischen Bewusstsein her. Darüber hinaus steuert es jedoch über seine direkte Verbindung zu Gehirn und Geist sämtliche Körperfunktionen auf direkte oder indirekte Weise.

Auch die bei den einzelnen Chakras angegebenen Laute stellen nur »zentrale« Silben dar. Wie gesagt werden die Chakras als Lotosblüten mit jeweils einer bestimmten Anzahl von Blütenblättern visualisiert. Dem sechsblättrigen Lotos Svadhisthana zum Beispiel ist der zentrale Laut *Vam* zugeordnet; jedes einzelne Blütenblatt, als Energiestrom aufgefasst, erzeugt jedoch seine eigene harmonische Schwingung: *Bam, Bham, Mam, Yam, Ram* und *Lam*. Dem Scheitel-Chakra werden zwar 972 Energieströme zugeschrieben, aber meist wird einfach angenommen, dass es die unendliche Vielfalt der Wechselwirkung aller harmonischen Schwingungen der übrigen Chakras wiedergibt. (Es gibt hier zwar nicht unendlich viele Möglichkeiten, aber doch eine sehr große Anzahl: Wenn ich die Anzahl der für jedes Chakra angegebenen Energieströme zu Grunde lege, komme ich auf 4 423 680 Schwingungs-Harmonien für das Scheitel-Chakra.) Die Eigenart jedes einzelnen Zentrums hat zu symbolischen Verknüpfungen mit bestimmten Tieren und hinduistischen Gottheiten geführt. Für das Herz-Chakra beispielsweise ist Bewegung das zentrale Kennzeichen. Deshalb ist der Hirsch sein Symbol, er steht für Schnelligkeit.

Den Chakras sind nicht nur körperliche Abläufe und charakteristische Symbole zugeordnet, sondern auch ganze Bereiche des äußeren Verhaltens und der geistigen Anlage. Muladhara ist die Grundlage des Selbsterhaltungsinstinkts und – ohne negativen Beiklang – unserer Tiernatur. Svadhisthana ist generell für Gesundheit und Wohlbefinden zuständig. Manipurna hängt mit unseren Emotionen zusammen und scheint auch bei medialer Trance beteiligt zu sein. Anahata ist mit höherem Bewusstsein und bedingungsloser Liebe verbunden. Visuddha hat mit Kommunikation, Kreativität und merkwürdigerweise auch mit manchen Formen des erweiterten Bewusstseins zu tun. Ajna steht in Beziehung zu Intelligenz, Intuition, übersinnlichen Kräften und Erleuchtung. Am Sahasrara kann man den Grad der spirituellen Entwicklung eines Menschen ablesen. Es hat Bezug zum kosmischen Bewusstsein und den höchsten Stufen der Erleuchtung.

Sie werden aus all dem ablesen können, dass die hinduistische Chakra-Lehre ziemlich komplex ist. Das gilt für das tibetische Khor-lo-System kaum weniger.

Hier lauten die Begriffe anders, aber vor allem weist das tibetische System nicht sieben, sondern nur fünf Hauptzentren auf. Das Wurzel-Khor-lo wird *Sang-na* oder »Geheimer Ort« genannt und stellt eine Verbindung von Svadhisthana und Muladhara dar. Am Geheimen Ort geht es um die Gesamtheit der Fortpflanzungsfunktionen, während Verdauung und Ausscheidung, die dem Svadhisthana-Chakra zugeordnet sind, eher beim nächsthöheren Khor-lo (Sonnengeflecht) gesehen werden.

Am anderen Ende sehen wir das Scheitel- und das Stirn-Chakra ebenfalls zu einem einzigen Khor-lo vereinigt, das *Hdab-ston* genannt wird, »Tausendblättriger Lotos«. Diese Verschmelzung ist deshalb interessant, weil das Ajna-Chakra an der Stirn mit dem so genannten dritten Auge zusammenhängt, das im Osten als Sitz der visionären Erfahrung gesehen wird. Tibeter halten allerdings nichts von der im Westen verbreiteten Ansicht, Visionen seien rein subjektiver Natur. Für sie stellen zumindest manche Visionen die unmittelbare Wahrnehmung anderer Wirklichkeitsebenen dar. Der folgenden Tabelle können Sie die grundlegenden Zuordnungen zu den einzelnen Khor-lo entnehmen. Es hat allerdings aus tibetischer Sicht wenig Sinn, die Khor-lo für sich zu betrachten, da sie nur einen Teilaspekt – wenn auch einen sehr wichtigen Teilaspekt – des gesamten Energiesystems des menschlichen Körpers darstellen.

DAS KHOR-LO-SYSTEM

Khor-lo	Genitalien	Nabel	Herz	Kehle	Kopf
Sitz	zwischen Genitalien und Anus	Nabelgegend	Brustmitte auf Höhe des Herzens	Kehle	vom Scheitelpunkt des Kopfes bis zur Stirn
Endokrines System	Keimdrüsen	möglicherweise Bauchspeicheldrüse	Nebennieren	Schilddrüse	Zirbeldrüse und Hypophyse
Tibetischer Name	Rad der Bewahrung des Glücks	Rad der Wandlung	Rad der Phänomene	Rad der Freude	Rad der Glückseligkeit
Energiespeichen	32	64	8	16	32
Farbe	grün	gelb	blau	rot	weiß
Element	Luft	Erde	Wasser	Feuer	Äther oder Raum
Laut	Ha	Swa	Hum	Ah	Om
Richtung	Norden	Süden	Osten	Westen	Zentrum
Buddha-Eigenschaft	unfehlbar	Ursprung der Kostbarkeiten	unerschütterlich	grenzenloses Licht	Formen sichtbar machen
Buddha-Aspekt	Aktivität	Qualität	Geist	Rede	ganzer Körper
Geistige Aktivität	Begriffe	Gefühle	Bewusstsein	Wahrnehmungen	Formen
Verblendung (Gift)	Eifersucht	Stolz	Zorn	Begierde	Unwissenheit
Weisheit (umgewandeltes Gift)	alles erreichende Weisheit	gleichmachende Weisheit	Spiegelweisheit	unterscheidende Weisheit	absolute Weisheit
Tier	Vogel	Pferd	Elefant	Pfau	Löwe

2 DAS RLUNG-SYSTEM

Nach den Lehren der tibetischen Medizin entsteht im Embryo bereits in den ersten acht Wochen seiner Entwicklung ein komplexes Energiesystem.

Zuerst bilden sich die drei Hauptkanäle (*Rtsa*) der Lebensenergie. Der Zentralkanal (*Dbu-ma*) hat seinen Ursprung an der Schädeldecke gleich unterhalb der weichen Stelle und läuft die Wirbelsäule hinunter bis zu der Stelle, die vier Fingerbreit unterhalb des Nabels liegt. Der rechte Kanal (*Ro-ma*) zweigt kurz oberhalb der Augenbrauen vom Zentralkanal ab, um dann in einem Abstand von zwei bis drei Zentimetern parallel zu ihm zu verlaufen und sich unterhalb des Nabels wieder mit ihm zu vereinigen. Der linke Kanal (*Rkyang-ma*) verläuft spiegelbildlich auf der anderen Seite.

Der Zentralkanal verläuft zwar durch die Wirbelsäule, ist aber (wie die anderen beiden) nicht-stofflicher Natur, eine dem normalen Blick nicht sichtbare Energieleitbahn. Für hellsichtige Menschen sind diese Kanäle jedoch nach tibetischer Auffassung sichtbar und so gibt es detaillierte Darstellungen der Verläufe. Der Zentralkanal ist hohl, von leuchtendem Blau, und besitzt ungefähr den Durchmesser eines Pfeilschaftes. Die Seitenkanäle sind dünner, aber ebenfalls hohl und leuchtend. Ihre Farben sind Rot und Weiß, aber es hängt vom Geschlecht ab, welcher rot und welcher weiß ist. Bei einem Jungen ist der rechte Kanal weiß und der linke rot, bei einem Mädchen umgekehrt.

Sobald diese drei Hauptkanäle im Embryo angelegt sind, entstehen kleinere Rtsa und bilden ein Geflecht, das letztendlich den ganzen Körper durchzieht. Manche tibetische Quellen beziffern die Gesamtzahl dieser Kanäle auf 72 000, aber diese Zahl hat wohl eher symbolischen Charakter und bedeutet »sehr viele«.

Die drei Hauptkanäle werden manchmal so dargestellt, als verliefen sie parallel, doch das dient wohl nur der Deutlichkeit. Tatsächlich überkreuzen sich die beiden Seitenkanäle mit dem Zentralkanal, und zwar an den Khor-lo, den Energiezentren. Die Abbildung deutet die Beziehungen und Wechselwirkungen zwischen ihnen an.

Zentren (Khor-lo) und Kanäle (Rtsa)

In manchen esoterischen Systemen werden die feinstofflichen Kanäle und die in ihnen fließenden Energien gleichgesetzt, doch die tibetische Lehre unterscheidet hier. Die Kanäle werden eindeutig als Rtsa bezeichnet, Energiebahnen, die man sich ähnlich Wasserleitungen, Stromkabeln oder Flussbetten vorstellen kann. Die Energien selbst werden *Rlung* genannt, was so viel wie »Lüfte« oder »Winde« oder »Kräfte« bedeutet.

Das dritte Element dieses Systems ist das *Thig-li* (auch *Thig-le* oder *Thigle* geschrieben), »Tropfen«, ein Kollektivbegriff für bestimmte subtile Essenzen, die über den ganzen Körper verteilt sind. Es gibt zwei Arten von Thig-li, relatives und absolutes. Relative Thig-li entstehen aus einem einzigen Grund-Thig-li im Herz-Chakra, das sowohl die Essenzen der Lebenskraft als auch die Essenzen der fünf Elemente enthält. Die relativen Thig-li sind wie Tropfen dieser zentralen Essenz und verteilen sich über die Rtsa in die verschiedenen Körperteile. Die tibetische Lehre spricht von einem roten »Mutter-Tropfen«, der im Zentralkanal abwärts fließt, und einem weißen »Vater-Tropfen«, der aufsteigt. Relative Thig-li verlassen die Kanäle nie, sobald sie ihren jeweiligen Platz eingenommen haben, wirken sie dort unterstützend für Leben und Bewusstsein.

Mit dem absoluten Thig-li ist etwas ganz anderes gemeint. Es wird nicht als Tropfen oder Reihe von Tropfen gesehen und ist an keinen bestimmten Ort gebunden, sondern durchtränkt gleichsam alle Kanäle, Chakras, Energieströme und relativen Essenzen im gesamten Körper. Die Lamas sehen es als den »selbsterleuchtenden«, unwandelbaren, erleuchteten Geist der ursprünglichen Weisheit, der leider in den meisten Menschen unerkannt bleibt.

Zusammen bilden die Rtsa mit ihren Khor-lo, die Rlung und die Thig-li die Hauptbestandteile eines feinstofflichen Körpers, der den grobstofflichen Körper durchdringt und zugleich als Verbindung des Körpers mit dem *Dorje* fungiert, dem unwandelbaren »Diamant-Körper«, der für das Buddha-Wesen oder den göttlichen Funken eines Menschen steht. (Dieser Wortgebrauch kann Verwirrung stiften, da wir den Dorje auch als Ritualgegenstand kennen. Dorje bedeutet »Donnerkeil« oder »Diamant«, daher an dieser Stelle der spezielle Gebrauch des Wortes für den subtilen Körper.)

Diese Elemente interagieren nun mit dem physischen Körper und den normalen geistigen Abläufen und formen so das Ganze, das den Menschen ausmacht. Aus tibetischer Sicht ist der physische Körper von den Rtsa oder feinstofflichen Kanälen abhängig und diese wiederum sind von den Rlung oder Energien abhängig. Die Rlung schließlich sind vom Geist abhängig. Um das wirklich zu verstehen, empfiehlt es sich, diese Abhängigkeitskette rückwärts zu durchlaufen. Wenn Sie es tun, werden Sie sehen, dass der Geist (meist über von ihm erzeugte Emotionen) die Energien des Körpers kontrolliert, die wiederum die Kanäle kontrollieren. Die Kanäle schließlich steuern die unendliche Vielzahl körperliche Prozesse. So beherrscht also letztlich der Geist alles – wenn auch nicht unbedingt bewusst. Die Tibeter vergleichen die Rlung-Energien mit einem ungezähmten Pferd. Der Geist ist der Reiter, aber er muss als bewusster Geist lernen, wie das Pferd zu beherrschen ist.

Der Geist selbst ist nicht ganz so, wie wir ihn erleben. Die tibetische Philosophie stimmt mit der westlichen Psychologie darin überein, dass es ganze Bereiche geistigen Geschehens gibt, deren wir uns normalerweise nicht bewusst sind. Die Tibeter postulieren jedoch subtile Ebenen des Geistes und geistig-energetischer Wechselwirkungen, von denen wir im Westen nichts ahnen. Kommen wir dazu noch einmal auf das absolute Thig-li zurück. Wir erleben unseren Geist im Allgemeinen im Kopf und irgendwie hinter den Augen; für Tibeter jedoch ist die absolute Essenz des Geistes über den ganzen Körper verteilt: Sie ist die Verbindung zum Buddha-Wesen.

Die Beziehung zwischen dem Geist und dem Energiesystem des Körpers ist einer der interessantesten Aspekte der tibetischen Lehre. Bei einer alle zwei Jahre in Dharamsala stattfindenden Konferenz über Geist und Leben sprach der Dalai Lama 1992 diese Beziehung an, als er sagte, Geist und Bewusstsein seien nichts fest Umrissenes, da es in Wirklichkeit viele subtile Ebenen und Abstufungen von Geist und Bewusstsein gebe. Was er »grobes Bewusstsein« nannte – unser Bewusstsein im alltäglichen Wachzustand – hängt in der Tat vom Gehirn ab. Solange das Gehirn funktioniere, könne das grobe Bewusstsein aufrechterhalten werden. Sobald jedoch der Hirntod eintrete, sei die uns vertraute bewusste Erfahrung beendet.

Das stimmt noch mit der westlichen Neurowissenschaft überein, doch anschließend führte der Dalai Lama den Gedanken einer subtilen »Geist-Essenz« ein, die unabhängig vom Gehirn existiert und überall im Energiesystem des Körpers anzutreffen ist, vor allem im Bereich des Herz-Khor-lo. Aus tibetischer Sicht kann der Geist demnach den Hirntod überleben, jedenfalls so lange, wie das Energiesystem noch funktioniert. Wie wir in den abschließenden Kapiteln dieses Buches sehen werden, gehen Tibeter sogar davon aus, dass eine sehr subtile Geist-Essenz auch dann noch bestehen bleibt, wenn die gesamte physische Basis des Energiesystems nicht mehr vorhanden ist – wenn das Fleisch verfault ist und die Knochen zu Staub zerfallen sind.

Sie werden inzwischen gemerkt haben, dass die tibetischen Lehren von den subtilen Energien nicht ganz leicht zugänglich sind. Darüber hinaus können die Abwandlungen des tibetischen Khor-lo-Systems verwirrend sein, wenn man bereits mit den entsprechenden hinduistischen Lehren vertraut ist. Wir brauchen aber gewisse Kenntnisse der Energietheorie, wenn wir die magischen und mystischen Praktiken Tibets verstehen wollen. So gut wie allen Wundern, die Tibet je hervorgebracht hat, liegen nämlich energetische Manipulationen zu Grunde.

3 GURUS UND CHELAS

Die Bewahrung der großen spirituellen Tradition Tibets war über Jahrhunderte durch die (bis zum Einmarsch der Chinesen) zahlreichen Klöster des Landes, aber auch durch die Beziehung zwischen *Guru* und *Chela* gesichert, die zwar häufig in ein klösterliches Umfeld eingebettet war, aber durchaus auch außerhalb dieses Umfeldes existieren konnte.

Der Begriff »Guru«, der einen spirituellen Lehrer bezeichnet, ist im Westen wohl bekannt. Für »Chela« gilt das nicht im gleichen Maße. Im esoterischen Buddhismus ist damit ein Novize gemeint, der Einweihungen empfangen kann, doch meist bezeichnet man mit diesem Wort einfach die Schüler eines Guru. In Tibet glauben die Menschen, dass jemand, der sich auf den spirituellen Weg begibt, nicht nur aus dem unmittelbaren Kontakt mit seinem Guru Nutzen zieht, sondern mittelbar auch aus der Beziehung zum Lehrer des Guru und zu dessen Lehrer und so weiter – bis zurück zum ursprünglichen Lehrer aller Lehrer, dem Buddha selbst.

Hier geht es um mehr als den Gedanken, dass die Lehre über viele Generationen weitergegeben worden ist. Der Chela wird sich diese lückenlose Kette von Lehrern vielmehr lebhaft vergegenwärtigen, er wird sie als sehr lebendige, wenn auch größtenteils nicht mehr inkarnierte Helfer auf seinem eigenen Weg erleben. Und diese Versammlung von Lehrern kann noch um eine oder mehrere Gottheiten erweitert werden, denen sich der Schüler besonders verbunden fühlt.

Wie wir noch sehen werden, besteht eine sehr wichtige spirituelle Übung darin, dass der Chela die ganze Folge nicht mehr inkarnierter Gurus visualisiert, und zwar in der Reihenfolge ihrer Bedeutung einer über dem anderen in einer senkrechten, als Verlängerung des zentralen Energiekanals gedachten Linie über seinem Kopf. Die Abfolge der spirituellen Bedeutung ist klar definiert und der oberste Guru (*Vajra-dhara*) steht an oberster Stelle. An diese gesamte Kette von Lehrern richtet der Chela nun seine Gebete.

Es gibt hier keine für alle festgelegte Form, sondern der persönliche Lehrer gibt dem Schüler eine Form vor. Hier ein Beispiel, wie es in den alten Texten zu finden ist:

> *Zu dir im reinen und heiligen Reich der Wahrheit,*
> *in dem kein Rückfall in die Verkörperung mehr*
> *möglich ist,*
> *o Träger des Dorje, Essenz des sechsten Dhyani-Buddha,*
> *bete ich, dein Kind, demütig und glaubend.*
> *Gewähre mir Vervollkommnung der Praxis auf dem Pfad*
> *des Pho-wa,*
> *und möge ich im herrlichen Reich des Göttlichen*
> *die Unwandelbarkeit des uranfänglichen Dharma-kaya*
> *erlangen.*
>
> *Zu euch im Paradies-Bereich,*
> *o ihr Meister Tilopa, Naropa und Marpa, Väter und Söhne,*
> *bete ich, euer Kind, demütig und glaubend.*

*Gewährt mir Vervollkommnung der Praxis auf dem Pfad
des Pho-wa,
und möge ich im herrlichen Reich des Göttlichen
die Unwandelbarkeit des uranfänglichen Dharma-kaya
erlangen.*

*Zu dir in den Strahlen der Erkenntnis, dass diese Welt
ohne Wirklichkeit ist,
o ehrwürdiger Milarepa, dessen Barmherzigkeit nie zu
vergelten sein wird,
bete ich, dein Kind, demütig und glaubend.
Gewähre mir Vervollkommnung der Praxis auf dem Pfad
des Pho-wa,
und möge ich im herrlichen Reich des Göttlichen
die Unwandelbarkeit des uranfänglichen Dharma-kaya
erlangen.*

*Zu dir in den Strahlen der Ur-Wahrheit, des Grundes
aller Gründe, des Geistes,
o Shakya-Shrl, von nichts gehinderte Manifestation der
Kraft des Geistes,
bete ich, dein Kind, demütig und glaubend.
Gewähre mir Vervollkommnung der Praxis auf dem Pfad
des Pho-wa,
und möge ich im herrlichen Reich des Göttlichen die
Unwandelbarkeit des uranfänglichen Dharma-kaya erlangen.*

*Zu dir, über meinem Scheitel-Chakra und unter der
Mondscheibe auf dem Lotosthron sitzend,
o Wurzel-Guru, dessen Barmherzigkeit niemals zu
vergelten sein wird,
bete ich, dein Kind, demütig und glaubend.*

*Gewähre mir Vervollkommnung der Praxis auf dem Pfad
des Pho-wa,
und möge ich im herrlichen Reich des Göttlichen
die Unwandelbarkeit des uranfänglichen Dharma-kaya
erlangen.*

*Möge nun in meinem Glauben und meiner Demut
die Linie der Gurus über meinem Kopf in Licht aufgehen
und der höchste Meister selbst werden, Dorje-Chang,
der göttliche Guru.*

Einige Ausdrücke in diesem Gebet sind erklärungsbedürftig. Der Begriff »Dorje« in der dritten Zeile wird gewöhnlich mit »Donnerkeil« übersetzt. Hier ist damit ein wichtiger Ritualgegenstand gemeint, ein mystisches Zepter. Dorje-Chang, die Gottheit, die den Dorje handhabt, ist der erste der himmlischen Buddhas in der tibetischen Tradition und damit der oberste der fünf *Dhyani-* oder Weisheits-Buddhas.

Für *Pho-wa* gibt es in europäischen Sprachen keine direkte Entsprechung. Der Ausdruck verweist in erster Linie auf die Bewusstseinsübertragung vom Zustand nach dem Tod auf den vorgeburtlichen Zustand im Mutterschoß – Vorbereitung auf die nächste Inkarnation. Das geschieht auf natürliche Weise in der endlosen Abfolge von Geburt, Tod und Wiedergeburt, aber die Tibeter glauben – und das ist mit Pho-wa gemeint – dass das Bewusstsein während dieses Übertragungsprozesses auf eine höhere Stufe transformiert werden kann, im günstigsten Fall auf die Stufe des Klaren Lichts, des Nirvana.

Pho-wa kann aber auch bedeuten, dass ein Guru von einem bestimmten Entwicklungsstand an in der Lage ist, sein Bewusstseinsniveau direkt auf einen Schüler zu übertragen. Das wird mitunter als eine telepathische Wissensübertragung gesehen, geht jedoch in Wirklichkeit darüber hinaus. Es kann eine Übertragung von Wissen damit verbunden sein, aber Wissen und Bewusstsein sind nicht dasselbe. Nach der tibetischen Lehre besteht eine Verbindung zwischen dem Bewusstsein eines Menschen und seinem Energiesystem und folglich muss spirituelle Entwicklung sich nicht nur im Denken, sondern auch im Körper niederschlagen. Ähnlich dem Prinzip der Resonanzschwingung, nach dem sich beispielsweise die Schwingungen eines Pendels auf andere Pendel übertragen können, kann sich der Chela auf den Bewusstseinszustand des Guru einstimmen, und auf diese Weise werden nicht *Inhalte* des Bewusstseins übertragen, sondern ein Bewusstseins*niveau*. Für diesen Prozess gibt es im Tibetischen den Ausdruck »Vervollkommnung der Praxis auf dem Weg des Pho-wa«.

Dharma-kaya bedeutet so viel wie »göttlicher Wahrheitskörper«. Der Begriff »Dharma« wird ganz allgemein für die Lehren des Buddha verwendet, aber das im Gebet hinzugefügte Adjektiv »uranfänglich« verschiebt die Bedeutung ein wenig. Es geht nicht einfach darum, die Wahrheit zu *erkennen*; das Streben richtet sich vielmehr darauf, die Wahrheit zu *sein*. Es geht um einen Zustand, in dem man die Wirklichkeit hinter den Erscheinungen erkennt und sich eins mit ihr weiß.

Der als »Wurzel-Guru« übersetzte Begriff bezeichnet den (in der Regel menschlichen) Lehrer, den man als unterstes Glied in einer Kette von nicht oder nicht mehr inkarnierten, aber den Schüler auf seinem Weg anleitenden Lehrern visualisiert. Ein Tibeter kann seinen Wurzel-Guru so mühelos benennen wie wir im Westen vielleicht unseren Chef im Berufsleben. Es ist der Mensch, Mann oder Frau, der ihn auf den spirituellen Weg führte und in höchsten Ehren gehalten wird.

Der Wurzel-Guru ist in der Kette der Lehrer nicht unbedingt der am höchsten entwickelte, aber er hat einen ganz besonderen Platz im Herzen des Chela, und so ist ihm auch ein besonderes Gebet gewidmet:

> *Ehre all denen, die sieghaft in der Einheit sind!*
> *O du, Verkörperung aller Beschützer,*
> *Herr des gesamten mystischen Glaubens,*
> *Herr all dessen, was hier und hernach meine*
> *Zuflucht ist,*
> *dessen Gnade niemals zu vergelten sein wird –*
> *du weißt, o Wurzel-Guru von erhabener Güte,*
> *du weißt, ich bete zu dir aus der Tiefe meines Herzens,*
> *dass ich schnell zur Vollkommenheit auf dem Pfad des*
> *Pho-wa gelange.*
> *O du im Akanishtha-Himmel, der Manifestation des*
> *reinen Dharma-kaya,*
> *gewähre mir Inspiration, damit ich Selbsterkenntnis,*
> *den unwandelbaren Zustand des Dharma-kaya, erlangen*
> *kann.*

Beachtung verdient hier der Umstand, dass der »unwandelbare Zustand des Dharma-kaya« – Bewusstsein der höchsten Wirklichkeit und Teilhabe an dieser Wirklichkeit – mit Selbsterkenntnis gleichgesetzt wird. Für den tibetischen Mystiker bilden psychische Abläufe und spirituelle Zustände ein einziges Kontinuum. Der Ausdruck »Inspiration« in der vorletzten Zeile umfasst mehr als die Vorstellung, dass der Guru ein Beispiel gibt. Hier ist etwas Aktiveres gemeint, nämlich die Übertragung von Bewusstsein vom Guru auf den Schüler.
Zur Unterstützung des Pho-wa, also der Übertragung eines höheren Bewusstseinsniveaus vom Guru auf den Chela, werden zusätzlich zu den zitierten Gebeten bestimmte Meditationen und Visualisationen empfohlen.

Das beginnt mit einer bewussten Bekräftigung des Grundprinzips der Mahayana-Praxis: des Verlangens, alle Lebewesen zur Vollkommenheit zu führen. Nur auf dieses Ziel hin ist Pho-wa überhaupt gerechtfertigt. Die mit dieser Affirmation verbundene Meditation, zu der auch lebhafte Visualisationen gehören, hat folgenden Ablauf:

> *Mein Guru ist die Verkörperung der dreifachen Zuflucht. [Die »dreifache Zuflucht« wird in allen Schulen des Buddhismus geübt, indem der Schüler erklärt, dass er zum Buddha, zu seiner Lehre und zur buddhistischen Gemeinschaft Zuflucht nimmt.] Er steht jetzt vor mir am Firmament. Lebewesen ohne Zahl, darunter auch ich, nehmen Zuflucht zu ihm, bis wir alle Vollkommenheit erlangt haben und alle anderen Lebewesen zur Verwirklichung des höchsten Weges führen.*

Hier schließt eine Visualisation an, in deren Verlauf der Guru in Körper und Geist des Chela eingeht. Danach stellt der Chela sich vor, wie er selbst in Körper und Geist leer wird, so dass alle mentalen Prozesse zur Ruhe kommen und das Denken aufhört. Viele Formen der Meditation und des Yoga zielen darauf ab, das innere Plappern abzustellen; ein Beispiel werden wir später noch näher betrachten. Für unseren Zusammenhang geht es darum, diesen Zustand zu erreichen, damit der normale Gedankenstrom aufhört und tiefere spirituelle Vorgänge nicht mehr behindert. In der Leere wird sich nämlich spontan eine Vision der Vajra-Dakini abzeichnen, einer Gottheit, die als Verkörperung spiritueller Energie und Intelligenz gesehen wird.

Diese Göttin wird in der tibetischen Kunst meist in klarem Rubinrot und mit einem sichtbaren dritten Auge in der Stirnmitte dargestellt. In der rechten Hand hält sie einen schimmernden Krummdolch hoch über dem Kopf, um damit alle sich einmischenden Gedanken abzuschneiden. In der linken Hand hält sie vor ihrer Brust eine mit Blut gefüllte menschliche Schädelschale. Sie trägt einen Kopfschmuck aus fünf getrockneten Menschenschädeln und um den Hals eine Kette aus fünfzig noch bluttriefenden Köpfen. Sie trägt Reifen an den Armen und an den Hand- und Fußgelenken, aber ihr einziger sonstiger Schmuck ist der Karma-Spiegel, ein Brustharnisch, um Taille und Schultern von Schnüren gehalten, auf die Perlen aus Menschenknochen aufgereiht sind. In ihrer linken Armbeuge lehnt ein langer Stab und die ganze Gestalt ist von einer flammenähnlichen Aura umgeben. Sie tanzt: Das rechte Bein ist angewinkelt, der Fuß erhoben, während sie mit dem linken Fuß auf einem am Boden liegenden Menschen steht.

Wenn diese Furcht erregende Göttin erscheint, visualisiert der Chela den zentralen Energiekanal ihres Körpers: gerade und hohl, außen weiß und innen rot, ungefähr von der Dicke eines Pfeilschaftes. Das untere Ende, das während der Lebenszeit eines Menschen geschlossen bleibt, liegt ungefähr vier Fingerbreit unter dem Nabel, während das obere Ende sich vom Scheitel-Chakra aus nach oben öffnet.

Der Kanal nimmt seinen natürlichen Verlauf auch durch das Herz und hier soll der Chela einen vierblättrigen Lotos visualisieren (im Unterschied zur indischen Tradition übrigens, die an dieser Stelle einen zwölfblättrigen Lotos sieht). Auf dem Stempel der Blüte (wo die Frucht entsteht) wird ein blass rosafarbener Punkt visualisiert, Symbol für die Verkörperung der unlösbaren Vereinigung von Atem und Geist.

Hier zeigt sich bereits, dass die Göttin zwar spontan erscheint, sobald die normalen Denkprozesse aufgehört haben, aber sie ist keine objektive Wesenheit, wie wir Westler vielleicht zu denken geneigt sind. Welche Gestalt sie annimmt und was sie tut, liegt (wie wir gleich noch sehen werden) in der Hand des Meditierenden. Wir stoßen hier zum ersten Mal auf die interessante tibetische Vorstellung, dass Gottheiten, Dämonen und spirituelle Wesen verschiedenster Art im Grunde mentale Phänomene sind. Wir dürfen daraus allerdings nicht schließen, solche Wesen seien rein subjektiver Natur.

Die Unterscheidung von subjektiv und objektiv ist für uns sehr eindeutig, aber in der tibetischen Philosophie scheinen die Grenzen zu verschwimmen. Tibeter glauben ohne Zweifel, dass sie eine Gottheit durch einen Akt der Imagination hervorbringen können, aber diese Gottheit wird eindeutig nicht als »bloß eingebildet« betrachtet. Es ist so, als verhielte sich das innere Bild vorübergehend wie ein Körper, der vom Geist dieser Gottheit – und dieser Geist ist irgendwo in einem anderen Bereich zu Hause – belebt wird.

Solche Ideen sind für das westliche Bewusstsein nicht leicht zu erfassen, wir werden später noch auf sie zurückkommen. Halten wir für den Augenblick nur fest, dass die tibetische Sicht unserer inneren Prozesse nicht mit den Anschauungen westlicher Psychologie übereinstimmt.

Im weiteren Verlauf der Pho-wa-Übung visualisiert der Chela die oben erwähnte Kette der Gurus in abgewandelter Form. Über seinem Kopf sieht er wie zuvor seinen Wurzel-Guru, aber jetzt in der Gestalt des Dorje-Chang. Traditionell wird dieser höchste Buddha als mit überkreuzten Beinen auf einem Löwenthron sitzend visualisiert. Hinter ihm folgt die weitere Reihe der Gurus in der Pho-wa-Tradition, einer über dem anderen mit überkreuzten Beinen sitzend bis hinauf zum ursprünglichen Dorje-Chang. Die gleiche Gestalt, geistige Repräsentation des höchsten Himmels-Buddha, steht also am Beginn und am Ende der Reihe.

Die Visualisation beinhaltet ein starkes emotionales Element. Der Chela soll sein gläubiges Vertrauen wachsen lassen, »bis alle

Haare an seinem Körper gesträubt sind und ihm Tränen über die Wangen laufen«. Sobald er in dieser Verfassung ist, betet er zu seinen Gurus und bedient sich dabei der zu Anfang dieses Kapitels dargestellten Form.

Nach dem Gebet wird diese Übung ein wenig kompliziert. Der Chela visualisiert, dass sich alle Gurus in der Kette, die je als Menschen inkarniert waren oder es noch sind, nach und nach in ein wunderbares Strahlen verwandeln, das schließlich in den Körper des Wurzel-Guru eingeht (der hier wie gesagt als Dorje-Chang visualisiert wird). Jetzt betet der Schüler voller Inbrunst so oft zum Wurzel-Guru, wie er kann.

Daran schließen sich weitere komplexe Visualisationen an. Sie sind sehr typisch tibetisch, denn sie gehen vom Glauben an die Kraft der Klänge und ihrer symbolischen Darstellung durch tibetische Schriftzeichen aus. Die erste dieser Visualisationen besteht darin, dass der Chela die Silbe HUM im Herzen seines Guru visualisiert.

Nach hinduistischer Auffassung ist die Klangschwingung des HUM der Ur-Laut des Universums selbst. In Tibet und zumindest bei dieser Visualisation verkörpert es die Essenz des Buddha-Geistes. (Die beiden Traditionen sind vielleicht nicht gar so verschieden. In Tibet besteht nämlich der Glaube, dass der Geist des Buddha auch die höchste Wirklichkeit erfasst, in der alles Manifestierte seinen Ursprung hat.)

In tibetischen Schriftzeichen sieht das HUM so aus:

Bei der Visualisation im Herzen des Guru erscheint es blau als Repräsentation der unwandelbaren Ewigkeit und sendet das Strahlen der fünf Weisheits-Buddhas aus. Bei dieser Visualisation soll der Chela laut und scharf einen Laut ausstoßen, der in den alten Texten mit *heeg!* angegeben wird. Gleichzeitig visualisiert er, wie der Punkt im Herzen der Vajra-Dakini als eine Art Blase zum Herzen des Guru aufsteigt und dort mit der Silbe HUM zu mystischer Einheit verschmilzt. Wenn der Chela diesen Zustand zu spüren beginnt, soll er in ihn eintreten und eine Weile darin bleiben, bevor er zum Abschluss der Übung kommt. Dieser besteht in einer kurzen Sequenz, in deren Verlauf er den Laut KA intoniert und dabei visualisiert, wie der Punkt an seinen Platz im Herzen der Vajra-Dakini zurückfällt.

Einem Text zufolge ist der Erfolg der Übung an bestimmten körperlichen Anzeichen abzulesen: einer Schwellung am Scheitelpunkt des Kopfes, aus der Blut und ein dünnes gelbliches Sekret sickern können. Die Kopfhaut ist an dieser Stelle so dünn geworden, dass sie mit einem Grashalm zu durchstoßen ist. Ein fortgeschrittener Schüler sollte diese Zeichen nach nicht mehr als einundzwanzig Wiederholungen produzieren können und selbst bei einem Anfänger sollten schon nach einem einzigen Tag erste Anzeichen zu erkennen sein.

Sobald jedenfalls die Zeichen erscheinen, soll der Chela mit dieser Übung aufhören und stattdessen visualisieren, dass sein Wurzel-Guru sich in den Buddha des Grenzenlosen Lichts verwandelt. In der Hand hält diese Gestalt eine Urne (die so genannte Urne des Lebens) und gießt daraus eine mystische Flüssigkeit in den Körper und die oberen Chakras des Chela, um ihm so den Segen des unendlichen Lebens zu geben.

Um diesen Vorgang noch zu unterstützen, intoniert der Chela das Mantra AUM AH MA RA NI JI VAN TI YE SVAH HAH und visualisiert die Verwandlung des Buddha in ein Strahlen, das er in sich selbst aufnimmt. Die abschließenden Worte der Anleitung lauten:

Dann, aufsteigend wie ein Gott oder wie ein Vogel, spurlos, sollst du im Zustand der Wirklichkeit des unbegreiflichen Dharma-kaya verweilen und um Verwirklichung dieses höchsten Zustands beten.

Aus all dem dürfte zu ersehen sein, dass die Verehrung des Guru oder der Kette von Gurus nicht Selbstzweck ist, sondern auf etwas abzielt. Es geht im tibetischen Buddhismus schon immer darum, die Wirklichkeit hinter den Erscheinungen zu erkennen, und diese Wirklichkeit wird als reines Bewusstsein beschrieben und den Quellen zufolge als grenzenloses Licht erlebt.

Auf diese Zielsetzung werden wir bei unserem Studium tibetischer Mystik und Magie immer wieder stoßen.

4 AUSSERGEWÖHN- LICHE KRÄFTE

1956 setzten die Chinesen eine zwölfköpfige Kommission ein, die sich des »Problems« der tibetischen Sprache annehmen sollte. Die Besatzer standen ratlos vor einer Sprache, die für so wichtige Dinge wie Lastwagen, Flugzeug, Dynamo oder Atombombe keine Wörter hatte, dafür aber von Ausdrücken für unbegreiflich subtil abgestufte geistige Zustände wimmelte.

In der Sprache spiegelt sich die Ausrichtung eines Volkes wider. Den Tibetern geht es schon lange und vielleicht vorrangig um Meditation und ihre Wirkungen. Seit Jahrhunderten widmen

Mönche und Nonnen ihr Leben dem Ziel, den Geist zur Ruhe zu bringen und den Vorgängen in ihrem Inneren auf den Grund zu gehen.
Dahinter stehen natürlich religiöse Motive. Der Buddha selbst hatte sie ermahnt, sich eifrig der eigenen Erlösung zu widmen, und er hatte den Weg der geistigen Disziplin gezeigt. Gleichsam als Nebenprodukt dieser Bemühungen kristallisierte sich ein Verständnis des menschlichen Geistes heraus, das an Tiefe alles weit übertrifft, was die westliche Psychologie bislang hervorgebracht hat. (Die Tiefenpsychologie, insbesondere die von C. G. Jung geprägte Schule, teilt zwar viele Anschauungen der tibetischen Tradition und scheint in die gleiche Richtung zu gehen, aber Tibet hatte einen Vorsprung von an die dreihundert Jahren.)
Und manche entwickelten dabei sogar außergewöhnliche Kräfte. Der Gedanke, dass durch Meditation außergewöhnliche Kräfte entstehen können, hat eine lange Geschichte. In den esoterischen Traditionen des hinduistischen Indien und des buddhistischen Tibet existieren alte Legenden von vierundachtzig beinahe übermenschlichen Männern und Frauen, die bis ins 11. Jahrhundert hinein auftraten. (Die Zahl vierundachtzig ist nicht wörtlich zu nehmen, sondern wird traditionell zur Bezeichnung einer »Gesamtheit« verwendet.) Am berühmtesten war in Tibet ein tantrischer Meister des 8. Jahrhunderts, Padmasambhava, dessen spirituelle Linie der Übertragung vom Guru auf den Chela ohne Unterbrechung bis zum Einmarsch der Chinesen – und vielleicht darüber hinaus – bestanden haben soll.
Die Kräfte dieser Menschen sind nach den alten Texten in acht Grundformen zu unterteilen:

- Auf die Größe eines Atoms schrumpfen
- So leicht werden, dass man fliegen kann (Levitation)
- Schwer werden

- Ferne Objekte (auch so fern wie der Mond) berühren
- Unwiderstehlicher Wille
- Vollkommene Kontrolle über Körper und Geist
- Herrschaft über die Elemente
- Augenblickliche Erfüllung aller Wünsche

All das wurde ganz wörtlich verstanden, auch der Gedanke des Schrumpfens. Ein Europäer, der gegen Ende der vierziger Jahre des vorigen Jahrhunderts ein tibetisches Kloster besuchte, wurde durch den Garten geführt und machte überrascht vor einem Steinbecken mit einer winzigen Pagode halt, das Ganze eingebettet in eine wunderbar gestaltete Miniaturlandschaft. Als er seine Begeisterung zum Ausdruck brachte, ließ sein Führer ihn wissen, hier wohne der frühere Abt des Klosters, der unsterblich geworden und auf die Größe einer Libelle geschrumpft sei ... sich aber nicht mehr häufig blicken lasse.

Die übrigen sieben Kräfte, vielleicht mit Ausnahme des Wettermachens und der Wunscherfüllung, sind auch von westlichen Besuchern beobachtet und zum Teil sogar wissenschaftlich untersucht worden.

In katholischen Ländern wird die Kraft der Levitation manchmal den Heiligen Joseph von Cupertino und Teresa von Avila zugeschrieben. Beide sahen sich mysteriösen Kräften ausgesetzt, die sie dann und wann in die Luft hoben, auch in Augenblicken, wo es gar nicht passte. (Vom heiligen Joseph waren nach Augenzeugenberichten bei solchen Gelegenheiten des Öfteren spitze Schreie zu hören.)

So etwas kommt aber nicht nur bei Heiligen vor. 1906 schwebte das sechzehnjährige südafrikanische Schulmädchen Clara Germana Cele während eines Anfalls eineinhalb Meter über ihrem Bett – und erhielt prompt die Diagnose, sie sei von einem Dämon besessen. Das schottische Medium Daniel Dunglas Home demonstrierte diese Fähigkeit bei vollem Bewusstsein, als er im Haus des Lord Adare vor den staunenden Dinnergästen im dritten Stock aus dem Fenster und zu einem anderen wieder hereinschwebte.

Interessanterweise konnte sich Home auch weitaus schwerer machen, als er eigentlich war. Er war von schlanker Statur, schien aber manchmal so schwer zu werden, dass auch der starke Mann aus dem Zirkus ihn nicht mehr heben konnte. Ähnliches, wenn auch in anderem Zusammenhang, beobachtete in den sechziger Jahren der britische Psi-Forscher Kenneth Batcheldor. Er und einige andere untersuchten das altbekannte Tischrücken und stellten unter kontrollierten Bedingungen fest, dass nicht nur Levitation möglich war; bei einigen Versuchen erschien der Tisch wie am Boden befestigt und war nicht zu heben, wie viele der Beteiligten sich auch zusammen abmühen mochten.

Die Fähigkeit, ferne Objekte zu berühren, wird im Westen mit so genannten außerkörperlichen Erfahrungen in Verbindung gebracht. Manche Menschen können ihren Körper verlassen und sich wie Geistwesen umherbewegen. Das ist eine erstaunlich weit verbreitete Fähigkeit (nach Umfrageergebnissen hat jeder Vierte so etwas schon einmal erlebt), die besonders während der Pubertät spontan auftreten kann. Die Psychologie sieht dergleichen eher als Halluzination und selbst in der Parapsychologie wird es meist als rein mentales Phänomen aufgefasst – eine Sonderform der Hellsichtigkeit. Der lettische Wissenschaftler Karlis Osis konnte jedoch nachweisen, dass solche Erklärungen nicht genügen.

Sein Experiment hatte einen sehr ausgeklügelten Aufbau. Die Versuchsperson, Alex Tanous, bekam den Auftrag, seinen Körper zu verlassen und sich Bilder anzusehen, die so platziert waren, dass sie nur von einer eigens für dieses Experiment konstruierten Kammer aus zu sehen waren. Die Kammer war nicht nur abgeschirmt, sondern auch mit hochempfindlichen Sensoren und Dehnungsmessgeräten ausgestattet. Als Tanous die Bilder beschrieb, und zwar richtig beschrieb, kann er sich nur außerhalb seines Körpers befunden haben, und das Ansprechen der Detektoren in der abgeschirmten Kammer könnte bedeuten, dass die Tibeter Recht haben, wenn sie behaupten, dass mechanische Einwirkung auch aus der Ferne möglich ist.

Manche Historiker sind der Meinung, das Deutschland der dreißiger Jahre nach der Machtergreifung Hitlers biete ein besonders drastisches Beispiel für die Wirkung eines »unwiderstehlichen Willens«. Jedenfalls war Hitler selbst offenbar der Meinung, ein Wille von ausreichender Stärke könne den Lauf der Welt ändern. Doch die tibetische Tradition des unwiderstehlichen Willens kommt telepathischer Hypnose wohl näher als die verbrecherischen Fantasien eines Diktators.

Berichte von telepathischer Hypnose gibt es bereits aus dem 18. Jahrhundert. Der Marquis de Puységur, Entdecker der modernen Induktionstechniken, fand eine Probandin namens Madeline, die durch rein mentale Kommandos veranlasst werden konnte zu gehen, sich hinzusetzen oder einen bestimmten Gegenstand in die Hand zu nehmen. Der Marquis konnte die Kontrolle auch an andere übergeben und dann folgte Madeline deren mentalen Befehlen.

Gegen Ende des 19. Jahrhunderts führte eine Gruppe namhafter Wissenschaftler ein ungeplantes Experiment durch, aus dem zu schließen war, dass auch hypnotische Induktion durch einen bloßen Willensakt möglich ist. Es war bei einer Abendgesellschaft im Jahre 1886, zu der sich der bekannte französische Psychologe Pierre Janet, der Gründer der British Society for Psychic Research Frederick Myers, der Psychologe Julian Ochorovicz und der Arzt J. H. A. Gilbert aus Le Havre getroffen hatten. Bei

Portwein und Zigarren erbaute Dr. Gilbert die übrigen mit Berichten über seine hypnotischen Experimente mit einer Probandin namens Léonie, die, wie er behauptete, durch einen bloßen Gedanken zu hypnotisieren sei. Spontan kam die Idee auf, doch gleich einmal zu überprüfen, ob Gilbert sie womöglich auch aus der Ferne hypnotisieren könne.

Es wurde ein voller Erfolg. Gilbert ging in sein Arbeitszimmer, um sich zu konzentrieren. Die anderen machten sich schnellstens auf den Weg zu Léonies Wohnung. Sie trat ihnen mit fest geschlossenen Augen und in tiefer hypnotischer Trance entgegen. Dass Kontrolle von körperlichen und geistigen Abläufen durch Yoga möglich ist, wird inzwischen auch im Westen und sogar von der normalen Wissenschaft akzeptiert. In zahllosen Versuchsreihen wurde mit modernen Messinstrumenten festgestellt, dass erfahrene Yogis ihre Gehirnwellenmuster und damit ihre geistige Verfassung bewusst ändern können. Nachgewiesen wurden außerdem: Pulsverlangsamung, Anhebung oder Senkung des Blutdrucks, Veränderungen des Hautwiderstands, ja sogar eine so weit gehende Verlangsamung des Stoffwechsels, dass die Person für längere Zeit lebendig begraben werden kann, ohne dadurch Schaden zu nehmen.

Beherrschung der Elemente und sofortige Wunscherfüllung sind umstrittene Themen. Immerhin, die bekannt gewordenen »Wolkenauflösungs«-Experimente in der zweiten Hälfte des vorigen Jahrhunderts und das, was wir über den Regen-»Zauber« bei Naturvölkern wissen, lassen vermuten, dass mentale Einflüsse auf das Wetter zumindest möglich sind. Unter Vertretern der Selbsthilfe-Bewegung gilt außerdem, dass der Gang der Dinge durch »positives Denken« beeinflusst werden kann. All das wird gestützt durch experimentell gewonnene Beweise für die Psychokinese, also die Fähigkeit, Gegenstände allein mit Willenskraft zu bewegen.

In Tibet werden Kräfte dieser Art *Grub-thob chen* genannt und dieser Ausdruck deckt sich mit dem Sanskritbegriff *Siddhi*. Der Buddha warnte seine Schüler vor dem Streben nach Siddhis, da sie den spirituellen Fortschritt behindern können. Diese Mahnung greifen auch die tibetischen Texte auf und weisen eindringlich darauf hin, dass man über dergleichen hinausgehen müsse, um spirituelle Freiheit zu finden. Wer sie zu weltlichen Zwecken missbrauche, sei ein Magier und werde es immer bleiben.

Aber es gab trotz aller Warnungen natürlich Menschen, die genau das taten. Relativ späte indische Texte, die in tibetischen Klöstern aufbewahrt wurden, nennen einen großen Zauberer, Nagarjuna, der durch Zaubersprüche und geheimnisvolle Diagramme zu magischen Kräften kam und sich durch Diät und Meditation Zugang zu nichtstofflichen Ebenen verschaffte. Es heißt auch an verschiedenen Stellen, er habe Alchemie praktiziert und das Elixier des Lebens entdeckt.

Das biografische Material lässt vermuten, dass Nagarjuna im 2. Jahrhundert n. Chr. als Spross einer Brahmanenfamilie in Südindien geboren wurde. Er soll jedoch die magischen Praktiken hinter sich gelassen haben, als ein großer *Bodhisattva* (ein Erleuchteter auf dem Weg zur Buddhaschaft) ihm die tiefgründigsten Lehren des Mahayana-Buddhismus nahe brachte. Er wurde ein berühmter Philosoph und verkündete bis ins hohe Alter den *Dharma* (die vom Buddha dargelegte universale Wahrheit) in Indien.

Tibets großer Heiliger Milarepa ging einen ganz ähnlichen Weg. Sein Geburtsname war Thopaga. Er kam im Jahre 1052 als Sohn eines Kaufmanns nahe der nepalesischen Grenze zur Welt. Mit sieben Jahren verlor er seinen Vater. Das war ein schwerer Schlag für ihn, aber es sollte noch schlimmer kommen. Ein habgieriger Onkel brachte den jungen Thopaga, seine

Mutter und seine Schwester um das Erbe der Familie und vertrieb sie sogar aus ihrem Haus.

Tibet ist ein Land mit schwierigen Lebensbedingungen und Thopagas Mutter hatte alle Mühe, sich und ihre Kinder am Leben zu erhalten. Sie schaffte es irgendwie, aber in ihr wuchs ein bitterer Groll auf ihren Schwager. Auch Thopaga ergriff diese Erbitterung, bis er schließlich zu trinken begann, um seinen seelischen Schmerz zu betäuben. Mit siebzehn kam er einmal betrunken nach Hause und wurde von seiner Mutter gescholten. Zerknirscht versprach er, ihr jeden Wunsch zu erfüllen, um diese Scharte auszuwetzen. Da brach plötzlich der ganze angestaute Ärger in ihr los und sie trug ihm auf, einen Zauberer zu suchen, der ihn in die schwarze Magie einführen könne. Dann sollten dem Onkel seine Missetaten heimgezahlt werden.

Damals wie heute war der Glaube an die schwarze Magie in Tibet weit verbreitet und viele behaupteten, über solche Kräfte zu gebieten. Einer von ihnen war ein Lama namens Yungtun Trogyal (was allerdings nicht sein Geburtsname gewesen sein dürfte, denn er bedeutet »zornvoller und siegreicher Lehrer des Bösen«). Er war ein verrufener Mann, dem nachgesagt wurde, er könne Stürme entfesseln und aus der Ferne töten. Thopaga bat als Schüler angenommen zu werden und der Lama war einverstanden. Nach langer Lehrzeit war Thopaga bereit für die Rache.

Er wartete den Tag der Hochzeit eines seiner Vettern ab, der ein Sohn jenes bösen Onkels war. Eine Hochzeit ist in Tibet immer ein großes Fest, zu dem die Gäste von weither zusammenströmen. Als alle versammelt waren, nutzte Thopaga seine mühsam erlernten Zauberkünste, um zuerst eine wahre Invasion von Ungeziefer auszulösen und das Haus anschließend einstürzen zu lassen. Fünfunddreißig Menschen fanden dabei den Tod, aber seinen Onkel und dessen Frau verschonte Thopaga, denn für sie hielt er »noch mehr Leiden« bereit. Angestachelt von seiner Mutter, welcher der Hochzeits-Albtraum noch nicht genügte, ließ er auf die Felder seines Onkels ein Hagelunwetter los, das die Ernte vernichtete und den Onkel ruinierte.

Thopaga sagte anschließend zwar, er bedaure, was geschehen war, aber er blieb viele Jahre bei Yungtun Trogyal und sagte sich erst in mittleren Jahren von der schwarzen Kunst los. Seine Sicht der Dinge kehrte sich vollständig um und er wurde Schüler eines Lehrers namens Marpa, der die Kargyut-pa-Schule des tibetischen Buddhismus ins Leben rief und den Ruf eines Heiligen besaß. Marpa verweigerte seinem neuen Schüler alle Einweihungen, bis er für seine früheren Missetaten gesühnt hatte, und er unterwarf ihn einer strengen Schulung, zu der auch Schläge und schwerste körperliche Arbeit gehörten. Einmal ließ er ihn ein Gebäude aus Stein errichten und immer wieder einreißen, weil es seinen Anforderungen nicht genügte. (Dieser Bau in Südtibet soll im vorigen Jahrhundert noch gestanden haben.) Erst als Thopaga vierundvierzig Jahre alt war, fand Marpa, dass er nun genug gebüßt habe und die ersehnte Einweihung bekommen könne.

Von da an setzte sich Thopaga mit gleichem Eifer für das Gute ein, wie er früher dem Bösen verfallen gewesen war. Beim Tod seiner Mutter, den er in einem Traum voraussah, gelobte er, sein Leben dem höchsten spirituellen Ziel zu weihen. Für ihn als Buddhisten stand das Leben unter dem Gesetz des Karma, nach dem, einfach ausgedrückt, alle gegenwärtigen Gedanken und Handlungen die Zukunft bestimmen. Auch der Gedanke der Reinkarnation war ihm wie praktisch allen Tibetern eine Selbstverständlichkeit. Vor diesem Hintergrund kann das höchste spirituelle Ziel nur darin bestehen, dem vom Karma-Gesetz beherrschten Kreislauf von Geburt, Tod und Wiedergeburt zu entrinnen. Diese Befreiung, die auch Erfahrungen der mystischen Wirklichkeit hinter den Erscheinungen mit sich bringt, wird Nirvana genannt – allerdings spricht man in Tibet eher vom »Eingehen in das Klare Licht«.

Nirvana wird als legitimer Lohn des spirituellen Strebens gesehen und Thopaga gelobte alles daranzusetzen, es zu erreichen. Aber er ging noch einen Schritt weiter und gelobte darüber hinaus, er werde nach dem Erlangen des Nirvana so lange auf seine persönliche Befreiung verzichten, bis alle anderen Wesen auch erleuchtet seien. Er fasste mit anderen Worten den Entschluss, ein Buddha zu werden. (Viele im Westen nehmen an, es gebe nur einen Buddha, doch dem ist nicht so. Der Begründer des Buddhismus, Prinz Gautama, der gut fünfhundert Jahre vor Christus lebte, war nur einer in einer langen Kette von Buddhas der Vergangenheit und Gegenwart. Der Titel bedeutet »Erwachter« oder »Erleuchteter«.)

Zu diesem Zweck zog sich Thopaga in die Weiße Höhle des Pferdezahns zurück, die hoch in den Bergen gelegen war und ungestörte Meditation versprach. Um in der bitteren Kälte nicht zu erfrieren, wurde er ein Meister des *Gtum-mo*, einer Meditationsform, die starke Körperwärme erzeugt (davon wird noch ausführlicher die Rede sein). Er trug fortan nur noch ein leichtes Baumwollgewand der Art, die in Tibet *Repa* genannt wird. Daher auch der Name, unter dem er bis heute bekannt ist: Milarepa.

Seine einzige Nahrung war eine Suppe aus Nesseln, durch die seine Haut und sein Haar mit der Zeit einen leichten Grünton bekamen. Und ungewöhnliche Kräfte wuchsen ihm im Laufe der Jahre zu. Er konnte seinen Körper verlassen und sich an beliebige Orte in dieser Welt oder anderen Wirklichkeitsebenen begeben. Auch die Gabe der Verwandlung war darunter, so dass er die Gestalt von Tieren, aber auch etwa einer Flamme oder eines Baches annehmen konnte. Manche sagten sogar, er könne levitieren.

Seine außergewöhnlichen Fähigkeiten blieben nicht unbemerkt und Milarepa musste feststellen, dass selbst seine abgelegene Höhle ihn nicht vor unwillkommenen Besuchern schützte. So zog er weiter und ließ sich in der Gegend um den Mount Everest nieder. Es gab dort aber einen Lama, der ihm seinen Ruhm neidete und ihm deshalb eines Tages eine vergiftete Speise als Geschenk überbringen ließ. Milarepa bemerkte die Hinterlist und ließ den Überbringer der Speise wissen, Gift könne ihm nichts mehr anhaben, aber er sei mit seinen vierundachtzig Jahren ohnehin bereit, diese Welt zu verlassen. Er versammelte seine Schüler um sich und belehrte sie etliche Tage lang über Karma und die Natur der Wirklichkeit. Dann versetzte er sich in den *Samadhi* – einen tranceähnlichen Zustand, der als Vorstufe zum Nirvana gilt – und starb.

Eine im 15. Jahrhundert entstandene Biografie des Heiligen erzählt von Wundern, die sich nach seinem Tod ereignet haben sollen. Milarepa erweckte seine eigene Leiche wieder zum Leben, um dann in einem zweiten Körper aufzuerstehen, der in den Flammen seines Bestattungsfeuers sang, bevor er ins Klare Licht einging. Es regnete Blüten und Kometenschweife formten am Himmel ein Mandala. Als der Scheiterhaufen ausgebrannt war, fand man weder Knochen noch sonstige Überreste des Heiligen – Geistwesen, die *Dakinis* genannt werden, hatten alles mitgenommen.

Ohne Zweifel ist diese Biografie teilweise legendären Charakters. Das heißt aber nicht, dass man die ganze Geschichte als Mythos einstufen muss. Niemand weiß, was es mit Mandalahimmel, Auferstehung, fehlenden Knochen und Blütenregen auf sich haben mag, aber die Berichte von außergewöhnlichen Kräften sind doch zu zahlreich und zu übereinstimmend, als dass man sie einfach übergehen könnte. Manches ist wie gesagt auch schon durch wissenschaftliche Untersuchungen bestätigt. Aber die Manifestation solcher Kräfte scheint im Westen weit weniger spektakulär abzulaufen. Hier ein typisches Beispiel für solche Berichte: Eine Nonne in einem Kloster der Karmeliterinnen schwebt eine Treppe hinauf und dann wieder herunter. Das wirkt ein wenig blass, wenn man daneben tibetische Quellen liest, nach denen Milarepa levitierend essen und schlafen, aber auch stehen und liegen und sich umherbewegen konnte.

Wird hier einfach maßlos übertrieben? Oder verfügten tibetische Adepten wirklich über mehr paranormale Kräfte, als im Westen je für möglich gehalten wurden?

Und wenn ja, wie kamen sie dazu?

5 ILLUSION UND WIRKLICHKEIT

Alexandra David-Néel, eine unerschrockene französische Weltreisende, der als erster europäischer Frau der Lama-Titel zuerkannt wurde, brachte aus Tibet die Geschichte einer wirklich unglaublichen spirituellen Praxis mit, die sicherlich zu den sonderbarsten der Welt gezählt werden muss.

Sie war, wie Madame David-Néel berichtete, bestimmten Eingeweihten vorbehalten, bei denen der Guru ein besonderes spirituelles Potenzial wahrgenommen hatte. Die Praxis wird nie in der Gruppe geübt, sondern immer nur von jeweils einem Schüler im Beisein des Guru. Der Ablauf ist folgender:

Nach etlichen Jahren der Unterweisung kommt der Tag, an dem der Guru seinem Schüler mitteilt, dass er ihm nichts mehr zu vermitteln hat. Er müsse sich jetzt höhere Meister suchen – und das müssten nicht unbedingt Menschen sein.

An dieser Stelle schlägt der Guru seinem Schüler die Anrufung eines *Yidam* vor.

Ein Yidam ist ein göttlicher Lehrer, der einen Aspekt des erleuchteten Geistes verkörpert und sich deshalb bei Tibetern besonderer Achtung erfreut. Es gibt vier Haupttypen von Yidams – »friedvoll«, »machtvoll«, »zornvoll« (oder »rasend«) und »zunehmend«. Jeder Yidam manifestiert sich in einer ganz spezifischen Form, um bestimmten negativen Kräften entgegenzuwirken. Solch ein Yidam, wird der Guru sagen, entspricht genau der Anlage eines Schülers und begleitet ihn ein Leben lang.

Wenn der Schüler zustimmte, dann nicht ohne Bangen. Die Anrufung eines Yidam durfte man nicht auf die leichte Schulter nehmen, denn ein Yidam ist seiner Natur nach gefährlich. Man musste diese Sache sehr ernst nehmen.

Zur Vorbereitung studierte der Schüler zunächst bildliche Darstellungen der Gottheit. Die waren nicht schwer zu finden, denn viele tibetische Texte wurden damit illustriert. Es handelt sich durchweg um Furcht erregende Gestalten, deren bildliche Darstellung jedoch eingehend und in die Tiefe studiert werden musste. Tibetische Bilder von Gottheiten sind hoch stilisiert und selbst kleinste Details haben symbolischen Charakter. Der Schüler prägte sich das Erscheinungsbild des Yidam detailliert ein. Hautfarbe, Kleidung, Schmuck, Ritualgegenstände und andere Attribute. All das war wichtig für das, was anschließen sollte.

Als nächstes trug der Guru seinem Schüler auf, sich einen geeigneten Ort für die Anrufung zu suchen. Sie musste in völliger Abgeschiedenheit geschehen, denn jede Störung konnte schlimme Folgen haben. Wichtig war aber auch, dass der Ort sich für einen längeren Aufenthalt eignete. Der Guru legte seinem Schüler nahe, sich eine hoch gelegene Höhle zu suchen, wo er vor Störungen sicher war.

War eine geeignete Höhle gefunden, wurde der Schüler vom Guru aufgefordert, ein *Kylkhor* zu erstellen, eine Art magischen Kreis, der den Yidam umfangen sollte. Bei richtiger Anlage würde dieser Kreis Angriffe des Yidam auf den Schüler verhindern.

Ein Kylkhor muss die Form eines Mandalas haben, eines komplexen symbolischen Diagramms, das bei Ritualen und als Meditationsvorlage verwendet wird. Tibeter sehen ein Mandala als heiligen Raum, als Sammelpunkt universaler Kräfte und Ort der Götter.

Mandalas können auf Papier oder Tuch gemalt oder aus Bronze oder sogar Stein gefertigt sein, aber für ein Kylkhor braucht man eine andere Technik, die Kunst der tibetischen Sandmalerei (*Dul-tson-kyil-khor* genannt, ein Mandala aus farbigen Pulvern). Die Anfertigung eines Sandbildes dauerte Monate; zuerst musste der Schüler die geplante Stelle auf dem Höhlenboden säubern und vorbereiten. Dann prägte er sich die Namen, Längen und Positionen der Hauptlinien für den grundsätzlichen Aufbau ein. Da Mandalas unterschiedliche Größen haben können, sind das keine absoluten Längen, sondern gleich bleibende Proportionen. Für einen Yidam muss man ein sehr großes Kylkhor anlegen.

Als nächstes war die Technik der Sandmalerei zu üben, eine sehr anspruchsvolle Aufgabe. Sechs Grundfarben werden hier verwendet: Weiß, Schwarz, Blau, Rot, Gelb und Grün. Vier davon – Blau, Rot, Gelb und Grün – gibt es jeweils in dunkler, mittlerer und heller Tönung, sodass insgesamt vierzehn Möglichkeiten der Farbwahl bestehen. Die Sandfarben werden in kleinen handlichen Töpfen aufbewahrt und mittels eines sich verjüngenden Kupferrohrs appliziert. Der Künstler hält das dünnere Ende mit einem Finger zu und befüllt das Rohr. Jetzt wird das Rohr schräg gehalten und man streicht behutsam mit einem Stab darüber, sodass eine Schwingung entsteht und sich ein feiner Sandstrahl aus dem Rohr löst. Tibetische Mönche, die genügend Übung besitzen, können auf diese Weise einzelne Sandkörner applizieren.

War die Kunstfertigkeit weit genug gediehen, fertigte der Schüler sein erstes Kylkhor von voller Größe an. Zuerst markierte er mit vom Guru gesegneten Kreideschnüren die Hauptachsen und die vier Grundlinien. Dann wurde mit höchster Genauigkeit von der Mitte aus das Bild aufgebaut.

Ein tibetisches Mandala besteht aus einer äußeren Einfassung, nach innen gefolgt von einem oder mehreren konzentrischen Kreisen, in die ein Quadrat eingebettet ist. Vom Zentrum aus erstrecken sich vier Linien zu den Ecken des Quadrats und unterteilen es in vier Dreiecke. In der Mitte befinden sich fünf Kreise, die Abbildungen von Gottheiten umschließen; dieses Muster wiederholt sich in der Mitte der Dreiecke. Vier Umrandungen sind zu erkennen. Auf der innersten sind Lotosblätter abgebildet, Symbol der spirituellen Wiedergeburt. Die nächste zeigt acht Bestattungsplätze, die verschiedene Aspekte der Erkenntnis vertreten. Es folgt ein Kreis von Diamanten, Sinnbildern der Erleuchtung. Zuletzt ein Feuerring, der alle Verblendung ausschließt.

Sich ein solch komplexes Bild einprägen und es reproduzieren zu können, setzt ganz sicher ein großes Maß an Visualisationskraft voraus. Und das ist erst der Anfang. Es gibt auf solchen Bildern größere Farbflächen, daneben jedoch auch feinste Linien, die nur ein, zwei Sandkörner breit sein dürfen. Sie erfordern ungeheure Konzentration. Außerdem entsteht ein geradezu hypnotisches Geräusch, wenn der Schüler über die Kupferröhre mit dem farbigen Sand streicht. Nach einiger Zeit der Arbeit an solch einem Sandmandala tritt der Künstler in einen Trancezustand ein.

Erst wenn der Schüler alles zur Vollendung eines Sandmandalas Nötige perfekt beherrschte – das Handwerkliche, die Konzentration, die Visualisation, die Trance –, bekam er die Erlaubnis, mit der Anrufung des Yidam zu beginnen.

Mit seinem neu gewonnenen Können und den nötigen Materialien machte sich der Schüler zu seiner Höhle auf und begann mit der gewaltigen Aufgabe, sein Kylkhor aufzubauen. Das allein dauerte Monate. Wenn es fertig war, wurde es vom Guru begutachtet. War er nicht zufrieden, musste das ganze Diagramm zusammengekehrt werden, und der Schüler begann von neuem.

War der Guru schließlich der Meinung, das Kylkhor sei stark genug für den Yidam, konnte die Invokation beginnen. Der wichtigste Aspekt war die Visualisation. Der Schüler musste sich außerhalb des Kylkhor hinsetzen und ganz darauf konzentrieren, die Gottheit so lebendig vor seinem inneren Auge entstehen zu lassen, dass sie ihm physisch anwesend erschien.

Wie lange er brauchte, bis er den Yidam so lebhaft gegenwärtig hatte, hing von seiner Begabung und Ausdauer ab. Aber irgendwann war es dann soweit. Hatte sich das Bild stabilisiert, lief der Schüler ins Tal, um dem Meister zu berichten.

Der Guru äußerte sich lobend zu den Fortschritten, machte dann aber darauf aufmerksam, dass es nicht genügte, die Gottheit als visuelle Erscheinung gegenwärtig zu haben. Wenn der Yidam sein Lehrer werden sollte, musste er auch seine Worte hören können. Also ging es jetzt zur Höhle zurück und hier musste der Schüler seine Anstrengungen verdoppeln, bis der

Yidam tatsächlich zu ihm sprach. Er musste ins Gespräch mit ihm kommen, um seinen Rat einholen zu können.

Dieser Teil der Übung dauerte meist weniger lange als die anfängliche Visualisation. Zuerst hörte der Schüler die Worte des Yidam eher auf mentale Art, als wäre es eine telepathische Kommunikation. Aber mit entsprechendem Eifer und großer Konzentration brachte er es irgendwann so weit, dass er den Yidam genauso hörte wie die Stimme seines Guru.

Auch das berichtete er dem Meister und empfing wieder Lob dafür – verbunden mit dem Hinweis, dass es doch immer noch um mehr ginge. Da der Schüler jetzt die Worte der Gottheit hören konnte, musste er sich ihres Segens versichern.

Eine Segnung ist in Tibet eine Energieübertragung, bei der beide Hände auf die Stirn des zu Segnenden gelegt werden. Deshalb musste der Schüler jetzt in Zusammenarbeit mit dem Yidam an der Verfestigung der bis jetzt nur visualisierten Gestalt arbeiten. Beim Segen selbst musste er nämlich in der Lage sein, die Hände der Gottheit körperlich an seinem Kopf zu spüren. Der Yidam musste ihm körperlich gegenwärtig sein, ganz real und fest.

Manche Schüler schaffen das nicht, wie auch einige gar nicht erst so weit kommen, dass sie den Yidam vor sich sehen können. Die erfolgreicheren haben jedenfalls irgendwann zu berichten, dass die Gottheit jetzt als lebendiges, atmendes Wesen in der Höhle manifestiert sei.

Der Guru teilte seinem Schüler an dieser Stelle mit, er sei mit seiner Arbeit kurz vor dem Ziel – bis auf einen letzten Schritt. Er habe jetzt zwar einen Lehrer von unübertrefflicher Weisheit evoziert, doch der nütze ihm wenig, solange er im Kylkhor eingeschlossen bleibe. Er müsse jetzt dazu überredet werden, aus dem magischen Kreis herauszutreten. Nur so könne er den Schüler begleiten und ihm für den Rest seines Lebens

Stärke und besondere Kräfte, Segenskraft und Weisheit verleihen.

An dieser Stelle tun sich tibetische Schüler oft schwer, weil Yidams nach volkstümlicher Auffassung nicht nur hilfreich, sondern auch gefährlich sein können. Hier konnte der Guru jedoch beruhigen: Da der Yidam mit dem Schüler gesprochen und ihm seinen Segen gegeben hatte, war der Schüler offenbar würdig, von einem Gott unterstützt zu werden. Folglich brauchte er nicht zu fürchten, dass der Yidam ihm je etwas antun würde.

Mit dieser Rückenstärkung ging der Schüler in seine Höhle zurück und wandte sich dieser Aufgabe zu. Und irgendwann gelang es, der Yidam trat aus dem Kylkhor hervor, nahm seinen Platz hinter der linken Schulter des Schülers ein und erklärte sich bereit, ihn für den Rest seines Lebens zu begleiten.

Viele Schüler nehmen das bereitwillig so an und haben dann ihr Leben lang einen unsichtbaren Begleiter und Führer. Alles geschah mit dem Segen ihres Guru, der ihnen versicherte, sie hätten jetzt einen Meister von höchster Weisheit.

Es gibt aber auch einige, die Zweifel bekommen. Sie werden den Verdacht nicht los, dass der Yidam eigentlich nur ein Geschöpf ihres eigenen Geistes und ohne eigene Realität ist. Hatte ein Schüler seinem Guru so etwas zu berichten, wurde er augenblicklich wieder in seine Höhle geschickt, und zwar mit der Anweisung, solange zu beten und zu meditieren, bis er sich solcher unwürdiger Gedanken völlig entledigt hatte.

Doch leider, hat der Zweifel sich erst einmal eingenistet, wird man ihn kaum wieder los. Der Schüler gab sich alle Mühe, aber vergebens.

Nun fragte ihn der Guru: »Siehst du den Yidam nicht?« Der Schüler musste einräumen, dass er ihn sah. »Hörst du ihn nicht, kannst du ihn nicht berühren, spürst du nicht die Kraft seines Segens? Ist er nicht fest und wirklich wie die Berge ringsum?«

All das gab der Schüler gern zu, war aber mehr denn je überzeugt, der Yidam sei einfach ein Produkt seines Geistes.

Und das war der Augenblick, in dem der Guru seine Falle zuschnappen ließ – ihn interessierten ohnehin nur die Zweifler. Er eröffnete dem Schüler, der Yidam sei in der Tat nur ein Produkt seines Geistes, doch darin unterscheide er sich in keiner Weise von den Bergen, der Höhle, dem farbigen Sand, der Schöpfung des Kylkhor – oder irgendetwas anderem.

Alles in dieser stofflichen Welt, ohne Ausnahme, war vom Geist des Schülers hervorgebracht.

Ein Meisterstück der spirituellen Unterweisung – aber sicher nicht der einzige Hinweis darauf, dass tibetische Buddhisten die Welt womöglich ein wenig anders sehen als Sie und ich. Darin sind sie Erben einer uralten Tradition. Der Gedanke, dass die äußere Wirklichkeit letztlich Illusion sei, taucht zum ersten Mal in den hinduistischen *Vedanta*-Lehren Indiens auf.

Die Grundaussage des Vedanta lautet, dass es eine ewige, alles umfassende Wirklichkeit ohne Eigenschaften und Attribute gibt, die in den wechselnden Erscheinungsformen des Universums stets gleich bleibt. Diese *Brahman* genannte höchste Wirklichkeit wird als reines glückseliges bewusstes Sein beschrieben.

Brahman und unser Universum hängen zusammen, sind aber nicht dasselbe. Das Universum ist eine Wirkung des Brahman, wie Hitze eine Wirkung des Feuers und nicht von ihm zu trennen ist. Aber Hitze ist nicht dasselbe wie Feuer, und das Universum ist nicht dasselbe wie Brahman. Es verändert sich ständig, Brahman nie.

Nach der zweiten Grundaussage des Vedanta ist Brahman erkennbar. Das wahre Wesen aller Dinge und Lebewesen im Universum ist Brahman. Wer Brahman erkennen möchte, muss sich selbst erkennen. (Dieses »Selbst«, das innere Brahman, wird im Vedanta *Atman* genannt; um die Begriffe so einfach wie möglich zu halten, verwende ich »Brahman« hier für beide Bedeutungen.) Das hat jedoch einen Haken. Dieses Selbst, das es da zu erkennen gilt, ist nicht das Ego-Ich, der Hans oder die Marie, als die wir uns normalerweise identifizieren. Dieses Ich ist nie ganz zu erkennen, weil es sich ständig ändert. Um das innere Brahman zu erreichen, muss man zuerst die Identifikation mit dem Ego lösen, das sich als von allen anderen Egos, ja von der Welt überhaupt getrennt und verschieden erfährt. Die Identifikation mit dem Brahman jedoch lässt die essenzielle Einheit aller Dinge und Wesen offenbar werden.

Der dritte Grundsatz des Vedanta besagt, dass der Lebenssinn jedes Einzelnen in der direkten Erfahrung des Brahman liegt. Alles, was ein Mensch unternimmt, sollte im Zeichen dieses Ziels stehen.

Die nicht zu bestreitende Tatsache, dass bei den meisten von uns keineswegs alles, was wir tun, auf dieses Ziel angelegt ist, führt direkt zum vierten und letzten Grundsatz des Vedanta, nämlich dass die meisten Menschen durch die *Maya* verblendet sind.

Der Ausdruck wird vielfach mit »Illusion« übersetzt, hat aber eine etwas subtilere Bedeutung. Maya liegt sowohl dem Geist als auch der Materie zugrunde und ist demnach der »Stoff«, aus dem die Welt ist. Wir existieren, denken und handeln innerhalb der Maya und alles, was wir unter normalen Umständen wahrnehmen, *ist* Maya. Maya ist ein Universum der Veränderungen, voller Gegensätze wie gut und böse, und nichts darin ist absolut. Als der hinduistische Mystiker Ramakrishna Erleuchtung fand, nahm er das Universum als ein großes Spiel war – und lachte. Er sah die Wirklichkeit jenseits des Schattens.

Die Maya-Lehre besitzt auch in manchen oder sogar den meisten buddhistischen Schulen einen gewissen Stellenwert, obwohl sie nicht zum Grundbestand des Buddhismus gehört, dem es ja vor allem um das Leiden und die Befreiung vom Rad der Wiedergeburt geht. So ist sie vielleicht im 7. Jahrhundert mit dem Buddhismus nach Tibet gelangt, doch selbst wenn das nicht der Fall war, musste die Lehre zwangsläufig irgendwann in Erscheinung treten, wenn wir bedenken, dass sich schließlich ein ganzes Viertel der Bevölkerung für die intensive spirituelle Praxis als Mönch oder Nonne entschied. Diese Praxis besteht in der Hauptsache aus Meditation und Yoga, zwei Ansätzen, die am Ego vorbei zur Erfahrung des Essenziellen führen sollen – des Brahman-Atman oder wie auch immer die absolute Wirklichkeit jeweils genannt werden mag.

Tibetische Religiosität ist tief in der mystischen Erfahrung verwurzelt und Mystiker aller Traditionen stimmen darin überein, dass die Welt nicht das ist, was sie zu sein scheint. Im Vedanta wird das Ziel Samadhi genannt; Buddhisten nennen diesen höchsten Bewusstseinszustand Nirvana und in Tibet heißt er Klares Licht. Christen sprechen von der »mystischen Vereinigung«. Wo dieser Zustand erreicht wird, in welchem Rahmen oder Land auch immer, »erstrahlt das wahre Wesen der Dinge und wird nicht mehr vom Geist des Wahrnehmenden verfälscht«, um den großen Yogi und Weisen Patanjali zu zitieren.

Dass die Maya-Lehre in der tibetischen Psyche heimisch wurde, zeigt sich an einem Ritual, das *Chöd* genannt wird. Es ist eine häufiger geübte Praxis als die sehr esoterische Yidam-Anrufung, bezweckt aber wie diese eine Umorientierung des Geistes zu einer neuen Sicht der Wirklichkeit.

Nach Alexandra David-Néels Darstellung (in *Magic and Mystery in Tibet*) ist Chöd nicht nur ein makabres, sondern auch ein gefährliches Ritual, das manche in den Wahnsinn oder sogar in den Tod treibt. Als Rahmen eignet sich jeder Schauplatz, der den Menschen in Angst und Schrecken zu setzen vermag – ein Spukhaus, ein Bestattungsplatz, ein Ort, an dem sich kürzlich etwas Furchtbares ereignet hat. In Tibet fällt die Wahl häufig auf besonders gottverlassen, wild und trostlos wirkende Orte in der Natur.

Zum Chöd gehören etliche Ritualgegenstände: eine Glocke, ein Dorje, ein *Phurba* genannter Ritualdolch, eine kleine Trommel namens *Damaru* und ein *Kangling*, eine Trompete aus einem menschlichen Schenkelknochen. Nach umfangreichen vorbereitenden Übungen, die die Leidenschaften zur Ruhe bringen sollen, ruft der Praktizierende eine Furcht erregende weibliche Gottheit an, die, wenn alles richtig läuft, aus dem Scheitelpunkt seines Kopfes austritt und dann mit ihrem zum Hieb bereiten Schwert vor ihm steht.

Die Gottheit soll dem Praktizierenden den Kopf abschlagen. Sie tut es mit einem einzigen Hieb und sogleich erscheinen Leichen fressende Dämonen. Dann schreitet die Göttin zu einem grauenhaften Gemetzel. Sie schlägt dem Praktizierenden Arme und Beine ab, sie zieht ihm die Haut ab. Dann schneidet sie ihm den Bauch auf und die Eingeweide ergießen sich nass glänzend auf den Boden. Sofort stürzen sich die Dämonen darauf ...

Das Chöd-Ritual gilt als so wichtig, dass manche Lamas es über Jahre praktizieren und auf der Suche nach geeigneten Orten nach Indien, Nepal, Bhutan und China wandern, wenn sie in der Heimat schon an allen in Frage kommenden Orten gewesen sind. Die Tradition verlangt die Ausführung des Chöd in der Nähe von 108 Seen und 108 Bestattungsplätzen.

Aus der Tatsache, dass das Ritual mehr als einmal ausgeführt werden kann, geht hervor, dass tatsächlich keine körperliche Zerfleischung stattfindet. Es ist eine visionäre Erfahrung, ein Trance-Albtraum, den man bewusst wiederholt, bis man wirklich spürt, wie die Ghule einem das Fleisch von den Knochen reißen, und bis man sich am Ende als ein Haufen Knochen im grausigen Brei der Überreste sehen kann.

Dieses Ritual hat wie die Yidam-Praxis den Sinn, dem Praktizierenden klar zu machen, dass die Welt Maya ist – nur soll hier sogar der eigene Körper als Teil der großen Illusion erfahren werden.

Der Gedanke, dass die Welt Illusion ist, kam im Westen erst in der zweiten Hälfte des 20. Jahrhunderts auf, und nicht als philosophische Spekulation, sondern als naturwissenschaftliche Schlussfolgerung. Lange hatte man geglaubt, das Atom sei das kleinste Materieteilchen, doch dann gelang die Teilung des Atoms und man fand noch kleinere Bauteile. Jetzt begann die Suche nach dem wirklich allerkleinsten Materieteilchen.

Diese Suche führte buchstäblich zu nichts. Die Physiker entdeckten immer kleinere Teilchen, bis man schließlich darauf kam, dass der gesamte Kosmos wohl aus einem »Quantenschaum« von Teilchen hervorgeht, die unentwegt aus dem Nichts auftauchen, für einen Augenblick existieren und dann wieder verschwinden. Es war die letzte Bestätigung für etwas eigentlich seit Jahrzehnten Bekanntes: Unser Universum ist nur von *statistischer* Realität. Dass es innerhalb der nächsten Minute verschwinden wird, ist unwahrscheinlich, aber nicht unmöglich.

Wie Ihnen vielleicht schon aufgefallen ist, wirkt sich diese erstaunliche, wenn nicht verstörende Entdeckung überhaupt nicht auf unser Alltagsleben aus (ganz davon abgesehen, dass die meisten Menschen nichts von ihr wissen). Ganz ähnlich war die Situation in Tibet, als die mystischen »Forschungen« zur gleichen Schlussfolgerung geführt hatten. Die große Mehrheit der Tibeter lebt weiter so, als wäre die Welt real und fest gefügt. Doch die großen Psychonauten der Klöster, die fortgeschrittenen Yogis, die intelligentesten Zauberer, bestimmte Lamas und alle, die auf dem Weg der Erleuchtung schon weit gekommen waren, nahmen Notiz davon. Und ihre Einsichten haben im Laufe vieler Jahre ein Weltbild und Lehren entstehen lassen, von denen die Religion und Philosophie, die Mystik und der Yoga Tibets seither zutiefst geprägt sind.

ZWEITER TEIL:
MAGIE

6 LUNG-GOM-PA

Als *Lung-gom-pa* werden Läufer bezeichnet, denen man nachsagt, dass sie ihren Körper leichter machen oder vielleicht sogar levitieren können, wenn es darum geht, Botschaften über große Entfernungen und durch unwegsame Gegenden zu überbringen. Der Läufer, den Alexandra David-Néel sah, levitierte nicht, sondern bewegte sich in weiten, federnden Sätzen fort, ähnlich einem geworfenen Ball, und er schien in Trance zu sein.

Bei den Lung-gom-pa, von denen David-Néel berichtete, waren offenbar energetische Manipulationen im Spiel. Den ersten sah sie auf ihrer Reise durch Chang Thang, ein hoch gelegenes Grasland im nördlichen Tibet, in dem nur wenige Nomaden mit ihren Herden leben. Zuerst war er nur als ein Punkt am Horizont zu erkennen, doch mit dem Fernglas war ein Mann auszumachen, der sich mit außerordentlicher Schnelligkeit fortbewegte. David-Néel wurde von einem ihrer Begleiter darauf aufmerksam gemacht, dass man den Läufer auf keinen Fall anhalten oder auch nur ansprechen dürfe, da man so die Gottheit vertreiben würde, die von ihm Besitz ergriffen hatte – und das würde für den Mann einen Schock bedeuten, an dem er sogar sterben konnte.

Als der Mann nahe genug war, sah David-Néel, dass er einen völlig abwesenden Gesichtsausdruck und den Blick auf einen Punkt am Himmel fixiert hatte. Mit der Linken hielt er sein Gewand gerafft, während er in der Rechten einen Phurba-Dolch trug, den er wie einen Wanderstab handhabe, obwohl er natürlich viel zu kurz war und nicht bis zum Boden reichte. Es war kein gewöhnlicher Laufschritt, sondern der Mann bewegte sich in weiten Sätzen wie ein geworfener Gummiball. Er schien die Reisegruppe überhaupt nicht zu bemerken, als er an ihr vorbeisauste.

Später sah David-Néel einen weiteren Lung-gom-pa und hier waren die Umstände noch sonderbarer. In Westtibet ging sie einmal mit ihrem Adoptivsohn Yongden durch den Wald, als sie einen nackten Mann sah, der schwere Ketten um sich geschlungen hatte. Er saß auf einem Felsen und schien ganz in Meditation versunken. Dann bemerkte er sie jedoch und lief mit verblüffender Schnelligkeit davon. Yongden erklärte, dass die Lung-gom-pa manchmal solche Ketten trügen, um sich am Boden zu halten; ihre Praxis mache sie so leicht, dass sie sonst vom Wind davongetragen werden könnten.

In Kham, jener urwüchsigen Gegend Osttibets, in der die Chinesen beim Einmarsch auf so erbitterten Widerstand stießen, begegnete Alexandra David-Néel einem Lung-gom-pa, der noch seine Schulung absolvierte. Der Mann schloss sich ihrer Reisegruppe an, doch sie bemerkte erst nach ein paar Tagen etwas von seinen Fähigkeiten. Sie sah ihn mit außerordentlicher Behändigkeit einen Abhang erklimmen, wieder mit diesen federnden weiten Sätzen, die sie schon kannte. Als er sie erreichte, atmete er ganz ruhig, wirkte aber, als wäre er kaum bei Bewusstsein, und er konnte nicht sprechen. Ihr war sofort klar, dass er in einer Trance sein musste. Später erfuhr sie, dass er die Technik in einem nahe gelegenen Kloster erlernt hatte, jetzt aber einen neuen Lehrer suchte, weil sein erster Guru das Land verlassen hatte.

Wie sich weiterhin herausstellte, hatte sich der Trancezustand des Mannes spontan eingestellt, als ihm der Duft von gegrilltem Fleisch in die Nase gestiegen war. Die Schulungsmethoden der Lung-gom-pa waren zwar geheim, doch David-Néel konnte ihm die Information entlocken, dass die Technik unter anderem darin bestand, dass man unverwandt in einen Sternenhimmel blickte. Daher sei die Zeit des Sonnenuntergangs oder eine klare Nacht die beste Zeit für das Training eines Lung-gom-pa. Der Mann war unterwegs zum Kloster Shalu Gompa, dessen Spezialität die Ausbildung der Lung-gom-pa war. Der Tradition zufolge entstand die Technik im 14. Jahrhundert, als man einen schnellen Läufer brauchte, der bestimmte im ganzen Land verstreute Dämonen an einem Ort versammeln sollte. Sie wurden dann in einer großen und wichtigen Zeremonie für die Menschen gewonnen, und diese Zeremonie wurde von da an bis zum Einmarsch der Chinesen alle zwölf Jahre wiederholt. Dazu stellten zwei Klöster traditionell einen *Maheketang* genannten Läufer, der die Rolle des Dämonentreibers spielte. Seine drei Jahre und drei Monate dauernde Ausbildung fand bei völliger Dunkelheit statt.

Bekannt ist, dass die Maheketang-Schulung, die nach allgemeiner Auffassung der eines Lung-gom-pa entspricht, unter anderem aus Atemübungen und einer sehr eigenartigen Form des Yoga besteht, die offenbar den Körper leichter machen soll. Dieser Yoga erinnert an eine Praxis der modernen Transzendentalen Meditation und besteht aus Luftsprüngen, die man in der Sitzhaltung mit überkreuzten Beinen nach wiederholtem tiefem Einatmen macht. Da die Hände hier nicht benutzt werden, schnellt man sich offenbar mit ruckartigen Bewegungen der Gesäß- und/oder Schenkelmuskeln in die Höhe. Wie die Technik auch im Einzelnen aussehen mag, die ausgebildeten Maheketang erreichen jedenfalls erstaunliche Sprunghöhen. Nach tibetischer Überlieferung wird der Körper nach Jahren der Schulung so leicht, dass man auf einer Gerstenähre sitzen kann, ohne den Halm zu knicken. Das kann nur bedeuten, dass der Sprung-Yoga schließlich zur Levitation befähigt.

Das *Lung* in Lung-gom-pa ist eine alternative Transliteration des Begriffs »Rlung«, der die im zweiten Kapitel erörterten Energien bezeichnet. Daran lässt sich ablesen, von welcher Art die

Schulung eines Lung-gom-pa ist. Tatsächlich ist Lung-gom eine übergreifende Bezeichnung für unterschiedliche Praktiken, die auf körperliche oder geistige Veränderungen abzielen – und der Trancelauf ist eine dieser Praktiken. Offenbar geht es darum, das Energiesystem des Körpers zu beeinflussen.

Alexandra David-Néel war von dem, was sie gesehen hatte, so fasziniert, dass sie so viel über die Methoden in Erfahrung zu bringen versuchte, wie sie nur konnte. So erfuhr sie, dass zur Vorbereitung jahrelang eine Yoga-Atmung geübt werden musste; erst dann erlaubte der Lung-gom-pa-Guru dem Schüler erste Versuche mit dem Trancelauf. Dazu bekam der Schüler ein Mantra, dessen Rezitation mit dem Atem und den Laufschritten synchronisiert werden musste.

Für den Anfang wurde nur in klaren Nächten in ebenem Gelände geübt. Der Schüler bekam einen Stern zugewiesen, an den er beim Laufen seinen Blick heften musste. Dafür war am Anfang natürlich eine Umgebung vorzuziehen, die möglichst wenig Hindernisse bot. David-Néel beobachtete, dass manche Läufer aufhörten, wenn ihr Stern hinter den Horizont sank, während andere den Anblick so verinnerlicht hatten, dass sie ihren Weg trotzdem fortsetzen konnten.

Wenn wir all das zusammennehmen, lassen sich schon begründete Vermutungen über die Natur des Geschehens anstellen. Sowohl die Yoga-Atmung als auch Laute beeinflussen die Rlung-Energien. Beim Atem kann man davon ausgehen, dass traditionelle Techniken zur Stärkung des Energiesystems und der Gesundheit angewandt wurden, aber der Guru wird ein spezielles Mantra gewählt haben, dessen Laute auf das Chakra-System des jeweiligen Schülers abgestimmt waren. Ein Mantra wird zwar nach einer gewissen Zeit nur noch innerlich rezitiert, aber anfangs intoniert man es stimmlich und regt dadurch die Chakras an.

Wir gehen später noch eingehender auf Mantras ein; im Augenblick genügt der Hinweis, dass sie mehr sind als die Laute, aus denen sie sich zusammensetzen. Ein Mantra besitzt einen bestimmten Rhythmus und Rhythmus hat etwas Hypnotisches. Rhythmus ist jedoch nicht das einzige hypnotische Element, das bei der Schulung des Lung-gom-pa eine Rolle spielt.

Ein bekanntes Mittel zur Induzierung einer hypnotischen Trance besteht darin, dass die Versuchsperson ihren Blick auf etwas richtet, das oberhalb der normalen Blickrichtung liegt. Das ermüdet die Augen schnell und erzeugt ein Gefühl von Entspannung und Schläfrigkeit, das sich bei geeigneten Personen leicht in eine Trance überführen lässt. Genau das Gleiche finden wir in der Schulung der Tranceläufer, die ihren Blick auf einen Stern heften müssen.

Eine zweite Hilfe für die Trance-Induktion ist eine flache, möglichst gleich bleibende Umgebung. Das hat im Falle der Lung-gom-pa auch einen Sicherheitsaspekt, aber das Laufen durch solch eine langweilige Gegend dürfte in sich selbst etwas Hypnotisches haben. Als in Europa die ersten Autobahnen angelegt wurden, folgte man der Logik der kürzesten Entfernung und baute sie schnurgerade. Es kam jedoch so oft vor, dass Autofahrer »einschliefen«, dass man schließlich künstliche Kurven einzubauen begann. Bei vielen Fahrern war es jedoch nicht der Schlaf, der sie überfiel, sondern eine hypnotische Trance.

Die Blickfixierung, die gleichbleibende Umgebung, der mit Atmung und Laufbewegungen synchronisierte Rhythmus des internalisierten Mantra – all das verbindet sich zu einer hochwirksamen Hypnoseinduktion. Wie die frühen Autobahnfahrer fällt der Läufer bald in Trance.

Trancezustände dieser Art haben etliche interessante »Nebenwirkungen«. Hypnotiseure haben immer wieder zeigen können, dass Versuchspersonen in Trance zu Kraftakten und Ausdauerleistungen fähig sind, die alles in den Schatten stellen, was ihnen im normalen Wachzustand möglich ist. Die Fähigkeit zu visualisieren nimmt zu, sodass ein inneres Bild des Sterns ausreicht und der Läufer auch tagsüber weiter üben kann. Interessanterweise nimmt auch die Gedächtnisleistung zu. Die Lung-gom-pa wurden in Tibet traditionell als Kuriere eingesetzt, aber in keinem der Augenzeugenberichte wird erwähnt, dass sie Schriftrollen oder Texte irgendwelcher Art bei sich hatten. Die zu überbringende Botschaft war anscheinend im Gedächtnis der Läufer gespeichert.

Demnach ist ein Lung-gom-pa ein Tranceläufer mit besonders ausgebildetem Energiesystem und viel Erfahrung auf dem Gebiet der Atemkontrolle und diese drei Zutaten erklären schon einiges an den Berichten von schier unglaublicher Schnelligkeit und Ausdauer. Aber könnte hier auch Levitation im Spiel sein? In vielen tibetischen Texten ist zu lesen, ein Lung-gom-pa könne mit der Zeit so gut werden, dass seine Füße nicht einmal mehr den Boden berühren.

Die »hypnotische Levitation«, die man auf der Bühne oder in Schaustellerbuden sieht, werden nicht durch Trance, sondern mit mechanischen Mitteln herbeigeführt. Eine Trance kann einem jedoch den Eindruck vermitteln, der Körper sei leichter geworden – allerdings kann das Gegenteil, ein Eindruck von Schwere, genauso gut der Fall sein. Sollte Levitation beim Trancelauf eine Rolle spielen, dann wird sie wahrscheinlich eher durch stimmliche Rezitation oder andere Formen der Beeinflussung des Energiesystems als durch simple Trance herbeigeführt.

Wenige Westler dürften bereit sein, Jahre der Schulung auf sich zu nehmen, um ein Tranceläufer zu werden – ganz davon abgesehen, dass solche Läufe in einer städtischen Umgebung wohl erheblich gefährlicher sind als auf der tibetischen Hochebene. Dennoch kann jeder im nächsten Fitnessstudio einen Hauch von Lung-gom-pa erleben.

Ermitteln Sie zunächst auf dem Ergometer Ihren normalen Leistungsstand. Ruhen Sie sich anschließend aus. Dann wiederholen Sie das Experiment, synchronisieren Ihre Bewegungen aber mit einem innerlich gesprochenen Mantra. Das könnte das berühmte OM MANI PADME HUM sein, aber eigentlich kann jede rhythmische Wortfolge diesem Zweck dienen. Sie werden feststellen, dass Ihre Ausdauer besser wird. Sollte es Ihnen gelingen, Ihren Atem auch noch zu synchronisieren, dürfen Sie mit verblüffenden Erfolgen rechnen. Selbst wenn Sie nur die Augen schließen, um vor sich in der Höhe einen Stern zu visualisieren, werden Sie wahrscheinlich einen Unterschied spüren.

7 GTUM-MO

Tibetreisende haben im Laufe der Zeit immer wieder von Zauberern auf dem Dach der Welt berichtet, die so unempfindlich gegen Kälte waren, dass sie sich auch oberhalb der Schneegrenze nackt aufhalten konnten, ohne dass Erfrierungen oder Unterkühlung auftraten oder auch nur Unbehagen an ihnen zu bemerken gewesen sei. Ein (nicht ganz zuverlässiger) Zeuge behauptet, Wettkämpfen beigewohnt zu haben, die den Charakter eines eher westlich anmutenden Dorffestes hatten. Bei diesen Wettkämpfen sei es darum gegangen, nackt im Schnee zu sitzen und ihn schmelzen zu lassen. Wer am meisten Schmelzwasser erzeugen konnte, habe eine Trophäe gewonnen.
So unglaubwürdig manches klingen mochte, es schien doch so zu sein, dass einige Tibeter wirklich die Kunst beherrschten, außerordentlich starke Körperwärme zu entwickeln – genug

jedenfalls, um unter Umständen zu überleben, die jeden anderen umgebracht hätten. Die Techniken, die das ermöglichten, vermutlich Abwandlungen wenig bekannter indischer Yoga-Formen, wurden unter dem Begriff *Gtum-mo* (Aussprache: Tummo) zusammengefasst.

Praktizierende des Gtum-mo erhielten in Tibet den Titel Repa (wie in Milarepa), nach dem Namen des dünnen Baumwollumhangs, den sie bei jedem Wetter trugen. Ein Schüler bekam sein Repa erst, wenn er eine strenge Prüfung bestanden hatte. Er wurde nackt in eine Decke gehüllt, die zuvor in einen eiskalten Gebirgsbach getaucht worden war. Diese Decke musste er mit seiner eigenen Körperwärme trocknen – und danach gleich eine zweite und eine dritte. Erst dann wurde anerkannt, dass er diese Kunst beherrschte.

Gtum-mo bedeutet Hitze oder Wärme, gemeint ist aber nur die Wärme, die durch Geisteskraft erzeugt wird. Die Tibeter unterscheiden drei Formen:

- Gtum-mo, das sich als Begleiterscheinung ekstatischer religiöser Erfahrungen spontan einstellt.
- Mystisches Gtum-mo – das Feuer der Glückseligkeit selbst.
- Esoterisches Gtum-mo, das den Eingeweihten mit vermehrter Körperwärme versorgt.

Die dritte Art von Gtum-mo – mit der wir uns hier befassen wollen – hat mit dem feinstofflichen Feuer zu tun, das die Samenflüssigkeit eines Mannes erwärmt und Quelle ihrer Energie (tibetisch: *Shugs*) ist. Erwärmung bewirkt, dass die Energie durch die Rtsa-Kanäle fließt.

Aber Gtum-mo kann unmöglich ein rein männliches Phänomen sein, da auch Madame David-Néel die Kunst erlernen konnte. Der Ausdruck »Samenflüssigkeit« verweist demnach weniger auf natürliche Gegebenheiten als auf eine gewisse Männerlastigkeit in der esoterischen Tradition Tibets. Offenbar geht es hier einfach um die Energie, die im »Rad der Bewahrung des Glücks« erzeugt wird, dem Basis-Chakra, das auch das Zentrum der sexuellen Energie ist. Und diese Energie kommt natürlich bei beiden Geschlechtern vor.

Die Gtum-mo-Einweihung ist im Grunde eine Ermächtigung, bei der *Angkur*, die »Fähigkeit, etwas zu tun«, vom Guru auf den Chela übertragen wird, ungefähr so, wie wir es bereits bei der Pho-wa-Übertragung gesehen haben. Diesem Ereignis geht jedoch eine längere Schulungsphase voraus, weshalb anzunehmen ist, dass der Chela schon einen großen Teil der Arbeit getan haben muss und die Einweihung bereits einen bestimmten Entwicklungsstand bestätigt.

Die Schüler wurden ermahnt, niemals in einem Haus oder in der Nähe anderer Menschen zu üben, da »schlechte Luft« und »negative Schwingungen« den Fortschritt behindern oder sogar Schaden anrichten könnten. Auch das ist ein Hinweis darauf, dass es um subtile energetische Manipulationen ging.

Nach der Einweihung durfte der Praktizierende keine Fell- oder Wollkleidung mehr tragen und sollte sich nie mehr an einem Feuer wärmen. Der Grund ist darin zu sehen, dass die Gtum-mo-Praxis auf einer bestimmten Höhe gehalten werden muss. Ein Sportler, der nicht mehr trainiert, wird schnell hinter seine Bestleistung zurückfallen. So wird auch ein Gtum-mo-Praktizierender seine Fähigkeiten einbüßen, wenn er wärmende Kleidung trägt oder sich in der Nähe äußerer Wärmequellen aufhält. Die Kunst des Gtum-mo verlangt beträchtlichen Zeitaufwand. Die traditionelle Schulung dauert drei Jahre, drei Monate und drei Tage.

Es gibt fünf Übungen zur Vorbereitung auf die eigentliche Gtum-mo-Praxis. Bei allen spielen Visualisationen eine Rolle, bei einer auch eine Art Gebet. Alle Übungen fußen auf dem Gedanken, dass Visualisationen den Energiefluss in den feinstofflichen Kanälen des Körpers beeinflussen können.

ERSTE ÜBUNG

Die erste Übung beginnt mit einer bestimmten Form des Betens, die eine mystische Vereinigung mit dem Wurzel-Guru bewirken soll. Es gibt dieses Gebet in zahlreichen Abwandlungen; eine haben wir bereits im dritten Kapitel kennen gelernt. Nach dem Gebet visualisiert man sich selbst als die nackte, jungfräuliche sechzehnjährige Vajra-Dakini, der wir im selben Kapitel begegnet sind (dort finden Sie auch ihr Erscheinungsbild beschrieben; wichtig ist auch, dass Sie sich dabei als innerlich leer wie ein Ballon visualisieren).

Sie sehen sich also als diese Gottheit, die zunächst Ihrer eigenen Körpergröße entsprechen soll. Sobald dieses Bild stabil geworden ist, stellen Sie sich vor, dass Sie zur Größe eines Hauses, dann eines Hügels anwachsen. Lassen Sie sich weiter wachsen, bis Ihre Göttin das gesamte Universum in sich aufnehmen kann, und verweilen Sie ein wenig in der kontemplativen Betrachtung dieses Zustands.

Jetzt müssen Sie ganz langsam schrittweise wieder schrumpfen, bis Sie nur noch die Größe eines Senfkorns haben. (Der Text verwendet hier das Sanskritwort *Til*, womit der winzige Same einer indischen Pflanze gemeint ist; ich wähle »Senfkorn« als Zugeständnis an die Vorstellungswelt westlicher Leser.) Und jetzt lassen Sie das Bild noch kleiner werden, bis es nur noch von mikroskopischer Ausdehnung ist, aber alle seine Details behält. Bleiben Sie auch eine Zeitlang in der Betrachtung dieser Winzigkeit.

ZWEITE ÜBUNG

Die zweite Übung baut auf der ersten auf, denn Sie visualisieren sich zunächst wieder als normal große Vajra-Yogini. Dann jedoch konzentrieren Sie sich auf die Visualisation des zentralen Energiekanals Dbu-ma. Er soll als gerade und hohl gesehen werden, ungefähr vom Durchmesser eines Pfeilschaftes und von hellem, beinahe leuchtendem Rot.

Wie zuvor müssen Sie das Bild jetzt wachsen lassen, bis es die Größe eines Wanderstabs, eines Pfeilers, eines Hauses, eines Hügels hat und schließlich groß genug ist, um das gesamte Universum zu umfassen. In dieser Form ist der Kanal natürlich auch auf Ihren gesamten Körper ausgedehnt, was normalerweise nicht der Fall ist.

Danach lassen Sie das Bild wie in der ersten Übung schrumpfen, bis der Zentralkanal hundertmal dünner als ein menschliches Haar ist.

DRITTE ÜBUNG

Die dritte Übung verlangt eine bestimmte Sitzhaltung und der eigentlichen Visualisation geht eine Atemübung voraus. Die empfohlene Haltung wird in Tibet Buddha- oder Dorje-Haltung genannt und entspricht der Lotos-Haltung des Hatha-Yoga. Man sitzt dabei auf dem Boden und die Beine werden (rechts über links) so übereinander geschlagen, dass die Füße mit den Sohlen nach oben auf den Oberschenkeln ruhen.

Diese Haltung ist für Westler ohne ausgiebige Yoga-Erfahrung schier unmöglich und selbst für Tibeter scheint sie nicht einfach zu sein, da eine entschärfte Alternative angeboten wird. Es handelt sich um die Siddha-Haltung, im Hatha-Yoga Vollkommene Haltung genannt, zu der Sie die Beine so übereinander schlagen, dass die linke Ferse sich an den Damm presst, während der rechte Fuß sich in die Kniebeuge des linken Beins schmiegt. Der Gebrauch eines Meditationsbandes wird empfohlen. Dieser Streifen aus stabilem Material, Länge ungefähr viermal Ihr Kopfumfang, wird zu einer Schlaufe gebunden und dann so um Nacken und Knie gelegt, dass er Sie in Ihrer Sitzhaltung stabilisiert. Erlaubt ist auch ein fest gestopftes Meditationskissen von gut 50 Zentimetern Seitenlänge, vier Finger dick.

Nehmen Sie eine der beiden Sitzhaltungen ein und lassen Sie die Hände mit den Innenflächen nach oben etwas unterhalb des Nabels im Schoß ruhen, wobei die Handgelenke auf den Oberschenkeln aufliegen. Daumen, Zeigefinger und Kleinfinger sind gestreckt, die übrigen zur Handfläche gebeugt. Richten Sie sich ganz gerade auf und dehnen Sie das Zwerchfell so weit wie möglich aus. Ziehen Sie das Kinn in Richtung Hals zurück, legen Sie die Zunge an den Gaumen und fixieren Sie den Blick auf Ihre Nasenspitze, den Horizont oder den Himmel.

Jetzt atmen Sie vollständig aus, um alle verbrauchte Luft aus der Lunge zu treiben. Wiederholen Sie das dreimal und atmen Sie dann so tief wie möglich ein. Ziehen Sie das Zwerchfell etwas hoch, sodass sich die Brust ganz vorwölbt. Halten Sie den Atem so lange an, wie es ohne zu viel Anstrengung möglich ist.

Stellen Sie sich beim Ausatmen vor, dass farbige Strahlen aus jeder Pore Ihres Körpers austreten und die ganze Welt erfüllen. Die Farben sind Blau, Grün, Rot, Weiß und Gelb, sie symbolisieren die fünf Elemente Äther, Luft, Feuer, Wasser und Erde. Beim Einatmen visualisieren Sie, dass die Strahlen durch die Poren in Ihren Körper zurückkehren und ihn mit vielfarbigem Licht erfüllen. Wiederholen Sie den Ablauf siebenmal.

Als Nächstes stellen Sie sich vor, dass jeder Strahl zu einer fünffarbigen Silbe HUM wird. Das ist natürlich für jemanden, der die tibetische Schrift beherrscht, leichter als für einen Menschen aus dem Westen, aber Sie finden auf dieser Seite eine Abbildung der Silbe. Visualisieren Sie die Welt beim Ausatmen als von diesen fünffarbigen HUM-Silben erfüllt und lauschen Sie dem Klang. Beim Einatmen stellen Sie sich vor, dass Sie all diese Silben in Ihren Körper aufnehmen. Wiederholen Sie auch diesen Ablauf siebenmal.

Hum

Beim Ausatmen stellen Sie sich im nächsten Schritt vor, dass die HUM-Silben sich in senfkorngroße Abbilder rasender Gottheiten verwandeln. Als Mönch in Tibet wären Sie von solchen Darstellungen umgeben, weil sie in sehr vielen Texten und Kunstwerken vorkommen. Vielleicht möchten Sie sich informieren und solche Bilder betrachten, bevor Sie sich an diesen Teil der Übung machen, aber vielleicht möchten Sie auch kreativ sein und sich selber solche Gottheiten ausmalen. Berücksichtigen Sie dabei folgende Richtlinien:
Versuchen Sie sich nicht an den vielköpfigen und vielarmigen Gottheiten, die in manchem östlichen Pantheon vorkommen. Die Götter und Göttinnen, die Sie visualisieren, sollten nur ein Gesicht und zwei Hände haben. Die rechte Hand hält einen Dorje (siehe nachfolgende Abbildung), während die linke ans Herz gehalten wird. Die Gottheiten sind fünffarbig wie die Strahlen. Das rechte Bein ist angewinkelt, das linke gerade. Die Gottheiten sollen als grimmig, zornig und bedrohlich gesehen werden.

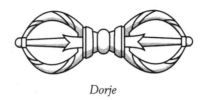
Dorje

Stellen Sie sich auch hier wieder vor, dass die visualisierten Gottheiten beim Ausatmen die Welt erfüllen und beim Einatmen in Ihren Körper eingehen. Auch hier sieben Wiederholungen.

Im nächsten Schritt stellen Sie sich vor, dass in jeder Pore Ihres Körpers eine dieser winzigen Gottheiten wohnt, das Gesicht nach außen gewandt. Wenn diese Visualisation richtig ausgeführt wird, haben Sie das Gefühl, eine zweite Schutzhaut aus zornvollen Gottheiten zu bekommen. Die Wirkung dieser Schutzhaut ist der eines Kettenpanzers ähnlich.

VIERTE ÜBUNG

Die vierte vorbereitende Übung beginnt mit der Visualisation der Seitenkanäle Ro-ma und Rkyang-ma. Im nächsten Schritt stellen Sie sich die fünf Vokale des Alphabets im linken und die einundzwanzig Konsonanten im rechten Kanal vor. (Wenn Ihnen die tibetische Schrift nicht vertraut ist, lohnt sich ein Versuch mit unserem westlichen Alphabet. Erste Experimente lassen erkennen, dass es damit ebenfalls gehen könnte.) Alle Buchstaben sollen klar gezeichnet und in Rot gesehen werden, einer über dem anderen in senkrechter Reihe. Atmen Sie abwechselnd durch die linke und die rechte Nasenöffnung (dazu werden Sie die jeweils andere Nasenöffnung mit Daumen oder Zeigefinger zudrücken müssen) und visualisieren Sie, wie die Buchstaben beim Ausatmen einer nach dem anderen ausströmen. Diese Visualisation setzen Sie beim Einatmen fort, aber jetzt kehren die Buchstaben durch Penis oder Vagina in Ihren Körper zurück. Tibetische Texte verwenden hier das schöne Bild einer »Lichterkette«.

FÜNFTE ÜBUNG

Zur letzten vorbereitenden Übung visualisieren Sie Ihren Wurzel-Guru, der mit überkreuzten Beinen in Ihrem Herz-Chakra sitzt, über ihm die Kette der Gurus in der Reihenfolge ihrer Bedeutung, einer über dem anderen entlang Ihres zentralen Energiekanals. Wenn diese Visualisation Stabilität gewonnen hat, beten Sie:

> *Gewährt mir eure Inspiration, ihr Gurus, damit mein*
> *Geist die vier Kräfte entwickeln kann.*
> *Gewährt mir eure Inspiration, damit mir alles Sichtbare*
> *in der Gestalt von Gottheiten erscheint.*
> *Gewährt mir Eure Inspiration, damit die Lebenskraft in*
> *den Zentralkanal eintritt.*
> *Gewährt mir eure Inspiration, damit die wohlige Wärme*
> *des Gtum-mo aufflammt.*
> *Gewährt mir eure Inspiration, damit der Illusions-Körper*
> *verwandelt werden kann.*
> *Gewährt mir eure Inspiration, damit der reine Körper der*
> *Wirklichkeit erscheint.*
> *Gewährt mir eure Inspiration, damit die Illusion der*
> *Träume zerstreut wird.*
> *Gewährt mir eure Inspiration, damit ich erkenne, dass das*
> *Klare Licht in mir ist.*
> *Gewährt mir eure Inspiration, damit ich durch die Praxis*
> *des Pho-wa Glückseligkeit erlange.*

*Gewährt mir eure Inspiration, damit ich in diesem Leben
Buddhaschaft erlange.
Gewährt mir eure Inspiration, damit ich das Klare Licht
erlange.*

Nach dem Gebet visualisieren Sie, dass die ganze Kette der Gurus mit dem Körper des Wurzel-Guru verschmilzt und dieser wiederum in reiner Glückseligkeit aufgeht. Lassen Sie sich von dieser Erfahrung der Glückseligkeit ganz erfüllen.

Damit sind die Vorbereitungen abgeschlossen und Sie können zur Erzeugung von Gtum-mo übergehen. Nehmen Sie die in der dritten vorbereitenden Übung beschriebene Buddha- oder Siddha-Haltung ein. Halten Sie den Rücken gerade, dehnen Sie das Zwerchfell und lassen Sie den Kopf auf die Brust sinken. Legen Sie die Zunge an den Gaumen. Fixieren Sie den Blick auf Ihre Nasenspitze. Jetzt geht es darum, Ihre Denkprozesse so mit dem Atem zu verbinden, dass Sie geistige Kontrolle gewinnen.
Wie bei den meisten Yoga-Formen werden Kontrolle des Atems und des Geistes miteinander verknüpft und dazu müssen komplexe Atemsequenzen erlernt werden. Den Anfang bildet die in den Texten so genannte ruhige Atmung.
Verschließen Sie den linken Nasengang mit dem Zeigefinger, sodass Sie nur durch die rechte Seite der Nase atmen.
Drehen Sie den Kopf langsam von rechts nach links, während Sie dreimal durch die rechte Nasenöffnung ein- und ausatmen. Schließen Sie jetzt die rechte Nasenöffnung, um dreimal ein- und auszuatmen, während Sie den Kopf langsam nach rechts drehen.
Zum Abschluss blicken Sie bei ruhig gehaltenem Kopf genau geradeaus und atmen dreimal durch beide Nasenöffnungen ein und aus.

Diese Abfolge von neun Atemzügen wird »Blasebalg-Atem« genannt und ist dreimal zu wiederholen. Beim ersten Mal atmen Sie so sanft, dass der Atem kaum zu spüren ist. Beim zweiten Mal atmen Sie stärker und beim dritten Mal atmen Sie so weit aus und ein, wie Sie nur können (dazu müssen die Bauchmuskeln mitbenutzt werden).

Wenn Sie mit allen Schritten der Blasebalg-Atmung fertig sind, kommen Sie zur so genannten vierfältigen Atmung. Dazu beugen Sie den Kopf so, dass der Hals die Form eines Hakens annimmt. Jetzt atmen Sie durch die Nase lautlos Luft aus einer Entfernung von sechzehn Fingerbreit ein. (Das ist sicher keine auf den ersten Blick einleuchtende Anweisung, aber probieren Sie es aus und Sie werden verstehen, was gemeint ist.)

Diese Luft soll bis auf den Grund Ihrer Lunge gelangen. Ziehen Sie jetzt ihr Zwerchfell zusammen, sodass die Brust sich wölbt. Sie werden merken, dass dieser geblähte Zustand der Brust schnell mühsam wird. Wenn das der Fall ist, sollten Sie in mehreren kurzen Stößen Luft einatmen und durch Muskelaktion gleichmäßig auf die beiden Lungenflügel verteilen. Das ist leicht gesagt, aber es gehört einige Übung dazu.

Wenn Sie den Druckausgleich so weit getrieben haben, wie Sie können, atmen Sie in einem einzigen Atemzug zuerst langsam, dann kraftvoll, dann wieder langsam ganz durch die Nase aus. Das nennt man »den Atem wie einen Pfeil abschießen«. Wenn Sie es ausprobiert haben, werden Sie wissen, weshalb.

Es schließt eine Übungsfolge an, die »heftiger Atem« genannt wird. Sie besteht aus fünf eigenständigen Abschnitten.

1. Zuerst wird die Lunge so weit wie möglich entleert und dann langsam wieder bis zur vollen Kapazität gefüllt. Die Betonung liegt auf *langsam*. Ziel dieser Übung ist es, der automatischen Reaktion auf ein langsames Ausatmen entgegen zu

wirken, diese besteht normalerweise darin, dass man anschließend hastig einatmet.
2. Bei der zweiten Technik handelt es sich um »die Kunst, so einzuatmen, dass die Luft in alle ihre natürlichen Kanäle gelangt«. Die Texte erläutern das nicht näher, aber der bekannte Tibetkenner W. Y. Evans-Wentz meint, damit sei einfach Übung gemeint, durch die man sich an die erstgenannte Atemtechnik gewöhnt (*Tibetan Yoga and Secret Doctrines*, siehe Literaturverzeichnis). Ich vermute eher, dass es hier um die Visualisation kosmischer Energien gehen könnte, die im Rhythmus des Atems in die Energiekanäle gelangen sollen.
3. Die dritte Technik besteht aus dem Anhalten des Atems. Damit soll eine optimale Ausbeute der Energie der eingeatmeten Luft erreicht werden. Durch Übung werden Sie den Atem immer länger anhalten können, wichtig ist aber, dass Sie sich dabei nicht zu sehr anstrengen. Und behalten Sie stets den Zweck der Übung vor Augen: der zurückgehaltenen Atemluft möglichst viel Lebensenergie zu entziehen. Auch hier können begleitende Visualisationen hilfreich sein.
4. Bei der vierten Technik geht es darum, die extrahierte Lebensenergie in die Rtsa, also in die Energiekanäle zu leiten. Auch bei dieser Übung, zu der es Entsprechungen in der westlichen esoterischen Tradition gibt, können begleitende Visualisationen hilfreich sein. Stellen Sie sich ein Licht vor, das sich sanft im Körper ausbreitet und bis in jede Zelle und Pore dringt.
5. Im letzten Abschnitt dieser Übungsfolge soll eine innige Verschmelzung der aufgenommenen Lebenskraft mit dem großen Speicher kosmischer Energie ringsum erreicht werden. Dafür gibt es die Bezeichnung »die Kunst, den Atem loszulassen« – was darauf hindeutet, dass hier das Ausatmen wichtig ist.

Wir kommen jetzt zum dritten und letzten Teil der Gtum-mo-Praxis und hier geht es um gezielte Arbeit mit Vorstellungsbildern.
Zunächst eine Visualisation, die Sie schon aus den vorbereitenden Übungen kennen, die Vajra-Yogini. Diesmal sehen Sie aber nicht sich selbst als die Göttin, sondern visualisieren die Vajra-Yogini in normaler menschlicher Größe vor sich. Dieses Bild wird Ihr Punkt des Kontakts mit der universalen Energie.
Danach visualisieren Sie den Zentralkanal Dbu-ma mit seinen Seitenkanälen Ro-ma und Rkyang-ma sowie den vier Hauptchakras. Sie beginnen mit dem senkrecht verlaufenden, hohlen Zentralkanal, der von roter Farbe, aber transparent und leuchtend ist. Er beginnt, wie Sie sich erinnern werden, am Scheitelpunkt des Kopfes und endet vier Fingerbreit unterhalb des Nabels. Jetzt visualisieren Sie die beiden Seitenkanäle, die vom gleichen Ursprung aus über die Oberfläche des Gehirns und durch die Nasengänge verlaufen, dann beiderseits des Zentralkanals abwärts, bis sie sich unterhalb des Nabels mit dem Zentralkanal vereinigen.
Wenn Sie die drei Kanäle deutlich vor dem inneren Auge sehen, fügen Sie die Chakras hinzu. Vom Scheitel-Chakra aus strahlen zweiunddreißig »Energiespeichen« (kleinere Energiekanäle) abwärts in den Kopf aus. Ihnen strahlen vom Kehl-Zentrum aus sechzehn solcher Energiespeichen entgegen. Acht Kanäle strahlen vom Herz-Chakra aus abwärts und vom Nabel-Zentrum aus strahlen ihnen vierundsechzig weitere entgegen. Den Texten ist zu entnehmen, dass diese Strahlen wirklich ungefähr wie Speichen zu sehen sind, für die der Zentralkanal eine Art Nabe bildet, aber dieses Bild ist nur als Annäherung zu verstehen.
Jetzt folgt die Visualisation, der in der Gtum-mo-Praxis zentrale Bedeutung beigemessen wird. Nach den alten Texten liegt das Geheimnis der Wärmeerzeugung im Gebrauch des tibeti-

schen Buchstabens A, genauer gesagt des halben A: Die Visualisation einer Form, die dem halben Buchstaben A entspricht, beeinflusst das Energiesystem.

Das tibetische A wird so geschrieben:

ཨ་

Die Hälfte dieses Schriftzeichens ist entweder

ཨ

oder

ཨ་

Nach Evans-Wentz wird von tibetischen Mystikern das erstere Halbzeichen verwendet, das an eine arabische 3 mit langem Unterbogen erinnert. Diese Form wird an der Stelle visualisiert, an der sich die drei Hauptkanäle treffen, vier Fingerbreit unterhalb des Nabels. Sie soll haarfein und von rötlichbrauner Farbe visualisiert werden; sie würde sich bei Berührung heiß anfühlen, sie schwebt und Wellen laufen über sie hin. In seiner Bewegung erzeugt das halbe A ein leichtes Prasseln wie von einer brennenden Kerze.

Jetzt visualisieren Sie zusätzlich den Buchstaben *Ham* auf dem Zentralkanal im Scheitel-Chakra. Dieser Buchstabe sieht so aus ཧྃ und soll weiß visualisiert werden; an seinem unteren Ende bildet sich ein einzelner Tautropfen.

Atmen Sie ein, um die beiden Seitenkanäle mit Lebensenergie zu füllen. Stellen Sie sich dabei vor, wie die Kanäle sich ein wenig dehnen, als würden sie aufgeblasen. Verfolgen Sie, wie die Lebensenergie in den Zentralkanal gelangt und abwärts wandert, bis sie das visualisierte ཨ erreicht, das Sie bisher als feinen roten Umriss gesehen haben und das sich jetzt füllt. Stellen Sie sich beim Ausatmen vor, dass die Luft den Zentralkanal als bläulicher Strom verlässt.

Diese Atemsequenz wiederholen Sie mit den begleitenden Visualisationen, bis Sie darin sicher geworden sind, das heißt, bis die einzelnen Schritte wie von selbst aufeinander folgen. Dann kommt ein weiteres Element hinzu: Beim Einatmen flackert von dem ཅ eine winzige, kaum die halbe Dicke eines Fingers hohe Flammenzunge auf. Sie brennt völlig aufrecht und ist von klarem, transparentem Rot. Ihr leichtes Flackern vermittelt den Eindruck, dass sie sich dreht. Stellen Sie sich jetzt vor, dass die Flamme bei jedem Einatmen eine halbe Fingerdicke höher wird, sodass sie nach acht vollen Atemzügen das Nabel-Chakra erreicht. Nach zwei weiteren Atemzügen hat sie sich in alle Blütenblätter dieses Chakras ausgedehnt.

Während der nächsten zehn Atemzüge breitet sich das visualisierte Feuer im unteren Körperbereich aus – Unterbauch, Beine, Füße, Zehen.

Während zehn weiterer Atemzüge breitet es sich aufwärts bis zum Herz-Chakra aus.

Wieder zehn Atemzüge weiter erreicht es das Kehl-Chakra und mit weiteren zehn Atemzügen schließlich den Tausendblättrigen Lotos des Scheitel-Chakras.

Dort trifft es auf die bereits gefestigte Visualisation des Buchstabens Ham, ཿ, und löst das Symbol im Laufe der nächsten zehn Atemzüge in perlenartig schimmernde »Mondflüssigkeit« auf, die sich über den gesamten Lotos ausbreitet.

Und diese Mondflüssigkeit ist der Schlüssel zum Gtum-mo-Effekt. Visualisieren Sie weiter, wie der Tausendblättrige Lotos überfließt und die Mondflüssigkeit mit jeweils zehn vollen Atemzügen Kehl-, Herz- und Nabel-Chakra und danach den ganzen Körper erfüllt. Der ganze Ablauf von insgesamt 108

Atemzügen bildet eine Einheit der Gtum-mo-Übung. Damit Ihnen das geläufig wird, müssen Sie diesen Ablauf anfangs sechsmal pro Tag wiederholen, Sie sollen die Übung nur zum Essen und Schlafen unterbrechen. Das tiefe Atmen führt zu einer Erhöhung Ihrer Lungenkapazität; Sie werden das nach einem Monat deutlich spüren. Und mit erhöhter Lungenkapazität wird Ihre Aufnahme von universaler Lebenskraft ganz von selbst zunehmen. Wenn es so weit ist, können Sie sich auf vier Durchgänge pro Tag beschränken.

Nun sind alle Grundlagen geschaffen und Sie können dazu übergehen, die Gtum-mo-Wärme tatsächlich auszulösen. Am einfachsten geht das über die Atmung: Drücken Sie die eingeatmete Luft ganz tief in die Lungenflügel hinunter und kontrahieren Sie dann das Zwerchfell, um die Brust zu weiten. Es gibt aber noch zwei weitere Möglichkeiten:

1. Setzen Sie sich mit locker überkreuzten Beinen hin und greifen Sie unter Ihre Oberschenkel. Lassen Sie Ihren Bauch mit Hilfe Ihrer Bauchmuskulatur dreimal rechts herum und dreimal links herum kreisen. Kneten Sie den Bauch ordentlich durch, indem Sie die Muskulatur von oben nach unten wellenartig bewegen, danach schütteln Sie sich wie ein Hund, der gerade aus dem Wasser gekommen ist. Heben Sie dabei das Gesäß ein wenig an, um sich anschließend wieder so auf das Sitzkissen fallen zu lassen, dass Sie ein wenig zurückfedern. Wiederholen Sie das dreimal, zuletzt mit einem deutlichen Aufprall.
2. Visualisieren Sie sich als die Vajra-Yogini, mitsamt den Hauptkanälen, den Chakras und dem ཨ. Stellen Sie sich an den Handflächen und Fußsohlen strahlende Sonnen vor. Bringen Sie Hände und Füße so zusammen, dass die Sonnen sich berühren. Visualisieren Sie eine weitere Sonne am Treffpunkt

der Kanäle vier Fingerbreit unterhalb des Nabels. Jetzt reiben Sie die Sonnen in den Händen und an den Füßen gegeneinander. Sie werden spüren, wie Hitze aufflammt, die Sonne unterhalb des Nabels und das ভ erreicht und von dort aus Ihren ganzen Körper durchflutet. An dieser Stelle werden Sie vielleicht eine eigentümliche Erfahrung machen: Das Feuer flammt vor Ihrem inneren Auge auf, bevor Sie das intendiert haben. Das scheint für die tibetische Auffassung zu sprechen, dass zwischen Energiesystem und visueller Vorstellungskraft eine enge Beziehung besteht. Visualisieren Sie beim nächsten Ausatmen, wie diese Wärme die ganze Welt erfüllt.

Wenn Sie sich bei dieser Visualisation einundzwanzigmal kräftig plumpsen lassen und die Übung an sieben aufeinander folgenden Tagen wiederholen, so das Versprechen der alten Texte, werden Sie so gut wie jede Kälte aushalten können, auch wenn Sie nur ein dünnes baumwollenes Repa-Gewand tragen.

8 GEISTIGES GTUM-MO

Die Gtum-mo-Praxis geht weit über das bloße Erlebnis vermehrter Körperwärme hinaus. Tibeter unterscheiden zwei Arten, die eine wird normal, die andere übernatürlich genannt. Wenn man kosmische Energie in den Chakras speichert, wird zuerst Wärme erzeugt, aber es schließt sich eine Erfahrung von Glückseligkeit an. Der Geist fällt in seinen natürlichen Zustand der Stille zurück und das Denken hört von selbst auf. Dann folgen visionäre Erfahrungen, auch von Licht und etwas, das man wie die leere Weite eines wolkenlosen Himmels erlebt.

Wie all das herbeigeführt wird, ist bestens bekannt. Man verzögert bewusst das Ausatmen und dadurch wird Energie in den Chakras gespeichert.

Durch Zurückhalten der Lebenskraft wird die in Wellen auftretende Wärme stetig. Das hat eine beruhigende Wirkung, die sich geistig und energetisch bemerkbar macht. Wenn Ruhe eingekehrt ist, kann Wärme erzeugt werden.

Die Wärme begünstigt die Öffnung der feinstofflichen Kanäle für die Energie, die die Mondflüssigkeit hineinträgt. Das ist anfangs keine unbedingt angenehme Erfahrung. Die Kanäle und bei einem Mann auch die Samenblase fühlen sich etwas schmerzhaft an. (Aus den tibetischen Texten geht hervor, dass zwischen »Mondflüssigkeit« und Samenflüssigkeit eine assoziative Verbindung besteht, aber es wird auch klar, dass sie nicht identisch sind.) Doch das ist nur ein erstes Stadium; alles Weitere ist dann viel angenehmer. Die einströmende Energie wirkt auf die Kanäle wie eine Verjüngungskur und das hat sehr angenehme und erfreuliche Folgen.

Es findet eine innere Wandlung statt, durch die man alles ringsum immer mehr als von Freude erfüllt wahrnimmt. Tibetische Mystiker betrachten das pausenlose innere Plappern der Gedanken, das bei vielen von uns der Normalzustand ist, als eine Art Gift – und dieses Gift wird durch die Gtum-mo-Praxis unschädlich gemacht. Dann kehrt der Geist in seinen natürlichen Zustand der Stille zurück, in den Samadhi-Zustand, die Vorstufe zum Nirvana.

Der Geist wird ruhig und man gelangt in einen Zustand, der etwas von Trance hat, aber das Bewusstsein geht dabei nicht verloren. Die äußere Wirklichkeit bleibt ganz bewusst wahrnehmbar, bekommt aber etwas Traum- oder Trugbildhaftes. Manche Texte weisen den Praktizierenden an, auf gute oder schlechte Vorzeichen zu achten – allerdings soll er nicht direkt Ausschau danach halten.

Unter Tibetern ist der Glaube verbreitet, dass Gtum-mo-Praxis einen vor Krankheiten und im Alter vor körperlichem Verfall bewahrt.

Man darf sich auch übernatürliche oder zumindest das Normalmaß übersteigende Effekte versprechen. In vielen Fällen werden rote, weiße, blaue, rosafarbene und gelbe Auras gesehen und der eigene Körper kann eine Art Lichthof bekommen. Letzteres wird als Zeichen bestimmter Veränderungen im Körper gesehen: mehr Kraft, Geschmeidigkeit und Leichtigkeit, mehr Widerstandskraft gegen Feuer. In seltenen Fällen soll der Körper sogar transparent werden und sich schließlich in reines Licht verwandeln, sodass er für andere nicht mehr sichtbar ist.

Tibeter glauben, dass die Wirkung des Karma (die Summe aller unserer Aktivitäten in früheren Leben, die unsere künftigen Leben bestimmt) über bestimmte Chakras vermittelt wird. Im Nabel-Chakra (»Rad der Verwandlung«) hat das Prinzip, das karmische Schulden in tatsächliches karmisches Geschehen ummünzt, seinen Sitz. Das Rad der Phänomene, also das Herz-Chakra, birgt das Prinzip, das karmische Folgen hervortreten lässt. Im Kehl-Chakra oder Rad der Freude finden wir die latente Fähigkeit, karmische Neigungen zu verstärken. Und das Scheitel-Chakra oder Rad der Glückseligkeit besitzt die Fähigkeit, den Menschen von seinen karmischen Schulden zu befreien.

Wenn die Mondflüssigkeit durch die Zentren aufsteigt, werden diese karmischen Prinzipien angeregt und das obere Ende des Zentralkanals beginnt zu vibrieren. Dadurch entsteht ein völlig neues feinstoffliches Organ, das sich (unsichtbar) über den Scheitelpunkt des Kopfes vorwölbt und die Manifestation von

Bodhi-Bewusstsein ermöglicht. (Interessanterweise zeigen viele Darstellungen des Buddha an dieser Stelle eine Wölbung, die allerdings häufig als Kopfschmuck stilisiert ist.) Durch die Gtum-mo-Praxis füllt sich dieses neue Organ mit Mondflüssigkeit und es entsteht ein kraftvoller Energiekreislauf: Umgewandelte Sexualenergie fließt vom Basis-Chakra aus aufwärts zum Scheitelpunkt des Kopfes, während sich ein zweiter, rötlicher Energiestrom vom Scheitel aus in alle Zellen des Körpers ergießt.

9 TULPAS

Das Streben nach mystischer Erfahrung und magischen Wirkungen hat in Tibet zu beachtlichen Entdeckungen geführt, deren eindrucksvollste die erstaunliche Kraft der Imagination sein dürfte. In früheren Kapiteln haben wir gesehen, wie sich Visualisationen auf das Energiesystem des Körpers auswirken und dadurch auch das Bewusstsein mehr oder weniger stark verändern, bis hin zum Klaren Licht des Nirvana.
Und irgendwo auf der großen inneren Reise haben die Tibeter herausgefunden, dass der menschliche Geist nicht das ist, was wir zunächst glauben, dass die Grenzziehung zwischen dem Subjektiven und dem Objektiven letztlich bedeutungslos ist und Gedanken so real sind wie Bäume und Steine ... oder sogar wie Lebewesen.
Andeutungsweise finden wir das auch in der westlichen Psychologie, namentlich in der Tiefenpsychologie nach C. G. Jung. Bei Jung finden wir Begriffe wie die »objektive Psyche« und das »kollektive Unbewusste«, deren Inhalte nicht auf individuelle

Erfahrung zurückzuführen und daher nicht einfach subjektiver Natur sind. Seine Erforschung medialer Phänomene führte ihn zur Annahme »halbautomatischer Komplexe«, worunter er Konstellationen psychischer Inhalte verstand, die sich wie eigenständige Persönlichkeiten verhalten, also nicht der Kontrolle des Menschen unterliegen, in dessen Bewusstsein sie auftauchen. In späteren Jahren gelangte Jung jedoch zu der Anschauung, dass »mediale Phänomene am besten mit der Geist-Hypothese zu erklären sind«. Damit ist gesagt, dass Medien mit Geistern und nicht einfach mit Anteilen ihres eigenen Tiefenbewusstseins in Verbindung stehen. Nach wie vor deuten aber die meisten westlichen Psychologen (aller Schulen) die Stimmen, die spiritistische Medien angeblich hören, bestenfalls als Dramatisierungen von Inhalten ihres eigenen Unbewussten.

Und es kann ja kein Zweifel daran bestehen, dass der menschliche Geist absolut in der Lage ist, sein eigenes Unbewusstes zu dramatisieren – Romanautoren und Dramatiker tun es ständig. Viele Autoren sagen auch, dass die von ihnen geschaffenen Gestalten gern ein Eigenleben annehmen und dann ein Verhalten an den Tag legen, das sich mit dem geplanten Verlauf der Geschichte gar nicht gut verträgt. Doch die mystische Psychologie Tibets geht hier noch weiter, indem sie behauptet, Gedankenformen könnten bei ausreichender Konzentration und Beharrlichkeit eine Art stoffliche Wirklichkeit annehmen und real genug werden, um für andere sichtbar zu sein.

Auch hier war es wieder Alexandra David-Néel, durch die der Westen von solchen Phänomenen erfuhr. Einmal, hoch oben in den Himalajabergen, entstand abends ein Rumoren im Lager, das sie gleich als Zeichen für die Ankunft eines unerwarteten Besuchers deutete. Sie kannte den Mann sogar, obwohl er selbst ganz zufällig auf das Lager gestoßen war. Es war ein bekannter Künstler aus Lhasa, den sie Jahre zuvor kennen gelernt hatte.

Der Mann hatte sich Besorgnis erregend verändert. Er sah krank aus – sie meinte sogar, er könne Fieber haben – und schien sich sehr unbehaglich, wenn nicht bedroht zu fühlen. Das war allerdings längst nicht der interessanteste Aspekt für sie. Über dem Mann hing nämlich eine monströse schattenhafte Gestalt, sichtbar, aber nicht substanzhafter als Rauch. Aufgrund ihrer buddhistischen Studien konnte sie die Gestalt als eine der Gottheiten des tibetischen Pantheons identifizieren. Offenbar folgte sie dem Künstler auf Schritt und Tritt.

Vorsichtig fragte sie ihn aus. Tibetische Künstler sind meist mit der Gestaltung religiöser Motive befasst und dieser Mann hatte seit der ersten Begegnung mit David-Néel eine besondere Beziehung zu einer bestimmten Gottheit entwickelt. Er befasste sich über Monate mit dieser Gottheit und malte sie nach den Angaben in den alten Schriften wieder und wieder. Nach und nach nahm diese Gottheit in seinen täglichen Meditationen und Gedanken immer mehr Raum ein. Schließlich fasste er den Entschluss, dieser Gottheit sein Leben zu weihen. David-Néel erkannte gleich, dass es sich um die Schattengestalt handelte, die ihm jetzt folgte.

Als Europäerin – Madame David-Néel war Französin – war sie nicht geneigt zu glauben, dass wirklich ein Gott in ihr Lager gekommen sei. Als Lama freilich war sie mit den tibetischen Vorstellungen von so genannten *Tulpas* vertraut. Nach den alten Lehren ist ein Tulpa ein Wesen, das wie eine Romangestalt durch Gedankenkraft geschaffen, aber so lebhaft visualisiert wird, dass auch andere es sehen können.

Nun sind Geschichten über Tulpas eine Sache; mit eigenen Augen einen zu sehen ist etwas ganz anderes. Aber was da ihrem Künstlerfreund folgte, schien sich wirklich mit den Beschreibungen zu decken. Das Ganze faszinierte sie derart, dass sie sich vornahm auszuprobieren, ob sie selbst einen Tulpa erzeugen könne.

Das ist im Prinzip nicht schwierig, aber die Umsetzung kann einige Mühe bereiten. Man geht ungefähr so vor, wie wir es in einem früheren Kapitel im Zusammenhang mit dem Yidam gesehen haben. Man visualisiert die Wesenheit, bis sie von halluzinatorischer Realität ist, und dann verstärkt man die Visualisation, bis die »Halluzination« auch für andere sichtbar wird. Man beginnt am besten mit unbelebten Gegenständen und fährt dann vielleicht mit einer Blume fort, später mit höheren Lebewesen.

Als der Besucher sich wieder verabschiedet hatte, begann Madame David-Néel mit ihren eigenen täglichen Visualisationen. Sie stellte sich einen dicklichen kleinen Mönch vor, der etwas von Bruder Tuck aus der Geschichte von Robin Hood hatte.

Zuerst konzentrierte sie sich darauf, den Mönch möglichst lebensecht vor dem inneren Auge zu sehen, und ließ nicht locker, bis das Bild bis ins feinste Detail ausgearbeitet war. Bis hierher war dieses Wesen eine rein subjektive Konstruktion, ein inneres Bild, ein gelenkter Tagtraum. Von diesem Stadium an visualisierte sie ihn jedoch so, als stünde er vor ihr. (An dieser Stelle verlagert sich der Brennpunkt der Aufmerksamkeit. Die anfängliche Visualisation erzeugt ein inneres Bild, das man auch mit geschlossenen Augen sieht. Nach außen lässt sich das Bild nur bei geöffneten Augen verlagern. Man wählt die Stelle und sagt sich – das ist ein Willensakt –, dass die visualisierte Form tatsächlich an dieser Stelle existiert.)

Es dauerte einige Wochen, dann musste David-Néel sich den Mönch nicht mehr an der gewünschten Stelle denken, sondern sie sah ihn, als wäre er physisch gegenwärtig. Die mentale Mechanik ist die gleiche, die bei hohem Fieber oder Geistesgestörtheit Halluzinationen erzeugt, nur dass es hier durch einen bewussten Willenakt geschah.

Es war ihr klar, dass sie eine Halluzination erzeugt hatte, aber von diesem Punkt an begann die Sache wirklich gruselig zu werden. Einmal sah sie ihren Mönch nämlich im Lager, obwohl sie nichts unternommen hatte, um ihn zu visualisieren. Er war einfach erschienen, wie aus eigenem Antrieb. Zwei Tage danach war er wieder da und wieder hatte sie nichts dazu beigetragen. Vielleicht hätte sie mehr über die offensichtliche Verstörtheit ihres Künstlerfreundes nachdenken sollen; jedenfalls sah sie den Mönch jetzt immer häufiger, ohne ihn bewusst visualisiert zu haben. Ihr Ausflug in den tibetischen Okkultismus wuchs ihr allmählich über den Kopf.

Und es sollte noch schlimmer kommen. Merkwürdige Veränderungen taten sich bei diesem Mönch, er wurde schlanker und bekam etwas Unheimliches, Lauerndes. Dann kam der Tag, an dem einer ihrer Träger sie nach diesem »seltsamen Mann im braunen Gewand« fragte, der im Lager umherschlich. Der Tulpa war jetzt auch für andere sichtbar und hatte sich eindeutig selbständig gemacht.

Diese Erfahrung der unerschrockenen Weltreisenden hat weit reichende Implikationen. Der Ablauf ist im Prinzip klar: Eine bewusst kreierte fiktive Gestalt gewann Eigenleben und stahl sich aus ihrer Vorstellungswelt, um Bestandteil der objektiven Wirklichkeit zu werden. Doch wie weit kann das gehen?

Die ersten beiden Schritte sind wie gesagt nichts Besonderes. Jeder Romanautor erfindet Gestalten und schickt sie in eine vorgestellte Wirklichkeit, in der sie (wenn er Glück hat) manchmal ein Eigenleben entwickeln. Und »Eigenleben« ist keine Metapher. Manchmal muss der Autor hilflos zusehen, wie eine Figur eigene Wege geht, eigene Gedanken äußert, eigenwillig handelt und letztlich ihre eigene Geschichte erschafft. Wenn der Autor hier intervenieren und seinen Plan durchsetzen möchte, kann es ihm passieren, dass die Figur sich dem widersetzt. Und wenn er darauf beharrt, der Figur seinen Plan aufzuzwingen, kommt oft ein seltsam nichts sagender Roman dabei heraus, dessen Gestalten sich auf rätselhafte Weise in Zombies verwandelt haben.

Das kann sogar noch weiter gehen. Vor einigen Jahren kreierte eine Gruppe innerhalb der Toronto Society for Psychical Research eine fiktive Gestalt namens Philip, und dieser Philip begann unter Séance-Bedingungen Mitteilungen zu machen. In einem anderen Experiment unter meiner Leitung hat eine britische Gruppe eine altgermanische weise Frau heraufbeschworen, die von einem der Mitglieder Besitz ergriff und sich mit den anderen unterhielt.

Der bekannte amerikanische Science-Fiction-Autor Ray Bradbury war von solchen Dingen derart fasziniert, dass er ein Buch schrieb, in dem berühmte Gestalten der Literatur als körperliche Wesen auf dem Mars auftreten. Außerhalb solcher amüsanten Geschichten gibt es im Westen jedoch kaum Berichte von erdachten Gestalten, die in die reale Welt entkommen.

Dennoch, wenn die tibetischen Lehren Recht haben – und David-Néels Erlebnisse sprechen dafür –, können solche Kreaturen tatsächlich von einer Wirklichkeit in eine andere überwechseln. Und das besagt offenbar, dass weder Geist noch Materie genau das sind, wofür wir sie im Westen halten.

Das ganze Gebiet der geistigen Schöpfungen und der Frage, was sie eigentlich sind und in wie weit sie das beeinflussen können, was wir nach wie vor als objektive Wirklichkeit sehen möchten, muss sicher ernsthafter bedacht werden, als wir es im Westen bisher getan haben. (Das Buch *The Magical Use of Thought Forms*, das ich zusammen mit Dolores Ashcroft-Nowicki verfasst habe, ist hoffentlich schon ein Schritt in diese Richtung, aber es muss noch viel mehr an Forschung geschehen.)

Die Gefahren der Tulpa-Kreation jedenfalls werden nicht nur am deutlichen Unwohlsein des Künstlers aus Lhasa erkennbar, sondern auch an Madame David-Néels eigenen unerfreulichen Erlebnissen. Sie kam zu dem Schluss, dass sie den Mönch wieder absorbieren müsse, und es dauerte Monate, bis es ihr nach konzentrierten Anstrengungen schließlich gelang.

DRITTER TEIL:
MYSTIK

10 KARMA UND DIE SECHS BEREICHE

Tibetische Mystik ruht zum allergrößten Teil auf drei eng miteinander verflochtenen Lehren über Karma, Wiedergeburt und die so genannten Sechs Bereiche. Karma und Wiedergeburt sind im Westen bereits eingeführt (wenn auch vielfach mit grundsätzlichen Missverständnissen behaftet), während von den Sechs Bereichen nicht viel die Rede ist. Das Verständnis dieser drei Prinzipien setzt voraus, dass wir uns ein wenig mit der tibetischen Sicht des menschlichen Geistes befassen.

Nach tibetischer Auffassung ist Geist kein in wie subtilem Sinn auch immer stoffliches Ding, aber auch keine Begleiterscheinung körperlicher Prozesse, wie es in weiten Bereichen der westlichen Psychologie immer noch postuliert wird: Geist als Ausdruck neuronaler Entladungen im Gehirn. Für Tibeter ist Geist dagegen ein gänzlich formloses Kontinuum, das für sich existiert und in keiner Weise von Körper und Gehirn abhängig ist.

Dieses Kontinuum ist grenzenlos, ohne Anfang und Ende. Unser Leben lang wirkt sich alles, was wir tun oder denken, auf dieses Geist-Kontinuum aus und hinterlässt darin einen subtilen Abdruck. Jeder dieser Abdrücke setzt etwas in Gang, er wird zur Ursache einer ihm entsprechenden Wirkung, zu der es irgendwann kommen wird. Zusammengenommen bilden alle diese Abdrücke den Motor, der das Karma antreibt. Demnach ist Karma kein Urteil, nichts Auferlegtes, ja nicht einmal ein von außen vorgegebenes Gesetz, sondern einfach die natürliche Folge unseres Denkens und Handelns. Aber natürlich wirkt sich das karmische Geschehen auf unsere äußere Wirklichkeit aus.

Wie, das werden wir in einem späteren Kapitel im Zusammenhang mit der »Meditation des leeren Geistes« sehen.

Um Karma zu verstehen, können wir uns das anfangs- und endlose Kontinuum unseres Geistes als eine Art Acker vorstellen, in den durch jede unserer Handlungen ein Same gelegt wird. Ist es ein gutes Handeln, bringen wir damit die Saat künftigen Glücks aus; handeln wir dagegen schlecht, säen wir unser eigenes Unglück.

Die Wirkungen, auch das sagt dieses Bild schon, treten nicht unmittelbar ein. Das erklärt auch, weshalb Menschen, die Böses getan haben, trotzdem ein gutes Leben haben können. Ein in die Erde gebrachter Same ruht solange, bis Bedingungen gegeben sind, unter denen er keimen kann. Das kann nach der Karma-Lehre bedeuten, dass Wirkungen erst im nächsten oder einem späteren Leben auftreten.

Nach den Lehren der tibetischen Mystik stirbt der Geist nicht mit dem Körper. Nur das Bewusstsein, das uns im Leben begleitet hat, geht verloren, weil es in einem größeren Bewusstsein aufgeht. Der letzte Teil dieses Buches wird sich eingehend mit der tibetischen Auffassung vom Sterben befassen; für den gegenwärtigen Zusammenhang genügt es zu wissen, dass Menschen nach ihrem Tod mit wenigen Ausnahmen in einem neuen Körper wiedergeboren werden.

Reinkarnation gehört nicht (oder nicht mehr) zu den Glaubensinhalten der großen abendländischen Religionen, aber es sprechen sehr viele gut dokumentierte Fälle dafür, dass es sie tatsächlich gibt. Zum Beispiel der von Imad Elawar. Imad wurde in einem sehr abgelegenen Dorf des Libanon geboren, einem dieser Orte, an dem die Zeit stillzustehen scheint und man sich nie weit vom Heimatdorf entfernt. Eines Tages sagte Imad, er habe schon einmal gelebt, und zwar als ein gewisser Ibrahim Bouhamzy in dem dreißig Kilometer entfernten Dorf Khriby. Das behauptete er wieder und wieder, aber in seiner Familie nahm ihn keiner ernst – bis Imad einmal jemanden traf, den er aus seinem früheren Leben zu kennen behauptete. Tatsächlich handelte es sich um einen Mann aus Khriby. Jetzt horchte die Familie doch auf und die Befragung des Mannes ergab, dass er einen inzwischen verstorbenen Nachbarn namens Ibrahim Bouhamzy gehabt hatte. Weitere Nachforschungen ergaben, dass vierundvierzig von siebenundvierzig Angaben, die Imad über die Familie Bouhamzy machte, zutrafen – auch die Information, dass Ibrahim sich einen Seitensprung mit einer Frau namens Jamile geleistet hatte.

Wie konnte Imad in seinem abgelegenen Heimatort wissen, was in einem dreißig Kilometer entfernten Dorf vor sich ging? Informationsquellen wie Zeitung oder Wirtshaustratsch darf man getrost ausschließen. Imad war zwei Jahre alt, als er über die Bouhamzys und seine Geliebte zu sprechen anfing.

Es gibt aus allen Teilen der Welt solche Berichte von spontanen Erinnerungen an frühere Leben. Gerade Kinder liefern immer wieder handfeste und detaillierte Informationen, die sich überprüfen und in vielen Fällen bestätigen lassen.

Jede Wiedergeburt wird nach tibetischem Glauben vollständig durch die Geistesverfassung im Augenblick des Todes bestimmt. Wer in tiefem Frieden stirbt, schafft damit die Bedingungen zum Keimen eines guten Samens, den er im Laufe seines Lebens gesät hat, und darf mit einer erfreulichen Wiedergeburt rechnen. Aber wer so unklug ist, sich von Hass und Zorn beherrschen zu lassen, wenn er stirbt, der sorgt auf diesem Wege selbst dafür, dass einer seiner unguten Samen keimt und ihm eine ungünstige Wiedergeburt beschert. Das hat etwas mit der Erfahrungstatsache gemein, dass man am ehesten mit Albträumen zu rechnen hat, wenn man aufgebracht zu Bett geht.

Viele Menschen im Westen, die sich die Reinkarnationslehre zu Eigen gemacht haben, nehmen an, dass es sich immer um eine Wiedergeburt in *dieser* Welt handelt. Tibeter sehen es nicht so. Wenn genügend karmische Samen herangereift sind (diese Reifung geht einige Zeit nach dem Tod weiter, wie wir noch sehen werden), treiben sie uns in einen der Sechs Bereiche, und dort werden wir wiedergeboren.

Die Sechs Bereiche sind keine Bewusstseinszustände, sondern haben, zumindest nach der eher konservativen Auslegung der buddhistischen Lehre, ihre eigene Wirklichkeit. (Es gibt jedoch auch die Anschauung, dass die Bereiche gleichsam Abbildungen verschiedener Lebensweisen sind.)

Während einer Meditationsklausur in Schottland stellte der Ehrwürdige Geshe Kelsang Gyatso einen interessanten Vergleich an, um die Sechs Bereiche zu veranschaulichen. Er forderte seine Zuhörer auf, sich ein großes Haus vorzustellen. Dieses Haus sei *Samsara*, der Zyklus von Geburt, Tod und Wiedergeburt, an den das Leben in der materiellen Welt gebunden sei.

Das Haus hat sechs Geschosse, drei unterirdische und drei oberirdische. Alle Wesen, die noch nicht erleuchtet sind, leben in diesem Haus. Sie wandern von Zimmer zu Zimmer (von Leben zu Leben) und wechseln dabei die Stockwerke, mal existieren sie in einem der oberen drei Geschosse, mal in einem der unteren.

Das Erdgeschoss dieses vorgestellten Hauses stellt die Menschenwelt, wie Sie und ich sie erleben, in all ihrer Vielfalt und mit ihren Freuden und Leiden dar.

Das erste Obergeschoss gleich darüber ist der Bereich der Halbgötter. Das sind auch Lebewesen, aber keine Menschen. Sie besitzen größere Macht als Menschen und haben alles, was man sich wünschen kann, aber sehr viel glücklicher sind sie deswegen doch nicht. Sie neiden nämlich den Wesen im nächst höheren Stockwerk (den Göttern) ihren Stand und bekämpfen sie, wo sie nur können. Wegen ihres Neids und ihrer Gewalttätigkeit führen sie trotz Macht und Reichtum ein im spirituellen Sinne armseliges Leben.

Im obersten Stockwerk des Hauses liegt der in drei Lebensräume unterteilte Bereich der Götter. In der Nähe der Treppe, die zu den Halbgöttern hinunterführt, leben Götter der untersten Ordnung, die Götter des Reichs der Begierde.

Hier hat man ein leichtes, üppiges Leben und die Götter, die hier zu Hause sind, genießen das in vollen Zügen, indem sie ihren Regungen und Launen einfach nachgehen. Doch so ein ganz auf Genuss angelegtes Leben bietet so viele Ablenkungen, dass diese Götter kaum eine Neigung zeigen, sich mit Dingen abzugeben, die ihre spirituelle Entwicklung fördern könnten. (In Tibet würde man sagen: Sie praktizieren nicht den Dharma.) Das kann sogar bedeuten, dass manche Bewohner des Götterbereichs ein weniger spirituelles Leben führen als Menschen. Die Götter dieses Bereichs leben sehr viel länger als Menschen, aber unsterblich sind sie auch nicht – und ihre Wiedergeburt findet eher auf einer niedrigeren Ebene statt.

Der zweite der drei Lebensräume ist das Reich der Form. Die hier lebenden Götter besitzen Lichtkörper, weshalb sie nicht mehr sinnlichen Begierden ausgesetzt sind, sondern ihr Dasein in meditativer Entrückung verbringen. Aber Meditation ist eben noch nicht unbedingt Erleuchtung, und so finden sich meist auch diese Wesen irgendwann in einem der weiter unten liegenden Geschosse wieder.

Der dritte Lebensraum im obersten Stockwerk unseres imaginären Hauses ist der Bereich der Formlosigkeit, bewohnt von Gottheiten, die sogar die Lichtkörper ihrer Nachbarn transzendiert haben und deshalb in einem subtilen Bewusstseinsfeld leben, das manches mit dem unendlichen Raum gemein hat.

Die Götter im Reich der Formlosigkeit sind mit dem reinsten, erhabensten Geist im ganzen Haus gesegnet, doch nicht einmal sie haben die Verblendung überwunden, die das Samsara erschafft, und so sterben sie nach einem im Vergleich zum Menschen unendlich langen Leben schließlich doch und werden in einem der tieferen Stockwerke wiedergeboren.

Das ist kein sehr optimistisches Bild von Göttern, aber den Tibetern leuchtet es vollkommen ein, da sie glauben, dass auch diese erhabenen Wesen in einem feinen Netz gefangen sind, das sie selbst gesponnen haben. Nach etlichen Leben, in denen genügend gutes Karma geschaffen wurde, sind sie als Götter wiedergeboren worden, doch das Leben in der Chefetage ist mit der Versuchung verbunden, dass man lediglich sein in der Vergangenheit angesammeltes Verdienst aufzehrt, sich aber wenig oder gar nicht um weitere spirituelle Entwicklung bemüht.

Die oberirdischen Geschosse, und dazu gehört auch die Menschenwelt, werden zusammen als die günstigen oder Glück verheißenden Bereiche angesehen; man wird dort wiedergeboren, wenn genügend positive karmische Samen vorhanden sind, und das Leben hier ist zumindest relativ angenehm. Das kann man von den drei unterirdischen Geschossen nicht sagen.

Zur Wiedergeburt in einem der Untergeschosse kommt es durch schlechte und unmoralische Gedanken, Worte und Taten. Diese düsteren Keller werden zusammen die unglückseligen Bereiche genannt, da das Leben hier eher leidvoll ist und vielfach Schmerzen mit sich bringt.

Gleich unterhalb der Menschenwelt schließt sich als erster unterirdischer Lebensraum der Bereich der Tiere an – Säugetiere außer dem Menschen, Vögel, Fische, Reptilien, Insekten und so weiter. Hier halten sich Unglück und Beschwerlichkeit noch in Grenzen. Der Geist dieser Lebewesen ist mehr oder weniger dumpf. An spirituellem Bewusstsein mangelt es ihnen völlig und in ihrem Leben herrschen Furcht und Gewalttätigkeit.

(Diese Darstellung des Tier-Bereichs entspricht der klassischen buddhistischen Lehre zu diesem Gegenstand, lässt aber auch gleich Zweifel an der Vorstellung aufkommen, die Sechs Bereiche existierten getrennt und jeder für sich. Menschen und Tiere leben bekanntlich in derselben Welt und haben viel miteinander zu tun. Und der Gedanke, dass Tiere einfach dumpf und bestialisch seien, lässt sich nach den neueren Erkenntnissen über zum Beispiel Elefanten, Schimpansen und Delfine so auch nicht mehr aufrechterhalten. Es gibt sogar die Ansicht, Delfine seien spirituell entwickelte Wesen, möglicherweise höher entwickelt als viele Menschen. Vielleicht muss die uralte buddhistische Lehre in diesem Licht einmal überdacht werden. Da die tibetische Magie und Mystik in diesem Buch jedoch einfach dargestellt und nicht bewertet werden soll, halte ich mich an die Lehren in ihrer vorgegebenen Gestalt.)

Im mittleren Kellergeschoss, unter den Tieren, finden wir den Bereich der hungrigen Geister. Zur Wiedergeburt in diesem Bereich kommt es fast immer durch Habgier und ein durch Geiz und Kleinlichkeit geprägtes Verhalten. Hier herrscht bittere Armut, eine trostlos öde Welt voller Wesen, die ständig von Hunger und Durst gequält werden. Wenn doch einmal etwas Essbares gefunden wird, was selten genug vorkommt, verschwindet es entweder wie ein Trugbild oder verwandelt sich in etwas Widerliches, zum Beispiel in Kot. Alles, was man im Bereich der hungrigen Geister erlebt, entsteht durch das Karma früherer Leben, in denen es an guten Taten und Gedanken mangelte.

Hier geht es wirklich sehr unerfreulich zu, aber es kommt noch schlimmer. Darunter liegt nämlich der Bereich der Höllenwesen. Dort gibt es wie im Bereich der Götter verschiedene Lebensräume. Manche Höllen sind heiß wie die Hölle des christlichen Mittelalters. Andere sind kalte, wirklich gottverlassene Eiswüsten. Dann gibt es Bereiche voller Schrecken erregender Ungeheuer. In allen Höllen herrscht äußerstes, niemals unterbrochenes Leiden.

Anders als in westlichen Höllen währen die Qualen jedoch nicht ewig (wenngleich es sich gewiss so anfühlt). Irgendwann erschöpft sich das Karma der Höllenbewohner und sie werden in einem anderen Stockwerk des Samsara-Hauses wiedergeboren, wo sie Gelegenheit bekommen, neues Karma anzusammeln und sich so eine bessere Wiedergeburt zu erwirken.

Als Geshe Kelsang Gyatso dieses Gleichnis vortrug, verband er damit die verblüffende Anmerkung, dieses gesamte Haus werde von seinen Bewohnern erbaut. Wir werden darauf noch zurückkommen. Steht das Haus jedoch erst einmal, so treibt es uns und alle anderen Bewohner von Raum zu Raum, als wären wir Insassen eines riesenhaften Gefängnisses. Manchmal erfreuen wir uns an all dem, was die obersten Stockwerke zu bieten haben, doch meistens leiden wir die Schmerzen und Entbehrungen der darunter liegenden Geschosse.

Gibt es einen Ausweg aus diesem Zuchthaus? Die tibetische Mystik und der Buddhismus überhaupt behaupten eine Tür gefunden zu haben, die nach draußen führt.

11 DIE SUCHE NACH ERLEUCHTUNG

Wie wir bereits gesehen haben, besteht die Grundeinsicht des Buddha und die erste seiner Vier Edlen Wahrheiten darin, dass alles Leben überall durch Leiden gekenn-

zeichnet ist. Auch wer unter denkbar günstigen Umständen lebt und dazu Macht und Geld besitzt, kann doch krank werden, unter Ängsten und anderen seelischen Nöten leiden – und am Ende wird ihm der Tod alle Macht und allen Reichtum in einem einzigen Augenblick wieder nehmen.
Aber als Gautama sich unter den Bodhi-Baum setzte, ging ihm noch etwas anderes auf: Die Ursache allen Leidens ist das Begehren.
Roald Dahl, der mit seinen höchst skurrilen Geschichten so erfolgreich wurde, sagte einmal zu seiner Literaturagentin, er habe zwar genügend Geld, um bis ans Ende seiner Tage mit allem Komfort zu leben, doch er hätte gern noch mehr Geld. Er war nicht der erste, dem auffiel, dass Wünsche sich über Nacht vermehren. Ein britischer Geschäftsmann gab kürzlich in einem Zeitschriftenartikel Folgendes zum Besten: Hätte er vor zehn Jahren seine gegenwärtigen Verhältnisse voraussehen können, wäre er der Überzeugung gewesen, dass es besser gar nicht werden könne. Aber jetzt, da es ihm so gut ging, regten sich doch wieder Wünsche – ein größeres Auto, ein anderes Haus, ein noch mondäneres Leben.
Kennen wir das nicht alle? Erst denken wir, dass wir alle Sorgen los wären, wenn wir nur 10 000 auf der hohen Kante hätten. Aber kaum ist diese Zielsumme erreicht, erscheinen uns 20 000 wünschenswert, dann 30 000 ... 40 000. Und wie viel wir auch verdienen mögen, die magische Grenze, an der wir Sicherheit und Seelenfrieden festmachen, weicht immer weiter vor uns zurück wie eine Fata Morgana. Als ich jung war, galt der amerikanische Ölmagnat Paul Getty als einer der unglücklichsten Menschen der Welt. Er war auch der reichste.
Wie der britische Geschäftsmann feststellen musste, findet sich auf der Gleitskala des Begehrens weit mehr als bloß Geld und materieller Besitz. Jetzt, da er die Frau seiner (einstigen) Träu-

me sein nennen konnte, meldete sich eine bohrende innere Stimme, die ihm vorrechnete, er werde jetzt nie mit seiner Lieblingsfilmschauspielerin ins Bett gehen können. Jetzt, da ihm der ersehnte Erfolg zuteil geworden war, fand er, das Leben sei doch sicher noch schöner, wenn er auch berühmt sei.

Die flüchtige Natur der Zufriedenheit verbindet sich dann noch gern mit einer weiteren menschlichen Regung – der Angst vor Verlust. Marketingstrategen wissen längst, dass Angst vor Verlusten uns noch mehr in Wallung bringt als die Hoffnung auf Gewinn. (Deshalb bekommen Sie immer wieder Post oder Anrufe mit der Mitteilung, dass höchstwahrscheinlich bereits ein fetter Gewinn auf Sie entfallen sei, Sie aber schnellstens zugreifen müssen, damit Ihre einmalige Chance nicht verfällt.)

Die Angst vor Verlust nimmt natürlich zu, wenn alte Wünsche erfüllt worden sind. Solange Sie als Sozialhilfeempfänger unter der Brücke leben, haben Sie wenig Angst vor Dieben, nicht einmal vor ganz zwielichtig aussehenden Gestalten – einfach weil bei Ihnen nichts zu holen ist. Aber haben Sie erst Ihre mit Antiquitäten voll gestopfte Villa in einem Nobelvorort, können gar nicht genug Einbruchmelder installiert und Wachhunde an die Laufleine gelegt werden. Was ein beschauliches Leben werden sollte, ist jetzt ein stattlicher Strauß Ängste: um all Ihren kostbaren Besitz und durchaus auch um Ihr Leben.

In tiefer Meditation erkannte Gautama, dass das Begehren als die Wurzel allen Leidens überall im Leben wirksam ist, nicht nur da, wo es um materiellen Besitz geht. Verliebe dich morgen und mit der Freude kommt gleich auch die Sorge, dass der geliebte Menschen krank werden und sterben könnte ... oder die Liebe nicht erwidert. Das Schönste im Leben, seien es die Kinder, der Beruf, das Prestige oder der angesammelte Besitz, verwandelt sich nur zu leicht in lauter Sorgen.

Gautama erkannte auch, das *alles* Leiden letztlich durch Wünsche bedingt ist, selbst da, wo es entschieden unerwünscht zu sein scheint. Niemand wünscht sich Krebs oder eine Virusinfektion, aber das mit dergleichen verbundene extreme Leiden verdankt sich dem Wunsch, Schmerz und Unbehagen zu vermeiden, zu einem reibungslosen Lebensablauf zurückzukehren; und schließlich dem wider besseres Wissen gehegten Wunsch, vom Tod verschont zu bleiben. (Wenn Sie zu der Ansicht neigen, das Leiden liege im Schmerz selbst und nicht in dem Wunsch, ihn zu vermeiden, lohnt sich vielleicht der Gedanke daran, dass Masochisten den Schmerz suchen.)
So tief diese Einsichten auch sein mögen, der Buddhismus hätte nie eine Weltreligion werden können, wäre Gautama hier stehen geblieben. Denn was fängt man an mit diesem Wissen, dass der tiefere Grund allen Leidens letztlich im Begehren liegt? Das Streben nach Glück ist nicht nur ein in der Verfassung fest geschriebenes Grundrecht, es scheint auch zur Grundausstattung des Menschen überhaupt zu gehören. Es ist unsere menschliche Anlage, nach Lust zu streben und Schmerz möglichst zu vermeiden – und beide sind Ausdruck des Begehrens. Ist es da nicht unvermeidlich, dass wir leiden?
Die Antwort des Buddha lautet: Nein. Auch wenn das Begehren praktisch allgegenwärtig ist, wir können es durchbrechen. Und der Weg dorthin ist das *Nicht-Haften*.
An nichts zu haften entspricht nicht gerade der menschlichen Natur und ist nach verbreiteter Auffassung auch keineswegs überall richtig. Dass es sich nicht lohnt, an Besitz zu haften, ist sogar in unserer westlichen Konsumgesellschaft nachvollziehbar, aber ist es nicht ganz natürlich, ja wünschenswert, dass wir an unseren Kindern hängen? Wie man es auch sieht, für Buddhisten bleibt alles Haften dem Begehren verwandt und ist damit ein Quell des Leidens.

Der Weg zum Nicht-Haften ist weit und mühsam. Ein westlicher Reporter fragte den Dalai Lama, ob es stimme, dass tibetische Mönche nach so weit gehender Lösung von der Welt strebten, dass es ihnen gleichgültig sei, ob sie Urin oder Alkohol zu trinken bekämen. Seine Heiligkeit bejahte. Der Reporter fragte weiter, wie viele Mönche es denn heute gebe, die diesen Grad des Nicht-Haftens erreicht hätten. Der Dalai Lama erwog diese Frage einen Augenblick, lächelte dann und antwortete: »Ich würde sagen ... exakt null.«

Und wenn das schon für tibetische Mönche gilt, kann man über uns im Westen wohl nur sagen, dass viele nicht einmal wüssten, wie man es anstellt, weniger an seinen Besitztümern und anderen geschätzten Dingen zu haften. Dabei ist das nur der Anfang. Im Buddhismus gilt, dass man sich auch von alten Verhaltens- und Denkgewohnheiten lösen muss. Das setzt voraus, dass man die Welt ganz neu zu sehen lernt. Wie kommt man dorthin? Die Tibeter sagen: durch Meditation.

12 VORBEREITUNG AUF DIE MEDITATION

Geshe Kelsang Gyatso lehrt, dass Meditation den Geist auf das Gute einstimmt. Er geht wie die meisten anderen Tibeter davon aus, dass in unserem Leben umso mehr Ruhe und Frieden herrschen, je mehr unser Bewusstsein vom Guten durchdrungen ist. Damit ist Meditation nicht nur für den *Lamrim*, den Weg zur Erleuchtung, wichtig, sondern zugleich das einzige, was ein auch nur annähernd dauerhaftes Glück verspricht. Tibeter gehen davon aus, dass Glück eine Geistesverfassung ist, folglich liegt auch ihr Ursprung im Geist selbst und nicht in äußeren Gegebenheiten.

Meditation gliedert sich aus tibetischer Sicht in fünf Etappen: Vorbereitung, Kontemplation, die eigentliche Meditation, Zueignung und nachfolgende Praxis.

Für die Vorbereitung sind drei Dinge wichtig:

- Läuterung
- Ansammeln von Verdienst
- Segnungen

Die Reinigung oder Läuterung steht im Zusammenhang mit der Karma-Lehre und ist als ein vorwiegend innerer Prozess zu verstehen. Negatives Karma kann sich im Laufe mehrerer Leben aufbauen und wirkt sich auf dem Weg zur Erleuchtung hemmend aus, wenn der Geist nicht gereinigt wird. Das Ansammeln von Verdienst spielt fast überall in der spirituellen Praxis des tibetischen Buddhismus eine große Rolle; es soll dem Geist die Stärke geben, die er braucht, um sich für befreiende Einsichten zu öffnen, wenn sie ihm schließlich zugänglich werden. Tatsache ist nämlich, dass das Streben nach Befreiung dem durchschnittlichen Tibeter so wenig in die Wiege gelegt ist wie uns im Westen. Lehrt das Leben uns nicht, uns so viel wie möglich zu verschaffen und vor allem für uns selbst zu sorgen? Das Ansammeln von Verdienst durch einen moralischen Lebenswandel stimmt uns nach und nach darauf ein, ganz andere Dinge wichtig zu nehmen. Hinter dem Streben nach Segnungen schließlich steht die Überzeugung vieler Tibeter, dass der Segen eines Menschen, der den Weg schon ein gutes Stück weiter gegangen ist, die Aktivierung wichtiger spiritueller Prinzipien im eigenen

Bewusstsein entscheidend fördert. Ein Segen ist also keine leere Gebärde. In der richtigen Form gegeben, macht er einen empfänglicher für das Gute, unterfüttert die eigenen spirituellen Einsichten und gibt Rückhalt für den weiteren Weg der Befreiung. Kurzum, ein Segen wirkt katalytisch und transformierend.

Der erste praktische Schritt zur Vorbereitung auf die Meditation besteht darin, dass Sie sich einen passenden Platz dafür suchen und ihn sauber und ordentlich herrichten. Dieses Säubern hat äußere und innere Wirkungen, es gibt nicht nur dem Platz etwas Klares und Frisches, sondern auch dem Geist. Außerdem ist es der erste Schritt zur Schaffung eines heiligen Raums. Wenn Sie die traditionelle Form tibetischer Meditation im Sinn haben, werden Sie auf diese Weise bald spirituelle Wesenheiten anziehen und deren Segen erhalten. Ein sauberer und ordentlicher Meditationsplatz ist Ausdruck unserer Achtung.

Es empfiehlt sich, die Heiligkeit dieses Platzes noch durch einen Altar zu unterstreichen. Nach heutigem Standard der »politischen Korrektheit« werden Altäre und dergleichen mit Rücksicht auf mögliche Empfindlichkeiten bei Agnostikern und Atheisten als nicht zwingend notwendig angesehen. In der tibetischen Tradition strebt man jedoch Freiheit vom Samsara an und da gibt es eigentlich gar keine Wahl, denn dieses Unterfangen ist zwangsläufig spiritueller Prägung. Man handelt sich nur Fehlschläge ein, wenn man das außer Acht lässt.

Für einen Tibeter wäre es natürlich ein buddhistischer Altar mit Gegenständen, die für Körper, Lehre (Dharma) und Geist des Buddha stehen. Doch der Dalai Lama selbst betont immer wieder, dass es viele gangbare spirituelle Wege gibt. Deshalb könnte auf Ihrem Altar ebenso gut eine Darstellung Christi oder irgendeiner anderen Gestalt zu sehen sein, die Sie als Verkörperung Ihres höchsten spirituellen Ideals sehen.

Zentrum eines tibetischen Altars bildet so gut wie immer eine Buddhastatue (wobei ein Bild als vollwertiger Ersatz gilt). Rechts davon würde ein heiliger Text als Sinnbild des Dharma liegen, während links der Statue ein kleiner *Stupa* für den Geist des Buddha steht. (Ein Stupa ist ein rundes, häufig kuppelförmiges Bauwerk, vor der Besetzung Tibets überall im Land anzutreffen, meist in der Funktion von Wegschreinen.)
Für tibetische Mystiker besitzt solch ein Altar nicht nur symbolische Bedeutung. Nach ihrer Überzeugung wird der Buddha-Geist in die Gegenstände eingehen und ihnen eine ganz eigene Lebenskraft mitteilen. Wenn der Altar fertig ist, befinden Sie sich also in der Gesellschaft eines lebendigen Buddha und sollten sich entsprechend verhalten. Vielleicht möchten Sie Opfergaben darbringen, Blumen, Räucherwerk, brennende Kerzen oder Obst – alles kommt in Frage, was sauber, schön und angemessen ist. (In einer tibetischen Quelle wird sogar Schokolade als Opfergabe vorgeschlagen. Sollte der Buddha Ihre diesbezüglichen Vorlieben teilen, wird er nichts dagegen einzuwenden haben...)
Zur Meditation wird die in Tibet Vajra genannte Haltung empfohlen, sie entspricht der Lotoshaltung des Hatha-Yoga, bei der man so mit überkreuzten Beinen sitzt, dass die Fußgelenke auf den Oberschenkeln ruhen. Das ist für Asiaten, die das Sitzen mit übereinander geschlagenen Beinen gewohnt sind, relativ einfach. Aber für Westler ohne Yoga-Training kann diese Haltung äußerst schmerzhaft, wenn nicht völlig unmöglich sein. Zum Glück ist sie nicht zwingend vorgeschrieben. Wichtig ist, dass man den Rücken gerade hält (was einen Einfluss auf den Energiestrom im Körper hat), weshalb ein Stuhl als Ersatz dienen kann. Legen Sie die Hände im Schoß zusammen, die rechte über der linken und so, dass die Daumenspitzen sich berühren. Im ersten Schritt der inneren Vorbereitung wird Ruhe des Geis-

tes geschaffen. Nehmen Sie Ihre Sitzhaltung ein und konzentrieren Sie sich einige Minuten auf Ihren Atem. Lassen Sie den Atem ganz natürlich seinen Lauf nehmen, aber folgen Sie ihm innerlich über die ganze Länge: ein ... aus ... ein ... aus. Stellen Sie sich beim Ausatmen vor, dass Ihnen alle negativen und ablenkenden Gedanken als schwarzer Rauch entweichen. Beim Einatmen stellen Sie sich vor, dass Sie die Segenskraft aller höheren Wesen als reines weißes Licht in sich aufnehmen. Nach wenigen Minuten werden Sie merken, wie die Dinge des Alltags sich von Ihnen lösen und ruhige Gelassenheit einkehrt.

Für einen tibetischen Buddhisten besteht der nächste Schritt der Vorbereitung auf die Meditation stets in der so genannten Zufluchtnahme. Wenn Sie mit den Gebeten irgendeines buddhistischen Landes vertraut sind, werden Sie eine wiederkehrende Formel bemerkt haben: »Ich nehme Zuflucht zum Buddha, zum Dharma und zum Sangha.« Mit Dharma ist die Lehre des Buddha gemeint, der Sangha ist die buddhistische Gemeinschaft. Dieser Ausdruck – eigentlich eine Art Gebet – wird im Zuge der Vorbereitung auf die Meditation mit Inhalt gefüllt.

Man vergegenwärtigt sich lebhaft die Leiden in der Samsara-Welt, insbesondere in den niederen Bereichen, bis einem tatsächlich angst und bange wird. Wenn Sie die ganze Beklemmung so richtig spüren, stellen Sie sich vor, dass Sie selbst und alle Lebewesen Zuflucht suchen, während Sie das Gebet sprechen: »Ich und alle Lebewesen suchen Zuflucht bei Buddha, Dharma und Sangha, bis wir Erleuchtung finden.« Dieses Gebet ist mit voller Überzeugung dreimal, siebenmal, ja hundertmal oder noch öfter zu wiederholen, bis die Beklemmung nachlässt.

Wie so vieles in der tibetischen Mystik wird Zuflucht letztlich als etwas Geistiges gesehen, als etwas, das geistige Stärke vermittelt. Voraussetzung ist allerdings, dass man eine Reihe von

Verpflichtungen eingeht, zwölf insgesamt, die gleichsam den Hintergrund der Meditationspraxis bilden.

Als erstes verpflichtete man sich, Zuflucht weder bei Lehrern zu suchen, die den Lehren des Buddha widersprechen, noch bei samsarischen Gottheiten. Der erste Teil versteht sich für die meisten Tibeter, die ja buddhistischen Glaubens sind, mehr oder weniger von selbst. Aber der zweite Teil ist besonders interessant, und nicht nur für Buddhisten, sondern auch für Westler, die ja die buddhistische Weltsicht nicht unbedingt teilen. Es scheint darin angedeutet zu sein, dass manche Gottheiten – vielleicht sogar alle – ans Rad der Wiedergeburt gefesselt sind wie alle anderen Lebewesen. Damit ist nicht gesagt, dass diese Gottheiten (oder auch Lehrer, die dem Buddha widersprechen) keine Hilfe sein können – der Buddhismus gehört bekanntlich nicht zu den rechthaberischen Religionen; gemeint ist vielmehr, dass man sich von solchen Gottheiten und Lehrern nicht unbedingt die vollkommene Befreiung erwarten darf. (In diesem Zusammenhang sei noch einmal betont, dass Buddhisten den Buddha nicht als Gott ansehen. Ein Buddha wird als jemand verehrt, der Befreiung vom Samsara erlangt hat.)

Mit der nächsten Verpflichtung wird sich ein Westler wahrscheinlich schwerer tun als ein Tibeter. Sie lautet, dass jedes Bildnis des Buddha als ein wahrhaftiger Buddha zu sehen ist.

Die Frage bildlicher Darstellungen ist in allen abendländischen Offenbarungsreligionen ein hoch belastetes Thema. Jehova gebot seinem auserwählten Volk: »Du sollst dir kein Bildnis noch irgend ein Gleichnis machen, weder des, das oben im Himmel, noch des, was unten auf Erden, oder des, was im Wasser unter der Erde ist« (2. Mose 20, 4). Juden und Christen ignorieren diese Anweisungen unter Berufung auf den nächsten Vers, dem sie entnehmen, dass es nur um die *Anbetung* von Götzenbildnissen geht: »Bete sie nicht an und diene ihnen nicht. Denn ich, der Herr, dein Gott, bin ein eifernder Gott, der da heimsucht ...« In allen christlichen Kirchen findet man Darstellungen des Gekreuzigten, aber auch der Jungfrau Maria und anderer Heiliger. Der Islam verbietet jegliche bildliche Darstellung in den Moscheen und strenge Moslems halten auch ihr alltägliches Umfeld frei davon.

Im Buddhismus werden diese Dinge ganz anders gesehen. Hier gilt für die meisten, dass der Buddha-Geist, der bei Gautamas Tod natürlich nicht starb, sondern endgültig den Kreislauf von Geburt, Tod und Wiedergeburt hinter sich ließ, in allen Bildnissen des Buddha gegenwärtig ist und deshalb jedes zu einem lebendigen Buddha macht. Andere werden zumindest die Ansicht vertreten, dass Statuen und Bilder des Buddha den Geist des Betrachters in seine Richtung lenken und eine geistige Verbindung entstehen lassen. In beiden Fällen beinhaltet diese Verpflichtung, dass *jede* bildliche Darstellung des Buddha unabhängig von ihrem künstlerischen Wert als der Buddha selbst zu sehen ist und es daher segensreich ist, ihm zu opfern und sich vor ihm zu verneigen.

Mit der dritten Verpflichtung wird kaum jemand Schwierigkeiten religiöser Art haben. Sie besagt einfach, dass man anderen keinen Schaden zufügt. Diese Verpflichtung ist zwar negativ formuliert, aber tibetische Mystiker stellen sie gleich auf den Kopf und dann ist es die Selbstverpflichtung, zum Wohl anderer zu wirken. Wer mit dieser Praxis beginnt, soll sich erst einmal darauf konzentrieren, dass er gegenüber Angehörigen und Freunden weniger schädliche Gedanken (Hass, Rachegefühle, Neid und dergleichen) hegt, sondern sich um Wohlwollen bemüht.

Hat Ihr Herz sich erst einmal für die Menschen erwärmt, die Ihnen am nächsten sind, können Sie diese Einstellung nach und

nach auf immer mehr Menschen ausdehnen, bis Sie schließlich allen Lebewesen das gleiche Wohlwollen entgegenbringen. Auch diese Verpflichtung dient dem Zweck, bei der Meditation wichtige Einsichten zu ermöglichen – hier die Einschätzung der Bedeutung, die Liebe und Mitgefühl in unserem Leben haben.
Die nächste Verpflichtung bezieht sich auf die so genannten Drei Kostbarkeiten. Das sieht erst einmal ganz unkompliziert aus, denn die Drei Kostbarkeiten sind nichts anderes als die drei Orte der Zufluchtnahme: Buddha, Dharma und Sangha. Aber auch hier wird es bei genauer Betrachtung kompliziert, wie wir es bei tibetischen Vorstellungen ja schon gewohnt sind. Wenn wir uns die mystische Praxis im tibetischen Buddhismus ansehen, zeigt sich nämlich, dass die Drei Kostbarkeiten nicht einfach gedankliche Abstraktionen sind, sondern als tatsächliche Verkörperungen von Buddha, Dharma und Sangha auf einer subtilen Wirklichkeitsebene aufgefasst werden. Die Verpflichtung besteht also darin, einen Dharma-Text als die wirkliche Kostbarkeit des Dharma wahrzunehmen. Die Ehrfurcht vor dem Text bringt den Dharma selbst als wirkende Kraft ins Spiel. Hier steht das westliche Bewusstsein vor einem Problem und es wird deutlich, dass Tibeter die Natur des Geistes anders sehen als wir im Westen.
Die nächste Verpflichtung verlangt, dass man sich nicht von Menschen beeinflussen lässt, die die Lehre des Buddha ablehnen. Das ist keine Aufforderung, sich gegen andere abzuschotten. Vielmehr sind alle Buddhisten gehalten, Menschen anderen Glaubens weder abzulehnen, noch ihnen Liebe und Achtung zu verweigern. Ich würde vermuten, dass diese Verpflichtung auch nicht gegen ernsthafte philosophische Diskussionen spricht oder dagegen, dass man von anderen Traditionen lernt. Sie möchte verhindern, dass man sich unproduktive Gewohnheiten aneignet oder auf untauglichen Rat hört.

Im sechsten Schritt dieses Teils der Vorbereitungen verpflichten wir uns, ordinierte buddhistische Priester als Sangha-Kostbarkeit zu sehen. Auch das ist wieder etwas subtiler, als es auf den ersten Blick erscheinen mag. Die buddhistische Sicht hat nämlich wenig mit der bekannten römisch-katholischen Anschauung zu tun, die Kirche und ihre Geistlichkeit sei die einzige Autorität in spirituellen Dingen. Gespräche mit spirituellen Lehrern der tibetischen Tradition lassen erkennen, dass die Ehrerbietung gegenüber ordinierten Personen letztlich deren moralischem Lebenswandel gilt.

Im siebten Schritt verpflichten wir uns, die Zufluchtnahme zu den Drei Kostbarkeiten immer wieder zu vollziehen und uns dabei stets bewusst zu halten, was sie sind. Der Dharma wird manchmal mit einem Schiff verglichen, das die Menschheit über das aufgewühlte Samsara-Meer tragen kann; der Buddha ist in diesem Bild der Navigator und der Sangha die Besatzung. Diese Verpflichtung unterstreicht die Notwendigkeit, uns häufig und regelmäßig auf die spirituellen Dinge zu besinnen.

In diesem Sinne wirkt auch die achte Verpflichtung, ein wenig von allem, was wir essen oder trinken, den Drei Kostbarkeiten als dankbare Anerkennung ihrer Güte zu opfern. So werden wir ganz von selbst immer wieder an den spirituellen Pfad erinnert, zumal wenn noch Gebete dazu gesprochen werden, wie es in der tibetischen Praxis üblich ist. Für Tibeter geht alles Glück letztlich auf die Güte der Buddhas zurück, deren Barmherzigkeit die Menschen zu einem Handeln anleitet, das gutes Karma erzeugt und damit zu künftigem Glück führt. Da sich der Buddha-Geist aus ihrer Sicht außerdem in verschiedensten Formen manifestieren kann, sogar als nichtbuddhistischer Lehrer, sind sie der Überzeugung, dass allen Menschen die Mühen des Buddha zugute kommen, ob sie buddhistischen Glaubens sind oder nicht.

Die neunte Verpflichtung – anderen Menschen einfühlsam die Zuflucht zu Buddha, Dharma und Sangha ans Herz zu legen – scheint bei oberflächlicher Betrachtung etwas vom missionarischen Eifer christlicher Prägung zu haben. Im Buddhismus ist es jedoch nur als Rat und gegebenenfalls Hilfestellung gemeint, und niemand ist aufgerufen, andere gezielt oder gar aufdringlich zu bearbeiten. Wo Rat angebracht erscheint, gibt man ihn »ohne Überheblichkeit oder Ungeduld«.

Die zehnte Verpflichtung präzisiert eigentlich die siebte: Der Praktizierende erneuert seine Zufluchtnahme tagsüber mindestens dreimal und abends ebenfalls dreimal. Wie immer geht es darum, den Geist auf wichtige Einsichten vorzubereiten.

Im vorletzten Schritt verpflichten wir uns, alles, was wir tun, im vollen Vertrauen auf die Drei Kostbarkeiten zu tun. Mit diesem Schritt wird die spirituelle Praxis auf den Alltag ausgeweitet. Eine reine Sonntagsfrömmigkeit, die zum Rest der Woche im Widerspruch steht, käme für einen Tibeter nicht in Frage, auch aus rein praktischen Gründen nicht. Da nur der spirituelle Weg echten Nutzen erbringen kann, ist jedes andere Vorgehen gegenstandslos.

Die zwölfte Verpflichtung beinhaltet, dass wir uns niemals von den Drei Kostbarkeiten lossagen, nicht einmal um den Preis unseres Lebens. Buddhistische Lehrer werden nicht müde zu betonen, dass die Zufluchtnahme die beste Voraussetzung für echte spirituelle Entwicklung darstellt. Deshalb ist auch kein Preis zu hoch. Der Reinkarnationsglaube wirkt hier unterstützend. Ähnlich wie Moslems glauben, dass Märtyrer direkt ins Paradies gelangen, sind Buddhisten der Überzeugung, dass jemand, der lieber stirbt, als die Drei Kostbarkeiten aufzugeben, im Götterbereich wiedergeboren wird.

13 VORBEREITENDE GEBETE

Nach den Verpflichtungen kommen Sie nun zum nächsten Schritt der Vorbereitung auf Ihre Meditationspraxis. Dabei geht es um Gebete, die in einer ganz bestimmten Geistesverfassung gesprochen werden. Das erste dieser Gebete hat mit Ihren Motiven zu tun und lautet so:

Möge ich aufgrund der Verdienste, die ich durch Gebefreudigkeit und andere Formen rechten Handelns erwerbe, zum Wohl aller Lebewesen ein Buddha werden.

Wenn im Westen vom Buddha die Rede ist, denken wir meist nur an einen einzigen, nämlich den Buddha Gautama. Für Tibeter gilt dagegen, dass jeder Mensch – sogar Sie und ich – die Anlage besitzt, ein Buddha zu werden. Und auf dem Mahayana-Weg gibt es für den Wunsch, ein Buddha zu werden, einen Beweggrund, der besser ist als jeder andere: um anderen auf diesem Weg weiterhelfen zu können. Angesichts der menschlichen Natur ist das nicht gerade ein nahe liegendes Motiv; deshalb zielt die vorbereitende Praxis darauf, es durch bewusstes Bemühen zu erzeugen.

Auch die nächste Vorbereitung zielt auf bewusstes Herstellen einer bestimmten Geistesverfassung. Sie setzt sich aus vier Aspekten zusammen, die manchmal die »Vier Unermesslichen« genannt werden. Liebe, Mitgefühl, Freude und Gleichmut.

Unermessliche Liebe wird dadurch erzeugt, dass man allen Lebewesen Glück wünscht. Unermessliches Mitgefühl entsteht durch den Wunsch, alle Wesen mögen frei von Leiden sein.

Wenn man allen Lebewesen Befreiung vom Rad des Samsara wünscht, entsteht unermessliches Glück. Unermesslicher Gleichmut wächst heran, wenn man allen Lebewesen Freiheit vom Haften und von negativen Regungen wie Zorn, Hass und Neid wünscht. Solche Wünsche müssen natürlich echt empfunden sein und können nicht einfach als leeres Ritual ausgesprochen werden. Tibeter glauben aber, dass sie sich nicht unbedingt spontan einstellen müssen, sondern auch durch bewusstes inneres Bemühen erzeugt werden können. Hier das mit dieser Vorbereitung verbundene Gebet:

Mögen alle Lebewesen jetzt glücklich werden. Mögen sie alle frei von Leiden sein. Möge kein einziges von seinem Glück getrennt sein. Mögen alle von Hass und vom Haften frei sein und dadurch Gleichmut erlangen.

Die nächste Vorbereitung beinhaltet ein Visualisation und die dazu gesprochenen Worte sollen das innere Bild verankern. Die Visualisation, »Feld des Ansammelns von Verdienst« genannt, ist äußerst komplex, weshalb Neulingen geraten wird, sie stufenweise aufzubauen.
Die erste und mit Abstand wichtigste Stufe besteht darin, den Buddha im Zentrum eines weiten Raums vor sich zu visualisieren. Seien Sie sich der Tatsache bewusst, dass er von Bodhisattvas und heiligen Wesen umgeben ist, die Ihr Bemühen um Freiheit wohlwollend betrachten. (Ein Bodhisattva ist jemand, dem das Klare Licht erreichbar geworden ist, der aber aus Mitgefühl für die leidenden Wesen noch darauf verzichtet, in das Klare Licht einzugehen.) Versuchen Sie dem Bild nach und nach immer mehr dieser Wesen hinzuzufügen – etwa indem Sie den Kreis alle paar Sitzungen um eine oder zwei Gestalten erweitern –, bis Sie innerlich alle um den Buddha versammelt sehen

»wie Sterne um den vollen Mond«. Diese Meditation soll Bedingungen schaffen, die Ihnen erlauben, Verdienst anzusammeln. Die begleitenden Worte lauten:

Vor mir ist der lebendige Buddha, von allen Buddhas und Bodhisattvas umgeben wie der volle Mond von den Sternen.

An diese Visualisation schließt eine Übung an, die »Gebet aus sieben Gliedern« genannt wird. Es wird tatsächlich ein Gebet dazu gesprochen, wichtig sind in erster Linie aber Handlungen, die läuternd wirken und Verdienst ansammeln sollen.
Das erste Glied ist die Prostration oder Niederwerfung. Sie fällt Tibetern leichter als dem stolzen Individualisten des Westens. Dennoch, die volle körperliche Niederwerfung ist ebenso ein Zeichen der Achtung – hier vor den im Feld des Ansammelns von Verdienst visualisierten heiligen Wesen – wie Lobverse oder eine vertrauensvolle Haltung. Alle drei Formen der Achtungsbezeigung werden für diesen Teil der Übung empfohlen, aber wenn Sie zu alt oder zu steif sind oder aus irgendeinem anderen Grund keine volle Niederwerfung machen können, genügt es auch, wenn Sie die Hände auf der Höhe des Herzens vor der Brust zusammenlegen. Aber greifen Sie nicht ohne triftigen Grund zu diesem Ersatz; denken Sie daran, dass die volle Niederwerfung unseren Hochmut mindert und deshalb die Aussichten auf Befreiung verbessert.
Das zweite Glied besteht im Opfern. Davon war schon im Zusammenhang mit der Gestaltung eines Altars die Rede. Tibetische Mystiker, die eine andere Auffassung von Visualisation haben als wir im Westen, sind der Meinung, dass lebhaft vorgestellte Opfer genauso gern angenommen werden wie reale Opfergaben. Es bedarf aber des bewussten Bemühens, um etwas in der Imagination zu schaffen, was wirklich als angemessene

Opfergabe gelten kann. Lassen Sie Ihrer Fantasie freien Lauf, Sie sind hier nicht durch Ihr Bankguthaben eingeschränkt. Vielleicht möchten Sie einen herrlichen Araberhengst darbringen, einen Kristallbrunnen, ein Fläschchen kostbarsten Parfüms oder sogar, wie ein Lehrer angeregt hat, einen ganzen Kosmos. Aber nehmen Sie diese Anregungen nicht als Vorgaben oder gar Schablonen. Die heiligen Wesen brauchen Ihre Gaben nicht, aber indem Sie Ihre ganz eigenen Gaben erschaffen, sammeln Sie für sich selbst Verdienst an und setzen nebenbei auch noch in sich etwas in Bewegung, was einem eventuellen Hang zur Kleinlichkeit entgegenwirkt.

Das nächste Glied ist das Selbstbekenntnis, das äußerlich eine gewisse Ähnlichkeit mit der katholischen Beichte oder mit der Selbsterforschung im Rahmen einer Psychotherapie hat, aber nicht in die gleiche Richtung zielt. Man sucht hier nicht Vergebung – eines Gottes, eines Menschen, an dem man schlecht gehandelt hat, oder auch die eigene; man sucht auch nicht Linderung psychischer Symptome, sondern hofft auf diese Weise den Geist zu läutern.

Deshalb besteht der erste Schritt dieses Bekenntnisses in der Betrachtung karmischer Zusammenhänge. Sie werden dabei schnell merken, dass Sie sich in der Vergangenheit auf allerlei Aktionen eingelassen haben, die Sie nicht gerade mit Stolz erfüllen. Unter karmischen Gesichtspunkten werden Ihnen die Konsequenzen solcher Aktionen bewusst werden. Und das wiederum weckt den Wunsch, das Negative an Ihrem Handeln zu bereinigen und dadurch den sonst unausweichlichen karmischen Folgen zu entgehen.

Das Bekenntnis beginnt mit dem Eingeständnis der Fehler, die in Ihren Handlungen lagen und die Sie jetzt wirklich bedauern. Dieses Bedauern ist jedoch, wie tibetische Mystiker sagen würden, etwas anderes als Schuldgefühle, die als negative Regung gesehen werden. In Schuldgefühlen suhlt man sich eigentlich nur, sie drehen sich im Kreis und führen nirgendwo hin, sondern stehen positiven Veränderungen eher im Wege. Ein Bedauern ist dagegen im Kern der Wunsch, den Geist von allem Negativen zu befreien, insbesondere vom schlechten Karma früherer Fehler.

Wenn dieser Wunsch wach wird, bekennen Sie Ihre Fehler den Wesen, die Sie im Feld des Ansammelns von Verdienst visualisiert haben, und sichern sich so deren Unterstützung und Segen bei dem Bemühen, Ihr Karma zu läutern. Das Bekenntnis sollte von dem festen Entschluss begleitet sein, frühere Fehler nicht zu wiederholen.

Das Bekenntnis ist selbst schon eine Reinigung, aber vor allem schafft es die Voraussetzungen, unter denen man durch künftiges Handeln nicht nur gutes Karma erzeugen, sondern auch das angesammelte schlechte tilgen kann.

Das vierte Glied ist Freude am Guten. Das dürfte für westliche Praktizierende besonders interessant sein, die es gewohnt sind, das Gute als freudlose Tugend zu sehen, die Selbstbeherrschung und Verzicht verlangt. Für den lächelnden Tibeter ist Tugend bei ihm selbst und anderen ein Grund zur Freude. Das trägt schon sehr erheblich zum Abbau von Neid und Konkurrenzdenken bei, was wiederum den Vorrat an Verdiensten deutlich aufstocken kann. Manche tibetischen Mystiker meinen, die Freude an der Tugend anderer könne für sich allein schon eine hoch wirksame spirituelle Praxis sein.

Das fünfte Glied besteht darin, dass Sie die heiligen Wesen in Ihrem Feld des Ansammelns von Verdienst anrufen, immer bei Ihnen zu bleiben. Dieses so einfache und nahe liegend erscheinende Gebet hat ein paar subtile Implikationen. Sie räumen damit zum Beispiel ein, dass Ihre Spiritualität auf unsicheren Beinen steht und Sie die Hilfe und Stütze derer brauchen, die vor Ihnen den Weg gegangen sind. Die meisten Tibeter gehen davon aus, dass jeder von uns einen Geistführer hat, der uns helfen soll, den guten Weg durch dieses und weitere Leben zu gehen. Das kann der Buddha selbst oder ein Bodhisattva oder ein anderes hoch entwickeltes Wesen sein, vielleicht auch eine Gottheit. Er oder sie wird jedenfalls eine der Gestalten im Feld des Ansammelns von Verdienst sein und mit Ihrer Anrufung bekräftigen Sie Ihren Entschluss, Ihre Verbindung mit der spirituellen Wirklichkeit nie wieder abreißen zu lassen.

Die Bitte um den Dharma, die Worte des Buddha, bildet das sechste Glied. Solch eine Bitte scheint für Tibeter überflüssig zu sein, die ja von Geburt an praktisch im Dharma aufwachsen, vielleicht sogar für westliche Menschen, die sich intensiv mit buddhistischen Schriften auseinander gesetzt haben. Dennoch sehen tibetische Mystiker dieses sechste Glied als wichtig an, denn die Bitte ist eine karmische Handlung, die mit dafür sorgt, dass die buddhistischen Lehren in der Welt bleiben. Das hat seinen Nutzen für die Allgemeinheit, ist aber selbst von einem ganz eigennützigen Standpunkt aus (zu dem Sie natürlich nicht ermuntert werden) positiv zu sehen, da Sie auf diese Weise sicherstellen, dass der Dharma auch für Sie selbst in künftigen Leben als Leitlinie verfügbar sein wird.

Das siebte und letzte Glied besteht in der Zueignung des mit der Praxis erworbenen Verdienstes. Was das bedeutet, wird erst klar, wenn man sich den Standpunkt der tibetischen Mystik vergegenwärtigt. Nach westlicher Moralvorstellung genügt etwas Verdienstvolles sich selbst: Man tut das Richtige, eben weil es richtig ist. Für den durchschnittlichen Tibeter ist Verdienst aber Mittel zum Zweck, meist möchte man sich damit eine günstige Wiedergeburt sichern. Der tibetische Mystiker jedoch sieht den einzigen wahren Nutzen von angesammeltem Verdienst darin, dass es dem Streben nach Erleuchtung dient.

Jetzt wird deutlich, weshalb es so wichtig ist, das Gute, das Ihre Meditation möglicherweise hervorbringt, nicht dem samsarischen Ziel einer angenehmen Wiedergeburt zu widmen, sondern dem letzten und höchsten Ziel der Erleuchtung für einen selbst und alle anderen. Es geht also um Sammlung und Ausrichtung Ihrer Intention.

Das Gebet, das die sieben Glieder zusammenfasst, folgt diesem Muster:

> *Demütig werfe ich mich mit Körper, Rede und Geist nieder.*
> *In diesem Bereich und den inneren Welten bringe ich Opfergaben dar.*
> *Ich bekenne meine schlechten Taten aus Leben ohne Zahl.*
> *Seht meine Freude an allem Guten, das sich in der Welt zeigt.*
> *Und bleibt, indem ihr für alle Wesen das große Dharma-Rad andreht, als meine Führer und Lehrer bei mir, bis Samsara endet.*
> *Alles Verdienst, das ich durch meine Meditation ansammle, widme ich der Erleuchtung aller Lebewesen.*

Die nächste vorbereitende Übung nach diesem Gebet der sieben Glieder ist so typisch tibetisch, dass sie wohl kaum in einem anderen Land hätte entstehen können. Sie wird »Mandala-Opfer« genannt.

»Mandala« ist wie bereits gesagt ein aus dem Sanskrit übernommener Begriff, der einfach »Kreis« bedeutet. Im Westen war es Carl Gustav Jung, der den Begriff einem breiten Publikum bekannt machte, als er in seinen Publikationen mandalaähnliche Zeichnungen präsentierte, die einige seiner Patienten spontan aufs Papier brachten. Nach Jungs Auffassung standen diese Zeichnungen für das Bemühen des bewussten Ich, unbewusstes Material zu integrieren; daher seien sie ein wichtiger Schritt für den Individuationsprozess, um den sich das Denken Jungs und seiner Schule drehte. Doch unabhängig von solchen Deutungen war die therapeutische Wirkung des Mandalazeichnens jedenfalls klar zu erkennen. Offenbar besteht ein tiefer Zusammenhang zwischen der Grundstruktur dieser Symbole und der des menschlichen Geistes.

Im hinduistischen und buddhistischen *Tantra* sind Mandalas jedoch symbolische Diagramme, die zu Ritualen und bei der Meditation verwendet werden. Ein Mandala ist als Abbildung des Universums gemeint und stellt, wie wir in einem früheren Kapitel erwähnt haben, einen heiligen Raum dar, in dem sich Gottheiten manifestieren können und universale Kräfte gesammelt werden. Wenn wir uns geistig in ein Mandala hineinbegeben und uns auf seine Mitte zu bewegen, durchlaufen wir die kosmischen Prozesse von Zerstörung und Wiederaufbau.

Um das Mandala für diese Vorbereitung auf die Meditation zu erzeugen, stellen Sie sich zunächst vor, dass Sie eine riesige goldene Scheibe in den Händen halten, die als Basis des eigentlichen Mandalas dienen wird. In der Mitte der Scheibe visualisieren Sie den hoch aufragenden Berg Meru.

In der tibetischen (und natürlich hinduistischen) Mythologie ist der Meru ein goldener Berg, der im Zentrum des Universums steht und die Achse der Welt bildet: Er reicht so tief in die Unterwelt, wie er sich über die Erde erhebt. Er ist der Wohnsitz der Götter und die hohen Himalajaberge sind seine Ausläufer.

In Ihrer Visualisation soll der Meru von vier Kontinenten in Form von Inseln umgeben sein, Sonne und Mond stehen hoch über seinem Gipfel. Hinter den Kontinenten können Sie sich alles Reine und Schöne dieser Welt in vollkommener Harmonie vorstellen.

Das Mandala-Opfer als Vorbereitung auf die Meditation ist die symbolische Verwandlung des ganzen Universums in das Reine Land des Buddha, das in dieser Form in das Feld des Ansammelns von Verdienst eingeht.

(In einem bedeutenden buddhistischen Sutra wird die Geschichte von Amitabha erzählt, der in einer weit zurückliegenden Inkarnation als Mönch vom einundachtzigsten Buddha über die Herrlichkeiten der Buddha-Länder unterwiesen wurde. Er war davon so berührt, das er gelobte, sein eigenes Buddha-Land zu schaffen, das einundachtzigmal besser sein sollte als alle anderen. Und wenn dieses Land entstanden sei, werde es allen Lebewesen offen stehen, die seinen Namen anrufen. Das Sutra fügt hinzu, man müsse außerdem Verdienst ansammeln und nach Erleuchtung streben.)

Das Gebet zum Mandala-Opfer lautet so:

> *Meine Welt ist von Duftessenzen benetzt und mit Blüten übersät: der große Meru, die vier Länder, die Sonne, der Mond, die Buddhas Reines Land bilden und als dieses Reine Land dargebracht werden. Mögen alle Wesen die Freude dieser Reinen Länder finden.*

Zur Vervollständigung des Opfers bringen Sie symbolisch alles dar, was Ihr Haften an der Samsara-Welt verstärkt: Ihr Eingenommensein von materiellem Besitz, Ihre Liebe zum Geld, der Stellenwert, den Arbeit und Konkurrenzdenken in Ihrem Bewusstsein haben, sogar die Menschen, mit denen Sie (im positiven oder negativen Sinne) viel verbindet. Im buddhistischen Denken gibt es drei Grundgifte – Anhaftung, Ablehnung und Verblendung. Alles, was in Richtung dieser drei Gifte wirkt, soll in der Vorstellung in Reines und Freudiges verwandelt und so den Drei Kostbarkeiten dargebracht werden. Das schwächt die Grundlage, auf der solche verblendeten Anhaftungen sich bilden. Zu diesem Teil des Opfers werden folgende Worte gesprochen:

Ohne ein Gefühl von Verlust opfere ich alles, was mein Haften, meine Ablehnung und meine Verblendung schürt: Freunde, Feinde und Fremde, Beziehungen der Liebe, des Hasses und des Vergnügens, Körper und Geist. Nehmt diese Gaben an und gewährt mir euren Segen, damit ich von allem Haften, aller Ablehnung und aller Verblendung frei werde.

Der letzte Teil der Vorbereitung besteht darin, dass Sie gläubiges Vertrauen bekunden. Nach dem Mandala-Opfer führen Sie Ihre Visualisation weiter und stellen sich vor, dass sich alle Buddhas und Bodhisattvas in Ihrem Feld des Ansammelns von Verdienst über Sie freuen und lächeln. Nun visualisieren Sie, wie ganze Ströme von reinem Licht und Nektar vom Herz-Chakra des zentralen Buddha auszustrahlen beginnen. Fühlen Sie, wie dieser Strom durch den Scheitelpunkt Ihres Kopfes in Sie eingeht und den Körper mit strahlender Glückseligkeit erfüllt.

Seien Sie dabei ganz sicher, dass Ihre Visualisation wirklich einen Kanal für spirituelle Energien geöffnet hat und es sich bei dem, was Sie hier erleben, keineswegs um »bloße Einbildung« handelt. Sie empfangen wirklich einen Segen des Buddha, der Ihren Geist läutern wird, der alles aus dem Weg räumen wird, was tiefe Meditationserfahrung und damit tiefe und wichtige Einsichten verhindern könnte.

Was Sie hier über die Vorbereitungen gelesen haben, kann Ihnen erst einmal den Eindruck geben, Sie stünden vor einem Berg von Aufgaben. Das liegt jedoch vorwiegend daran, dass sie einem Nicht-Tibeter (und vermutlich Nicht-Buddhisten) relativ umständlich erklärt werden müssen. Sobald Ihnen vertraut geworden ist, um was es hier geht, werden Sie mühelos und schnell durch diese Vorbereitungen gehen können. Sie leiten auf ganz natürliche Weise die Phase ein, die Ihren Geist, wie Sie sehen werden, klar, positiv und kraftvoll macht.
Sie sind jetzt bereit für die Meditation.

14 Meditation

Zunächst muss Klarheit darüber bestehen, dass der Begriff »Meditation« auf sehr verschiedene Dinge angewendet wird. Im Westen meinen wir mit dem Begriff manchmal einfach disziplinierte geistige Tätigkeit oder intensive Auseinandersetzung mit einem bestimmten Thema. In Tibet werden zwei Grundtypen von Meditation unterschieden: analytische und kontemplative Meditation.
Analytische Meditation kommt dem westlichen Verständnis nahe: Der Geist wird anhaltend auf einen bestimmten Gedankengang ausgerichtet, der ein konkretes Thema oder einen Text von meist spiritueller Natur zur Grundlage hat. Das ist in der tibetischen Tradition so gut wie immer der Dharma, also die Lehre des Buddha.
Deshalb beginnt die analytische Meditation nicht mit der Meditation selbst, sondern zunächst hört oder liest man die bud-

dhistischen Lehren. Bei der anschließenden Meditation trachtet man diese Lehren zu erforschen, das heißt, genau zu verstehen, was sie beinhalten und für unser Leben bedeuten.

Kontemplative Meditation schließt sich oft ganz natürlich an die analytische Meditation an. Man wählt einen bestimmten Aspekt des Dharma und sammelt sich ausschließlich darauf, sodass er einem immer vertrauter wird, bis sich eine Einsicht eröffnet oder eine positive Geistesverfassung eintritt. Das Gleiche lässt sich erreichen, wenn man ein spirituelles Objekt oder eine Person zum Gegenstand der meditativen Betrachtung macht. Ein Tibeter wird auch hier so gut wie immer etwas wählen, was eine Beziehung zum Buddhismus hat.

Am Ende Ihrer Meditation sollten Sie visualisieren, dass sich die heiligen Wesen in Ihrem Feld des Ansammelns von Verdienst in reines weißes Licht verwandeln, das durch das Scheitel-Chakra in Ihren Körper eintritt. Diese Visualisation, die so lebhaft wie möglich sein soll, kann für sich allein von tiefer Wirkung auf Ihren Geist sein. Das können Sie noch fördern durch die Vorstellung, dass Sie mit dem Buddha eins werden. Das Verschmelzen mit dem Buddha-Bewusstsein ist ein spiritueller Impuls, der Sie auf dem Pfad der Befreiung und Erleuchtung voranbringt.

Jede Meditationssitzung soll mit einem Zueignungsgebet abgeschlossen werden, in dem Sie alles durch Ihre Meditation erzeugte Verdienst dem Glück und der Befreiung aller Lebewesen widmen. Ihr Gebet kann ungefähr folgenden Wortlaut haben:

Alles, was ich möglicherweise durch meine Meditation angesammelt habe, widme ich hiermit allen Lebewesen. Mögen auch sie Gelegenheit finden, den Dharma zu praktizieren. Ich bete darum, dass sie alle Glück erfahren mögen und bald Erleuchtung finden, sodass die Ketten des Samsara endgültig gesprengt werden können.

Wenn Ihre Lebensumstände es zulassen, dass Sie sich ganz der spirituellen Praxis widmen, können Sie Ihren Fortschritt in Richtung Erleuchtung durch vier Meditationssitzungen an jedem Tag beschleunigen – die erste am frühen Morgen, die zweite am späten Vormittag, die dritte am späten Nachmittag und die vierte spät abends zur Vorbereitung des Geistes auf den Schlaf.

Wenn Sie aber viele samsarische Verpflichtungen haben, können Sie auch mit einer einzigen Sitzung pro Tag viel erreichen, wenn Sie nur regelmäßig meditieren. Wenige Minuten, dafür an jedem Tag, sind besser als stundenlange Sitzungen in unregelmäßigen Abständen. Wenn nur eine einzige Sitzung pro Tag möglich ist, eignet sich für Anfänger vielleicht der Morgen am besten, weil der Geist dann noch frisch ist und die Erfordernisse des Tages noch nicht ganz von ihm Besitz ergriffen haben. Später, wenn die Sache Ihnen geläufig geworden ist, können Sie versuchen, Ihre Meditation auf den Abend zu verlegen. Tibeter glauben, dass die abendliche Meditation den Geist empfänglich für Einsichten im Schlaf macht oder ihn befähigt, Verdienst anzusammeln. Für Anfänger ist es jedoch häufig so, dass der Versuch einer abendlichen Meditation sie in den Schlaf versetzt, bevor sie richtig zum Meditieren kommen – und damit ist natürlich nichts gewonnen.

Wie viel Zeit Sie für eine Meditationssitzung aufwenden, ist teils Ihre eigene Entscheidung, teils von den Umständen abhängig. Viele tibetische Lehrer empfehlen für den Anfang eine halbe Stunde, man kann sich im Laufe der Zeit bis auf zwei Stunden steigern, wenn die Umstände es zulassen. Oft ist es

gut, an mehreren aufeinander folgenden Tagen über den gleichen Gegenstand zu meditieren, weil man dabei zu immer tieferen Einsichten kommt.
Der Kanon buddhistischer Texte enthält sicherlich genügend Material, um Ihnen ein Leben lang Stoff für die Meditation zu liefern. Buddhisten sagen, es reiche für etliche Leben. Im Normalfall wird man bei der Auswahl der Meditationsgegenstände Anfangs vom Guru beraten. Sollten Sie noch keinen Guru gefunden haben, können Sie sich für den Anfang an eine Auswahl von Themen für die Meditation halten, die Geshe Kelsang Gyatso für seine Meditationsklausuren zusammengestellt hat. (Ich betone aber noch einmal, dass es wirklich nur ein *Anfang* ist; Meditation ist ein »Lebenswerk« und Sie werden weitaus mehr Anleitung benötigen, als Sie hier oder in irgendeiner anderen einzelnen Quelle finden können.) Diese Auswahl ist besonders für Anfänger geeignet, die sich für den tibetischen Weg interessieren, und enthält unter anderem die folgenden vier Punkte:

1. IHR SPIRITUELLER FÜHRER
Wie wir schon erwähnt haben, sind Tibeter in spirituellen Dingen nicht dafür, sich allein durchzukämpfen. Sie sehen einen qualifizierten spirituellen Führer als eine der wichtigsten Voraussetzungen des spirituellen Fortschritts. »Qualifiziert« bedeutet in diesem Zusammenhang nicht, dass jemand sich akademisch mit dem Gegenstand befasst hat. Qualifiziert ist jemand, der auf dem spirituellen Weg schon weit gekommen ist (und möglicherweise keinerlei Zertifikate vorzuweisen hat).
Bei dieser Meditation geht es darum, sich klar zu machen, wie vorteilhaft es ist, einem spirituellen Führer folgen zu können.

Lassen Sie das, was Sie als Nutzen erkennen, intensiv und lange genug auf sich wirken, bis in Ihnen der Entschluss reif wird, sich rückhaltlos diesem Führer anzuvertrauen. Bleiben Sie während Ihrer Meditationssitzung so lange wie möglich auf diesen Entschluss ausgerichtet.

Es sollten während der Meditationssitzung (und danach) keine negativen Gedanken über Ihren Führer aufkommen, denn solche Gedanken schwächen Ihr Vertrauen. Wenn solche Gedanken trotzdem auftauchen, gilt wie bei allen Formen tibetischer Meditation, dass man sie nicht unterdrückt, sondern einfach nicht beachtet (oder »loslässt«, wie Tibeter sagen würden). Der Versuch, einen Gedanken zu unterdrücken, macht ihn nur stärker. Gedanken, die bei der Meditation einfach ignoriert werden, verblassen wieder.

(Dies bleibt eine gute Anfangsmeditation, auch wenn Sie Ihren spirituellen Führer noch nicht gefunden haben. Die Betrachtung der Vorteile eines spirituellen Führers wird Ihnen die Entschlusskraft geben, jemanden zu suchen, der Ihnen helfen kann.)

2. DER WERT EINES MENSCHENLEBENS

Hier geht es wohlgemerkt nicht um den Wert menschlichen Lebens, obgleich das natürlich in diesen Zeiten auch ein Thema von erheblichem Gewicht wäre. Die Formulierung »Wert eines Menschenlebens« stellt gleich den buddhistischen Zusammenhang her: Konzentrieren Sie sich für den analytischen Teil Ihrer Meditation darauf, was für ein glücklicher Umstand es ist, als Mensch und nicht beispielsweise als Tier oder hungriger Geist geboren worden zu sein.

Von da aus können Sie weitere Gesichtspunkte einbeziehen, namentlich Ihre persönlichen Lebensumstände. Vielleicht sehen Sie Ihr Leben als elend und armselig, doch immerhin wurde Ihnen die Chance gegeben, den Dharma zu praktizieren. Schon die Tatsache, dass Sie dieses Buch lesen, trägt – wie geringfügig auch immer – zu dieser Erkenntnis bei.

Verweilen Sie in der Betrachtung der aufsteigenden Erkenntnisse, bis Sie ein tiefes und echtes Gefühl dafür bekommen, wie wertvoll Ihr Leben als Mensch für die Möglichkeit der spirituellen Praxis ist. Versuchen Sie dieses Gefühl dankbarer Wertschätzung so lange wie möglich im Brennpunkt Ihrer Aufmerksamkeit zu halten.

Wenn Sie so weit gekommen sind, möchten Sie Ihre Meditation vielleicht noch um eine zweite Phase erweitern und sich die Vorzüge der Dharma-Praxis vergegenwärtigen. (Im ersten analytischen Teil haben Sie einfach den Wert Ihres Lebens als Mensch unter dem Gesichtspunkt der *Chance* zur Dharma-Praxis betrachtet. Hier geht es jetzt um den Wert der Dharma-Praxis selbst.)

Lassen Sie die aufsteigenden Einsichten auf sich wirken, bis Sie den Entschluss fühlen, der Dharma-Praxis Vorrang in Ihrem Leben zu geben und nicht einen einzigen kostbaren Augenblick zu vergeuden. Verweilen Sie auch bei diesem Entschluss, solange es Ihnen während der Meditationssitzung möglich ist.

3. DER TOD

Der Gedanke der Vergänglichkeit gehört zum Kernbestand der buddhistischen Lehre, kann aber nur durch bewusstes Bemühen wirklich verstanden werden, weil er unserem alltäglichen Weltbild so gar nicht entspricht. Wir sehen die Außenwelt gern als fest gefügt und im Wesentlichen unveränderlich; sie wird immer für uns da sein und wir räumen ihr den höchsten Stellenwert ein. Vielleicht leuchten uns die buddhistischen

Grundsätze intellektuell ein, doch die Dinge der Welt, an denen wir so sehr hängen – Macht, Reichtum, gesellschaftlicher Stand, sexuelle Anziehung, Sicherheitsstreben oder auch einfach die Notwendigkeit, unseren Lebensunterhalt zu verdienen –, weichen den Wunsch, uns der Dharma-Praxis zu widmen, immer wieder auf.

Vor dieser Schwierigkeit stehen mehr oder weniger alle, aber sie muss überwunden werden, wenn es wirklich um Erleuchtung und Befreiung oder auch nur eine günstige Wiedergeburt gehen soll. Die beste – vielleicht sogar die einzige – Möglichkeit, das zu erreichen, besteht nach Auffassung tibetischer Mystiker darin, dass wir zutiefst erfahren, wie vergänglich und damit eigentlich wertlos all die Dinge sind, die wir für so besonders erstrebenswert halten. Dahin kommen wir auf einem für Westler vielleicht besonders schwierigen Weg: durch die Meditation über den Tod. Es wird gut sein, Ihre Analyse gleich bei der vollen Wahrheit ansetzen zu lassen, dass Sie eines Tages sterben werden. Das wissen wir zwar alle, aber eigentlich nur vom Kopf her. Überlegen Sie, wie anders alles für Sie wäre, wenn Ihr Arzt Ihnen morgen mitteilen würde, dass Sie Krebs haben und nichts mehr zu machen ist. Doch eigentlich bestätigt solch eine Diagnose eigentlich nur die Tatsache Ihrer Sterblichkeit, die schon Ihr Leben lang bestanden hat.

Wenn Sie sich ganz klar vergegenwärtigt haben, dass Sie irgendwann sterben werden, können Sie den nächsten Schritt tun und sich sagen, dass dieses Ereignis keineswegs erst im hohen Alter eintreten muss. Es könnte heute sein. Sie könnten, was der Himmel verhüten möge, sterben, bevor Sie diesen Abschnitt zu Ende gelesen haben.

Wer sich dem Gedanken des Todes so stellt, der weiß um seine eigene Vergänglichkeit und folglich um die Vergänglichkeit der Dinge dieser Welt, die so wichtig erscheinen. Sie können diese

Einsicht noch festigen, indem Sie sich intensiv vergegenwärtigen, dass Sie heute noch sterben könnten. (Manche Lehrer empfehlen tatsächlich, während dieser Meditation immer wieder die Worte »Ich könnte heute sterben« zu sprechen.)
Sie werden sich anstrengen müssen, aber irgendwann wird diese Einsicht zur Gewissheit, und mit dieser Gewissheit ändert sich die geistige Haltung. In dem Wissen, dass jeder Augenblick Ihren Abschied von dieser Welt bedeuten könnte, werden Sie sich mehr und mehr von den Notwendigkeiten und Annehmlichkeiten des äußeren Lebens lösen und neue Prioritäten zulassen: tiefes und echtes Engagement für den Weg zur Erleuchtung und Befreiung.

4. KARMA

Der Konflikt von Freiheit und Bestimmung, der weite Bereiche der abendländischen Philosophie prägt, ist im tibetischen Buddhismus elegant gelöst. Ihre Person und Ihre Lebensumstände sind Ihnen nach den uralten Lehren des Dharma in der Tat bestimmt... aber durch die Ausübung Ihres freien Willens in der Vergangenheit. Ihre Taten, Worte und Gedanken in diesem Leben und einer langen Folge früherer Inkarnationen machen zusammen Ihr Karma aus, das mit vollkommener Eindeutigkeit bestimmt, wo Sie *jetzt* stehen. Aber zugleich haben Sie darin auch das Instrument, mit dem Sie selbst gestalten können, was und wo Sie in der Zukunft sein werden.
Ihre Karma-Analyse könnte vielleicht hier ansetzen, indem Sie zum Beispiel die Reinkarnationslehre betrachten, aber vor allem sollten Sie die gar nicht so komplizierten psychologischen Prozesse zu erfassen versuchen, mit denen wir unser Schicksal selbst gestalten. Machen Sie sich dies bitte klar: Wenn wir Unannehmlichkeiten aus dem Weg gehen, die in der Natur

einer Sache liegen – etwa dann, wenn es bei Dingen, die nicht in Ordnung sind, Stellung zu beziehen gilt –, laufen wir Gefahr, uns damit noch größere Unannehmlichkeiten aufzuhalsen. Spüren Sie den Ursachen und Wirkungen nach: den Gedanken, die zu Überzeugungen führen, den Überzeugungen, die Handlungen nach sich ziehen, welche wiederum auf innere Prozesse zurückwirken und Stress, Streit und Unglück erzeugen.

So wird Ihnen irgendwann klar werden, dass richtiges Handeln eher Glück und inneren Frieden hervorbringt, sogar kurz- und mittelfristig.

Verweilen Sie in der Betrachtung solcher Einsichten und Sie werden schließlich von der Wahrheit des Karma überzeugt sein und ungute Gedanken, Worte und Handlungen in Zukunft meiden. Das ist für sich genommen ein wichtiger Teil der Dharma-Praxis, der Ihr Vorankommen auf dem Weg zur Freiheit enorm fördert.

15 MANTRA

Eines der wichtigsten Instrumente der tibetischen Mystik ist das Mantra, das aus einer einzigen Silbe oder einer mehr oder weniger langen Silbenfolge bestehen kann und dem spirituelle Kraft zugeschrieben wird. Viele Mantras, vielleicht sogar die meisten, haben keine unmittelbar nachvollziehbare Bedeutung auf der sprachlichen Ebene, gelten aber trotzdem als eine Art Destillat spiritueller Weisheit. Das Wichtige an einem Mantra ist aber nicht sein Inhalt, sondern seine Wirkung. Es wird auf eine bestimmte Wirkung hin verwendet und entweder hörbar intoniert oder innerlich gesprochen. Die Wiederholung eines Mantras kann die Meditation unterstützen oder selbst eine Meditation beziehungsweise Gegenstand der Meditation sein. Bevor wir uns jedoch diesem Thema zuwenden, bleibt festzuhalten, dass die Tibeter eine Tradition des Umgangs mit Schallphänomenen besaßen, für die es im modernen Westen keine Entsprechung gibt.

So existieren Berichte von einer geheimnisvollen tibetischen Schalltechnik, die zwar nicht in ihrer Gesamtheit, aber immerhin in faszinierenden Überresten bis ins 20. Jahrhundert überlebt hat. Hauptquelle dieser Berichte ist das 1961 erschienene Buch *Försvunnen teknik* des Schweden Henry Kjellson. Ich habe bisher keine englische Ausgabe des Buches ausfindig machen können, aber 1974 erschien eine dänische Ausgabe, an der sich der britische Autor Andrew Collins für seine eigene Darstellung solcher Phänomene orientierte (siehe Literaturverzeichnis).

Und Kjellson hatte wirklich Faszinierendes mitzuteilen. Er erzählte von einem schwedischen Arzt, der einfach Jarl genannt wurde und in den dreißiger Jahren des vorigen Jahrhunderts von einem tibetischen Freund eine Einladung erhielt, ein südwestlich der Hauptstadt Lhasa gelegenes Kloster zu besuchen. Während seines Aufenthaltes wurde er einmal zu einer steilen Felswand mitgenommen. In etwa 250 Meter Höhe erkannte er einen Höhleneingang und davor ein breites Sims, auf dem Mönche damit beschäftigt waren, eine Mauer aus Steinblöcken zu errichten.

Das war sicherlich keine leicht zu erreichende Baustelle. Der einzige Zugang zur Höhle bestand offenbar aus Seilen, an denen die Mönche sich vom oberen Rand der Felswand herabließen. Jarl konnte nirgendwo Hebewerkzeuge für die Steinblöcke ausmachen, aber ungefähr so weit von der Basis der Felswand entfernt, wie der Höhleneingang über ihr lag, sah er eine große flache Mulde im felsigen Grund und dahinter eine beträchtliche Anzahl von Mönchen. Ihm fiel auf, dass etliche von ihnen große Trommeln oder lange Hörner trugen.

Jarl sah zu, wie ein Mönch mittels eines mit Knoten versehenen Maßbandes dreizehn Trommeln und sechs Hörner in einem Viertelkreis um die Steinmulde positionierte. Hinter jedem Instrument stellten sich zehn Mönche in einer Reihe auf, und drei weitere Mönche stellten sich in die Mitte des Kreisbogens. Der mittlere von ihnen hatte eine kleine, um den Hals gehängte Trommel, die beiden äußeren standen neben großen, an Holzgestellen aufgehängten Trommeln, flankiert von Mönchen, die drei Meter lange Hörner hielten. Dahinter waren weitere an Gestellen hängende Trommeln zu erkennen, zwei davon die größten, die Jarl je gesehen hatte. Weiter nach außen im Kreisbogen wechselten sich Trommeln und Hörner ab. Alle Trommeln waren an einer Seite offen und mit dieser offenen Seite auf die Mulde ausgerichtet.

Auf einem von einem Yak gezogenen Schlitten wurde ein großer Steinblock zur Mulde transportiert, wo mehrere Mönche ihn vom Schlitten hoben und in die Vertiefung legten. Jetzt begann der Mönch in der Mitte des Kreisbogens zu rezitieren und die kleine Trommel zu schlagen. Die Hörner nahmen den Rhythmus auf, dann die größeren Trommeln, und das Tempo wurde nach und nach schneller, bis für Jarl ein durchgehender Ton zu hören war.

Das ging drei, vier Minuten so und dann schien der Steinblock anzufangen zu wackeln. Im gleichen Augenblick begannen die Mönche ihre Instrumente ganz langsam nach oben zu drehen. Der Stein hob sich wie von dem Ton getragen und beschrieb eine bogenförmige Bahn bis zum Höhleneingang hoch oben in der Felswand. Als er über dem Sims war, brach der Ton plötzlich ab, und der Stein fiel polternd zu Boden, um sogleich in die

Mauer eingebaut zu werden. Dann wurde ein weiterer Steinblock mit dem Yakschlitten herantransportiert.

Kjellson berichtet von weiteren Fällen von Levitation mittels Schall und zitiert dazu einen österreichischen Filmemacher namens Linauer, der in den dreißiger Jahren ein abgelegenes Kloster in Tibet besucht hatte. Ihm wurde dort ein riesiger Gong gezeigt, um dessen aus Gold bestehenden Mittelteil Reifen aus Eisen und Messing gelegt waren. Daneben ein zwei Meter langes und einen Meter breites Saiteninstrument, dessen Saiten über eine offene Schale gespannt waren. Es war wie der Gong aus drei verschiedenen Metallen gefertigt. Es war so groß und schwer, dass es einen Holzunterbau benötigte.

Gong und Saitenschale wurden zusammen mit zwei großen Schirmen verwendet, die in einem Winkel um die Instrumente aufgestellt waren. Wurde der Gong angeschlagen, gerieten die Saiten des anderen Instruments durch Resonanz in Schwingung und die Schirme lenkten den Klang auf einen großen Steinbrocken. Als der Gong mehrmals angeschlagen worden war, konnte ein Mönch den Stein, der sonst viel zu schwer gewesen wäre, mit einer Hand heben. Die Mönche gaben an, vor langer Zeit habe man mit solchen Instrumenten Schutzmauern »um ganz Tibet« gebaut. Außerdem gebe es ähnliche Vorrichtungen, mit deren Klängen man Stein sprengen und Materie verflüchtigen könne. Das mag sehr weit hergeholt klingen, doch der britische Biologe und Schriftsteller Lyall Watson (siehe Literaturverzeichnis) erzählt von einer Begebenheit in Frankreich, die auf ganz ähnliche Phänomene, aber in unserer Zeit, schließen lässt.

Watson berichtet von einem Professor der Ingenieurwissenschaften, der an wiederkehrenden Anfällen von Übelkeit litt, wenn er in seinem Institut in Marseille arbeitete. Das wurde so schlimm, dass er schon daran dachte, seinen Posten aufzugeben.

Was ihn davon abhielt, war der Verdacht, es müsse an irgendetwas in seinem Arbeitsumfeld liegen. So begann er zu forschen. Zuerst dachte er an chemische Ursachen. Zur damaligen Zeit (Anfang der 1970er Jahre) waren Probleme mit der Zusammensetzung bestimmter Baumaterialien und Reinigungsmittel bekannt geworden. Die Tests auf wahrscheinliche Störungsursachen verliefen jedoch ergebnislos. Dann forschte Professor Gavraud auch nach eher exotischen Stoffen und sogar nach radioaktiven Quellen, fand aber nichts. Als er gerade aufgeben wollte, kam ihm der Zufall zur Hilfe. Als er sich einmal an eine Wand seines Büros im obersten Stockwerk des Gebäudes lehnte, spürte er ein leichtes Vibrieren. Schnell wurde ihm klar, dass der ganze Raum von einer sehr niederfrequenten so genannten Infraschallschwingung erfüllt war.

Bei der Suche nach dem Ursprung dieser Schwingung stieß er auf die zentrale Klimaanlage auf dem Dach eines Nachbargebäudes. Unglückseligerweise war sein Arbeitsraum von seinen Abmessungen und von seiner Distanz zur Störungsquelle her der ideale Resonanzkörper für das Aggregat der Klimaanlage nebenan. Und dessen Grundrhythmus, sieben Schwingungen pro Sekunde, machte ihn krank.

Die Entdeckung faszinierte Gavraud natürlich. Um das Phänomen weiter erforschen zu können, beschloss er eine Apparatur zu bauen, die Infraschall erzeugen konnte. Bei der Suche nach vorhandenen Vorbildern für solch eine Maschine stieß er auf die gewöhnliche Polizeipfeife, die alle Gendarmen bei sich tragen und die, wie Gavraud feststellte, ein ganzes Spektrum niederfrequenter Töne erzeugt. Nach diesem Modell baute er eine fast zwei Meter lange Polizeipfeife, die mit Pressluft betrieben werden sollte.

Beim ersten Test, den ein Techniker durchführte, bewahrheitete sich die tibetische Anschauung von der Zerstörungskraft des

Schalls auf dramatische Weise. Unmittelbar nach dem ersten Pressluftstoß in die Pfeife brach der Techniker zusammen. Erste medizinische Untersuchungen ergaben, dass er auf der Stelle tot gewesen sein muss. Bei der Obduktion stellte sich heraus, dass seine inneren Organe sich praktisch aufgelöst hatten.
Trotz dieser Tragödie führte Gavraud seine Experimente weiter, jetzt aber mit größter Vorsicht. Den nächsten Test nahm er im Freien vor und die Beobachter waren dabei in einem Betonbunker geschützt. Der Presslufthahn wurde sehr langsam geöffnet und trotzdem ließ der Schall alle Fenster im Umkreis von Hunderten von Metern zu Bruch gehen.
Gavraud fand bald heraus, wie der Schalldruck zu regulieren war, und er begann mit wesentlich kleineren Schallgeneratoren zu arbeiten. Außerdem stellte er fest, wie man den Schall gezielt auf bestimmte Objekte lenken kann. Zwei Schall-»Strahle« vermochten ein Gebäude aus einer Entfernung von bis zu sechs Kilometern zu zerstören.
Gavrauds Experimente bestätigen also, was die Tibeter über die Zerstörungskraft des Schalls sagen, aber schwer einzusehen bleibt nach wie vor, wie Schall das Gewicht schwerer Gegenstände reduzieren oder gar massive Steinblöcke levitieren soll. Es scheint jedoch, dass auch diese Behauptung nicht gänzlich ohne Bestätigung ist.
Der amerikanische Erfinder John Ernst Worrell Keely (1827-1898) galt eigentlich immer schon als Betrüger, aber neuere wissenschaftliche Untersuchungen konnten nicht nur kein Betrugsmotiv entdecken, sondern lassen erkennen, dass manche seiner Erfindungen vielleicht doch brauchbar sind.
Sollte Keely kein Betrüger gewesen sein, und das ist der für uns relevante Punkt, dann sprechen etliche seiner Apparaturen dafür, dass man mit Schall doch, wie die Tibeter behaupten, das Gewicht von Gegenständen beeinflussen oder sie sogar levitie-

ren kann. Keely war besessen von dem Gedanken, die Schwerkraft zu überwinden. 1881 behauptete er, für einen Kunden in Kalifornien eine geheime Vorrichtung erfunden zu haben, mit dem sich schwere Gewichte heben ließen. Wie viele andere Ingenieure seiner Zeit beschäftigte er sich mit der Entwicklung von Flugmaschinen. Er dachte dabei jedoch nicht an den Vortriebflug, den wir heute kennen; er ging bei seinen Überlegung auch nicht von den aerodynamischen Möglichkeiten von Vogelschwingen aus. Er legte vielmehr ein Prinzip zu Grunde, das er »Schwingungsauftrieb« nannte, und scheint dabei eine Art schallgetriebene Levitation im Sinn gehabt zu haben.

Er demonstrierte seinen Schwingungsauftrieb immer wieder. Im Frühjahr 1890 ließ er damit das knapp vier Kilogramm schwere Modell eines Luftschiffs aufsteigen und stellte dazu die Behauptung auf: »Wenn mein System vervollkommnet ist, wird sich jedes Luftschiff, wie viele Tonnen es auch wiegen mag, leicht wie eine Distelflocke in die Luft erheben können.« Der amerikanische Schriftsteller und Theosoph R. Harte schilderte, wie Keely »eine gewisse Kraft in einen Eisenzylinder leitete«, der etliche Zentner wog, und ihn danach mit einem Finger zu heben vermochte. Keelys Förderin, Mrs. Bloomfield-Moore, gab an, er habe ein 500-PS-Aggregat mit Hilfe seiner Levitationsgeräte in seiner Werkstatt umgestellt. Eine Zeitung in Philadelphia brachte eine Geschichte, nach der ein Augenzeuge gesehen haben wollte, wie Keely eine über 2500 Kilogramm schwere Eisenkugel schweben ließ – vielleicht dieselbe, die man nach seinem Tod unter seiner Werkstatt fand.

Besser bezeugt ist ein Experiment, bei dem Keely gewöhnliche Handelsgewichte im Wasser schwimmen ließ, indem er die Saiten eines an eine Harfe erinnernden Instruments zupfte. Aus dem Jahr 1893 gibt es den Bericht des stellvertretenden Direktors der Illinois Watch Company, nach dem Keely schwere

Stahlkugeln durch die Luft schweben ließ, »indem er einfach eine Mundorgel ungewöhnlicher Art spielte«. Der Bostoner Wissenschaftler Alfred H. Plum will gesehen haben, wie Keely allein mit verschiedenen auf einer Trompete gespielten Tönen Maschinen bewegte und Metallkugeln im Wasser schwimmen ließ.

All das könnte dafür sprechen, dass es die Schall-Levitation, wie sie aus Tibet berichtet wird, tatsächlich gibt. Aber Keelys Ruf bleibt problematisch. Auch wenn kein Betrugsmotiv gefunden werden konnte, sein Verhalten gibt zu Argwohn Anlass. Wenn er wirklich massenhaft die unglaublichsten Gerätschaften erfunden hat, wie er behauptete, weshalb hat er dann nur ganz wenige Patente angemeldet (was übrigens auch ein ständiger Zankapfel zwischen ihm und den Anteilseignern an seiner Firma war)?

Zum Glück sind die Aussagen seiner Zeitzeugen, die vielleicht mit cleveren Tricks hereingelegt wurden, nicht alles, was uns zur Verfügung steht, um die Aussagen über Schall-Levitation im alten Tibet zu beurteilen. Wie ich in einem anderen meiner Bücher (*A Secret History of Ancient Egypt*, London: Piatkus, 2000) dargestellt habe, scheint diese alte Kunst in Tibets Nachbarland Indien noch lebendig zu sein – oder zumindest in so naher Vergangenheit gewesen zu sein, dass es noch lebende Augenzeugen gibt.

Die heute verwitwete und in der Nähe von Bath lebende Engländerin Patricia (Paddy) Slade unternahm 1961 mit ihrem Ehemann Peter eine Indienreise. Während eines Aufenthalts in Poona bekamen sie von einem Freund den Tipp, sich eine besonders interessante religiöse Zeremonie anzusehen, die in der Stadt stattfinden sollte.

An der Zeremonie waren elf Priester in weißen Gewändern beteiligt – und ein Felsbrocken, dessen Gewicht Paddy Slade

auf vierzig Tonnen schätzte. Die Priester umrundeten den Stein unter rituellen Gesängen. Bei der elften Umrundung brach der Gesang ab, die Priester legten jeder einen Finger an den Stein und hoben ihn zusammen bis auf Schulterhöhe. So hielten sie ihn knapp eine Minute lang und setzten ihn dann wieder ab.
Um zu demonstrieren, dass hier keine Tricks im Spiel waren, forderten die Priester die Umstehenden auf, das Ganze zu wiederholen. Paddy Slade war eine der Freiwilligen, die sich meldeten. Wie zuvor die Priester umrundeten sie den Stein unter Gesängen. Dann kam der Versuch, ihn zu heben. Zu ihrem grenzenlosen Erstaunen hob er sich so leicht wie zuvor bei den Priestern. Es scheint also, dass wir die Berichte von Schalltechnik in Tibet doch ernst nehmen müssen und dass diese Technik zumindest teilweise bis heute überlebt hat. Alexandra David-Néel erzählt (in *Bandits, Priests and Demons*, Den Haag: Sirius & Siderius, 1988) von ihrer Begegnung mit einem »Meister des Klanges« in einem Bön-Kloster.
Während der Vorbereitung auf eine Zeremonie entstand ein Tumult, als ein Mann den Raum betrat und lauthals zu schimpfen begann, als er von den Mönchen aufgefordert wurde, sich zu entfernen. Der Bön-Lama nahm eine Ritualglocke zur Hand, die Chang genannt wird, und erzeugte damit einen Schwall furchtbar disharmonischer Töne. Der Mann prallte förmlich zurück, schrie auf und machte sich schnellstens davon.
David-Néel ging ihm nach und erfuhr von ihm, aus dem Chang sei eine »Feuerschlange« gekommen. Andere Zeugen sagten, sie hätten zwar keine Feuerschlange, aber Lichtblitze aus der Glocke kommen sehen. Sie selbst hatte nichts gesehen.
Später befragte sie den Bön-Lama darüber und er teilte ihr mit, die Zeugen hätten einfach die Kraft des Banns gesehen, den er mit Hilfe des Chang geschleudert hatte. (Der dabei verwendete Ausdruck lautet *Gzungs*; er bezeichnet eine magische Formel

und beinhaltet zugleich die Vorstellung, dass etwas ergriffen oder gepackt wird.) Der Lama ließ auch durchblicken, dass Laute Formen, ja sogar Wesen erzeugen können. Als er die Glocke für sie noch einmal anschlug, war kein Misston zu hören, sondern ein außerordentlich »melodiöser« Klang.

In Klöstern der buddhistischen und der Bön-Tradition spielen Klänge eine große Rolle bei der spirituellen Praxis. Praktisch jeder noch lebendige Tempel besitzt sein eigenes »Orchester«, dessen Zweckbestimmung sich jedoch von dem westlicher Orchester unterscheidet. Hier geht es nicht um Musik, sondern um bestimmte Klangkombinationen, die Meditation und ähnliche Praktiken unterstützen sollen.

Es scheint überdies eine direkte Verbindung zum menschlichen Körper zu bestehen. 1983 wurde in den Niederlanden ein Stück aufgeführt, das auf elektronischer Verstärkung von Körpergeräuschen wie dem Herzschlag oder dem Rauschen des Blutstroms in den Adern basierte. Unter den Zuhörern befand sich der Autor und Weltreisende Erik Bruijn, der sich intensiv mit den Gebräuchen in tibetischen Tempeln auseinander gesetzt hatte. Ihm fiel sofort auf, wie ähnlich die Geräuschkulisse des Stückes dem war, was er in Tibet gehört hatte. Bis zum Ende der Aufführung war er zu dem Schluss gelangt, dass ein tibetisches Tempelorchester eben dazu da ist, Laute hervorzubringen, wie sie im menschlichen Körper auf natürliche Weise entstehen.

Die gebräuchlichste Form, Klänge zur Unterstützung der Meditation zu nutzen, ist das Mantra, mit dem sich nebensächliche und störende Gedanken »abschütteln« lassen. Selbst ein ganz einfaches Mantra wie die Silbe OM kann, innerlich oder stimmlich wiederholt, gute Dienste für die Konzentration tun; sie kann bei entsprechend veranlagten Menschen sogar eine Trance induzieren. Noch wirksamer ist die Verwendung eines »zirkulären« Mantras wie des OM MANI PADME HUM, das in Indien entstand und als wesentlicher Bestandteil buddhistischer Praxis schließlich nach Tibet gelangte, wo es eine leichte Abwandlung seiner Lautgestalt erfuhr: OM MANI PEME HUNG.

Das OM MANI PEME HUNG (das hier und da mit »OM Juwel im Lotos HUM« übersetzt wird, obgleich die Wortbedeutung für die Mantra-Praxis unwesentlich zu sein scheint) soll mit sonorer Stimme und kontinuierlich intoniert werden, sodass das ausklingende HUNG gleich wieder in das nächste OM übergeht – daher der Ausdruck »zirkuläres« Mantra. Wenn Sie das stimmlich einüben, bis es eine gleichmäßige Wellenbewegung geworden ist, werden Sie schnell merken, wie es die Meditation stabilisiert und den Geist auf den jeweiligen Meditationsgegenstand ausrichtet. Wenn Sie nach einiger Zeit mit dieser Praxis vertraut geworden sind, haben Sie den klanglichen Ablauf des Mantras so weit verinnerlicht, dass Sie es auch stumm rezitieren können und es trotzdem die gleiche Wirkung hat.

Praktisch jedes zirkuläre Mantra ist mehr oder weniger deutlich von dieser Wirkung. Sie haben sicher schon erlebt, wie schwer es sein kann, den Refrain eines Popsongs wieder aus dem Kopf zu bekommen – aber bei einem Mantra geht es um weitaus komplexere und zugleich subtilere Dinge.

Zunächst einmal wird das OM in Tibet wie in Indien als die Grundschwingung des Universums angesehen. (Was auch immer es mit dem OM auf sich haben mag, jedenfalls *gibt* es offenbar eine Grundschwingung der Erde, eine Resonanz, die die Wissenschaftler erst gegen Ende des zwanzigsten Jahrhunderts entdeckten.) Anderen mantrischen Lauten werden dagegen bestimmte konkrete Wirkungen zugeschrieben. Das entspricht der Überzeugung tibetischer Mystiker, dass es in jeder spirituellen Praxis ein Wechselspiel von Körper, Rede und Geist geben muss.

Die Rolle des Körpers ist durch Stellungen, Niederwerfungen, Opferungen (bei denen die Opfergaben berührt werden müs-

sen) und *Mudras* (besondere Hand- und Fingerstellungen, denen Einfluss auf die Energiekanäle des Körpers zugeschrieben wird) gegeben.
Der Geist ist durch die Visualisation heiliger Wesen (siehe voriges Kapitel) und durch die Erzeugung mentaler Äquivalente der physischen Opfergaben involviert. Alle Techniken der tibetischen Mystik gehen von der Überzeugung aus, dass nur unser Geist die Kräfte mobilisieren kann, die den visualisierten Wesen und den Opfergaben entsprechen. Ohne Beteiligung des Geistes bleiben religiöse Rituale leere Gebärde.
Das dritte Prinzip, Rede, haben wir in den Gebeten und in der Intonation des Mantras (das kann in bestimmten Fällen ein und dasselbe sein). Tibetische Mystiker sagen, dass sie mit Hilfe bestimmter Mantras erstens ihre Visualisationen leichter hervorbringen und zweitens deren Verwandlung von bloßen Bildern in reale Wesen bewirken können. Andere Mantras sind dazu da, materielle Opfergaben in ihre feinstofflichen Entsprechungen und damit in eine den Empfängern angemessene Form zu überführen. Es gibt auch Mantras, die speziell dazu da sind, den Geist in seiner Sammlung auf schwierige Gegenstände zu unterstützen. Einige Mantras können, wie wir schon gesehen haben, zur Klärung des Geistes vor und während der Meditation beitragen. Die energetischen Grundlagen tibetischer Mantra-Praxis sind dem westlichen naturwissenschaftlichen Denken fremd, aber in der religiösen Praxis durchaus präsent und erfahrbar. Die Bibel enthält deutliche Hinweise auf die schöpferische Kraft von Lauten, zum Beispiel im Johannesevangelium, wo es heißt: »Im Anfang war das Wort, und das Wort war bei Gott, und Gott war das Wort« (1,1); und etwas später: »Und das Wort ward Fleisch und wohnte unter uns, und wir sahen seine Herrlichkeit, eine Herrlichkeit als des eingeborenen Sohnes vom Vater, voller Gnade und Wahrheit« (1,14).

Auch das Wort »Amen« am Ende eines Gebetes könnte mantrische Wirkung besitzen. Es wird meist auf hebräische Ursprünge zurückgeführt und mit »So sei es« übersetzt, aber es gibt daneben auch die Auffassung, es habe etwas mit der altägyptischen Obergottheit Amen zu tun (andere Transliterationen des Namens lauten Amun, Amon oder Ammon). Sollte diese Ableitung richtig sein, dann könnte der Gebrauch des »Amen« in Judentum, Christentum und Islam mehr mit tibetischer Mantra-Praxis zu tun haben, als den Gläubigen bewusst ist.

Mantrische Kraft ist erfahrbar, zum Beispiel wenn man Popmusik hört. Die rhythmische Wiederholung einer bestimmten Wortfolge – die in sich selbst ziemlich unsinnig sein kann, wie zahllose Beispiele belegen – ist von spürbarer und sichtbarer Wirkung auf die Zuhörer. Sensible Menschen reagieren so auch auf lyrische Werke, die uns mitunter weit mehr ergreifen, als die vordergründige Bedeutung der Worte zu rechtfertigen scheint. Der Humanist, Romancier und Lyriker Robert Graves behauptete sogar, echte Lyrik sei daran zu erkennen, dass sich einem die Nackenhaare aufstellen.

Auf höheren Stufen der Meditation wird ein tibetischer Mystiker zunächst das Aufhören aller Verstandestätigkeit anstreben – »den Geist in nichts aufgehen lassen«, wie es John Blofeld, ein Kenner der Materie und einer der frühen Übersetzer des chinesischen *I Ging*, ausgedrückt hat. Dann wird er mit einem geeigneten Mantra die Kraft oder Wesenheit aus der Leere hervorrufen, mit der er verschmelzen möchte. Rhythmus und Intonation hat er in der Regel von seinem Guru gelernt, da sie dem Mantra in seiner schriftlichen Form nicht unbedingt anzusehen sind. Man kommt aber auch durch eigene Versuche zu befriedigenden Ergebnissen, wenn auch mit erheblichem Zeitaufwand.

Die Wiederholung eines sinnlos erscheinenden Mantras (das kann in der traditionellen Praxisform über tausendmal in einer einzigen Sitzung sein) mag dem durchschnittlichen westlichen Leser abwegig erscheinen, aber es spricht doch einiges dafür. Manche sagen, dass ein Mantra gerade wegen seiner Bedeutungslosigkeit wirksamer ist als beispielsweise ein Gebet. Ein Gebet hat eine Bedeutung und diese kann die Aufmerksamkeit allzu sehr binden. Bei einem Mantra dagegen kann die Konzentration sich auf das richten, was jenseits des Klanges ist – eben weil die Worte ohne Bedeutung sind. Deshalb kann ein Mantra die Meditation sehr wirkungsvoll unterstützen.

16 LEERER GEIST

Mit dem endlosen Geplapper in unserem Kopf sind wir sicher alle bestens vertraut. Wir reden ständig, zumindest innerlich und mit uns selbst, und das beginnt am Morgen beim Aufwachen und geht weiter bis zu dem Augenblick, in dem wir abends einschlafen. Und wenn Sie sich genau beobachten, werden Sie feststellen, dass es sogar im Traum weitergeht. James Joyce hat eben dies in seinem berühmten Roman *Ulysses* präzise abgebildet und die Literaturkritik benutzt seither den Ausdruck »Bewusstseinsstrom« dafür. Für manche ist der verbale Bewusstseinsstrom praktisch das einzige, was sie an geistiger Aktivität kennen. Einige glauben sogar, er sei zusammen mit gelegentlichen Tagträumen das Ganze des Geistes – was zugegebenermaßen nicht die Auffassung der westlichen Psychologie ist. Ganz sicher ist es nicht die Auffassung tibetischer Mystiker. Irgendwann in ferner Vergangenheit begannen sich die Mystiker im Himalaja für Rand- und Zwischenbereiche zu interessieren, diese eigenartigen Räume, in denen sich Fremdartiges zuzutragen scheint: Im Randbereich zwischen Wachzustand und Schlaf – im Westen spricht man von hypnagogen Zuständen – hören viele Menschen Stimmen oder machen halluzinatorische Erfahrungen; und in der Wildnis zwischen menschlichen Siedlungen sollen sich Geister bevorzugt aufhalten.

Der wichtigste Randbereich ist für Tibeter jedoch die Lücke zwischen zwei Gedanken. Es gibt einen Augenblick, wie flüchtig er auch sei, in dem ein Gedanke zu Ende ist und der nächste noch nicht begonnen hat. Das ist für tibetische Mystiker der winzige Spalt, an dem sie ihre »Werkzeuge« ansetzen, um sich das wunderbare Erlebnis zu erschließen, das »Meditation des leeren Geistes« genannt wird.

Für eine Meditation, der so weit reichende und tiefe Wirkungen zugeschrieben werden, erscheint dies erstaunlich simpel. Halten Sie sich jeden Tag eine halbe Stunde für die Praxis frei. Suchen Sie sich eine Stelle, an der Sie ungestört und mit geradem Rücken sitzen können. Yoga-Praktizierende sagen mit Recht, eine Haltung mit überkreuzten Beinen wie die Lotos- oder die Vollkommene Haltung beeinflusse das Energiesystem so, dass es einem leichter falle, innerlich ruhig zu werden. Für alle, denen eine solche Haltung zu unbequem oder zu schmerzhaft oder aus irgendeinem Grund nicht möglich ist, tut es ein Stuhl mit gerader Rückenlehne auch.

Machen Sie die vorbereitenden Übungen, wie sie bereits dargestellt wurden, und nehmen Sie sich dann ein paar Augenblicke Zeit, um den Körper zu entspannen. Schließen Sie die Augen halb und richten Sie den leicht gesenkten Blick auf einen Punkt vor sich am Boden. Dann beginnen Sie mit dem Zählen der Atemzüge, immer von eins bis zehn.

Atemkontrolle ist wie die Haltung ein wesentlicher Aspekt des Hatha-Yoga und man darf von ihr ebenfalls einen tiefen Einfluss auf den Geist erwarten. Das Schöne an der tibetischen Meditation ist aber, dass sie keinerlei Atemkontrolle verlangt – nur *Beobachtung* des Atems. Sie verfolgen also Ihr erstes Einatmen und zählen es als »eins«, dann atmen Sie aus und zählen »zwei«. Das nächste Einatmen ist »drei« und so geht es weiter, bis Sie beim Ausatmen »zehn« erreichen. Danach beginnen Sie wieder mit »eins«.

Sie brauchen Ihren Atem weder tiefer werden zu lassen noch überhaupt in irgendeiner Weise zu beeinflussen. Verfolgen Sie einfach die Atemzüge und zählen Sie – ein Ablauf, der in sich selbst beruhigend wirkt. Nach einiger Zeit wird das Zählen automatisch und geschieht von da an im Hintergrund. Versuchen Sie beim Zählen zu bleiben und sonst nichts zu tun.

Das wird Ihnen als Neuling natürlich nicht gelingen. Sie mögen noch so entschlossen sein, bei diesem simplen Zählen zu bleiben, es werden sich doch bald wieder andere Gedanken einschleichen. Das ist zu erwarten und daher kein Anlass zur Sorge. Sie haben nichts weiter zu tun, als einfach zu vermerken, dass Sie abgelenkt worden sind, um dann zur Zählung der Atemzüge zurückzukehren.

Wenn Sie ein Mensch sind, der gern systematisch vorgeht, könnte es angebracht sein, über Ihre Meditationssitzungen Buch zu führen. Notieren Sie die Uhrzeit, die Dauer der Sitzung und alles, was an Ablenkungen oder Problemen und dergleichen erwähnenswert erscheint. An solchen Aufzeichnungen können Sie auch Ihre Fortschritte – oder das Ausbleiben von Fortschritten – abmessen. Aber achten Sie darauf, dass keine zu starke Zielorientierung entsteht: längere, tiefere, bessere Meditation. Das »Ziel« der Meditation ist die Meditation selbst.

Wenn Sie diese einfache Übung regelmäßig machen, wird sich ihr Nutzen bald erweisen. Schon nach wenigen Wochen werden Sie mehr geistige Klarheit an sich bemerken. Sie werden insgesamt ruhiger sein und weniger zu negativen Gedanken und Gefühlen neigen. Das sollte Sie reichlich für den gar nicht so großen Aufwand entschädigen. Aber man kann, wie die Tibeter sagen, noch weiter gehen.

Sobald die Meditation Ihnen zur Gewohnheit geworden ist, werden Sie vielleicht den Antrieb spüren, den leeren Geist selbst kennen zu lernen, und das ist in der Tat kaum schwieriger als das Zählen der Atemzüge.

Da es sich hierbei um eine spirituelle Praxis handelt – zumindest bleibt zu hoffen, dass es dazu wird –, könnte am Anfang irgendein kleines Opfer stehen, etwa in der Form eines Gebetes, eines Versprechens, einer Zueignung; oder Sie zünden einfach für das spirituelle Ideal Ihres persönlichen Glaubens einen Räucherkegel an. Als Christ könnten Sie Ihr Opfer Jesus oder Gottvater oder einem/einer Lieblingsheiligen darbringen. Als Muslim würden Sie sich natürlich an Allah wenden.

Bei Buddhisten wird das Opfer immer eine dreiteilige Form aufweisen: für Buddha, Dharma und Sangha. Beim Opfer für den Buddha vergegenwärtigt man sich die Erleuchtung Gautamas und macht sich erneut klar, dass Erleuchtung wirklich möglich ist und das Streben danach sich lohnt. Beim Opfer für den Dharma bekräftigen wir, dass die Wahrheit der Lehren unser Leben mit Sinn erfüllt hat. Und mit dem Opfer an den Sangha erbitten wir die Hilfe aller Anhänger des Buddha für unseren Weg zu höherer Einsicht. Hier kann die Erneuerung unseres Entschlusses anschließen, nicht nur um unserer selbst willen, sondern zur Befreiung aller Lebewesen nach Erleuchtung zu streben.

Unabhängig von der Bedeutung, die Sie diesem Ihrer Meditation des leeren Geistes vorausgehenden Opfer beimessen, besitzt es eine interessante psychologische Wirkung: Es lockert Ihre tief sitzenden Vorstellungen vom Leben, von der Welt und von der Natur der Wirklichkeit ein wenig.

Nach dem Opfer nehmen Sie Ihre gewohnte Meditationshaltung ein und wenn eine Haltung der Empfänglichkeit entstanden ist, beginnen Sie wieder mit dem Bobachten – diesmal aber nicht der Atemzüge, sondern Ihrer Gedanken. Wenn Sie bis jetzt die Meditation des Zählens geübt haben, wird Ihnen bereits aufgefallen sein, dass die Gedanken offenbar nicht von Ihnen erzeugt werden, sondern von selbst in den Randbereichen Ihres Bewusstseins auftauchen und Ihnen dann in assoziativen Verknüpfungen gleichsam durch den Sinn schweben.

Versuchen Sie Ihre Gedanken einfach zu betrachten, ohne sich in sie verwickeln zu lassen. Das kann anfangs schwierig sein, da viele Gedanken emotional aufgeladen sind. Sie können sich trotzdem den nötigen Freiraum verschaffen, wenn Sie sich sagen, dass nach der Meditation Zeit sein wird, sich mit den Dingen des täglichen Lebens abzugeben.

Gedanken, die nicht weiter beachtet werden, verabschieden sich bald wieder. Gewiss, nur zu schnell tritt wieder ein anderer an die Stelle und dann der nächste, aber seien Sie geduldig, beobachten Sie einfach. Irgendwann werden Sie diese so wichtige Randzone wahrzunehmen beginnen – den Freiraum zwischen den Gedanken.

Zuerst wird das nur wie ein Aufblitzen sein, kurz, aber schon verlockend. Je mehr Übung Sie bekommen, desto häufiger treten diese Lücken auf und werden dann auch breiter. Dann werden Sie sie in Ruhe und genau betrachten können. Tibetische Mystiker sagen, dass man dabei direkt in das Klare Licht blickt. Und gerade in den Randzonen zwischen den Gedanken sei das wahre Wesen unseres Geistes zu finden, das, worauf die gegenständliche Wirklichkeit ruht.

Diese unbekümmerte Gleichsetzung von Geist und Wirklichkeit ist mit westlichen Vorstellungen überhaupt nicht zu vereinbaren, denn hier gilt es zwischen dem Subjektiven und dem Objektiven zu unterscheiden – das eine innerlich, selbst erzeugt und kurzlebig, das andere äußerlich, eigenständig und dauerhaft.

Es könnte jedoch sein, dass unsere westliche Sicht nicht ganz richtig ist und die Lehren der tibetischen Mystik die tatsächlichen Verhältnisse besser abbilden.

Von »Synästhesie« sprechen wir, wenn bei der Aktivierung eines unserer Sinne zugleich ein anderer mit ins Spiel gebracht wird und wir zum Beispiel den Klang von »Rot« hören oder »Sonntag« riechen können. Solche Sinnesüberschneidungen können auch vielschichtiger werden, sodass sich jedes Wort mit einer Oberflächenstruktur, einem Ton, einer Farbe verbindet oder jede Note einer musikalischen Darbietung ihren eigenen Geschmack und Geruch annimmt. Mitunter spielen sogar halluzinatorische Elemente hinein. Für manche Menschen schweben Zahlen an bestimmten Stellen im Raum, oder ein bestimmter Wochentag scheint irgendwie rechts von ihnen, ein anderer links zu sein.

Lange Zeit galten Synästhesien als seltene Abweichungen von der Normalität, ungefähr so wie das Hören von Stimmen. Aufgrund neuerer Forschungen steht heute fest, dass sie weder unnormal noch selten ist. Wenn jemand eine Farbe hören kann, lässt sich mit Bild gebenden Verfahren zeigen, dass sowohl der visuelle Kortex als auch das Hörzentrum des Gehirns aktiv sind. Diese Menschen hören tatsächlich die Farben, sie bilden es sich nicht nur ein.

Dem Phänomen scheint etwas zu Grunde zu liegen, was einer übergreifenden Verkabelung von eigentlich getrennten Schaltkreisen entspricht. In einem normalen Gehirn, so wurde bisher angenommen, sind die Zentren der Verarbeitung von Sinnesdaten ganz getrennt. Bei synästhetisch veranlagten Menschen sind manche oder alle neuronal miteinander verschaltet. So können Sinnesempfindungen auf andere Bereiche »durchschlagen« und die Welt wird anders wahrgenommen.

Die Untersuchungen haben nun ergeben, dass synästhetische Begabung viel weiter verbreitet ist als bisher angenommen – aber meist mit so geringer Intensität, dass die Betroffenen selbst es kaum wahrnehmen. Vielleicht gehören Sie auch dazu. Wenn Sie die Stimme Ihres Lieblingssängers schon einmal als »dunkelbraun« erlebt haben, könnte das mehr sein als eine Metapher; vielleicht sind zwei ganz verschiedene Bereiche Ihres Gehirns involviert.

Die Bedeutung dieser Erkenntnisse für die tibetische Sicht des Bewusstseins und der Wirklichkeit liegt darin, dass Synästhesie keine Krankheit ist, sondern einfach eine besondere »Verkabelung« des Gehirns, die für manche Menschen eine etwas andere Welterfahrung mit sich bringt als für die übrigen.

Manche dieser Erfahrungen – zum Beispiel dass Zahlen einen bestimmten Ort im Raum haben – sind allerdings nicht nach allgemein gültigen Kriterien als real zu bezeichnen, da wir übrigen »wissen«, dass Zahlen nicht irgendwo herumschweben. Bedenken wir aber, dass dieses Wissen ausschließlich von unseren Sinneseindrücken abgeleitet ist und die wiederum ganz von der »Verkabelung« in unserem Gehirn abhängt. Wer keine schwebenden Zahlen wahrnimmt, hat wohl einfach nicht die neuronalen Verschaltungen eines synästhetisch begabten Menschen und ist in dieser Hinsicht den Leuten im Tal der Blinden ähnlich: Als sie einmal Besuch von außerhalb bekamen und diese Leute behaupteten, sie könnten sehen, nahmen die Blinden einfach an, es handle sich um pure Einbildung, verursacht durch seltsame Vorwölbungen im Gesicht, die sie Augen nannten.

Aus all dem ist zu schließen, dass synästhetisch veranlagte Menschen weder krank noch abnorm sind, sondern sich eigentlich einer reicheren Welterfahrung erfreuen als die übrigen. Da diese besondere Wahrnehmung jedoch gänzlich durch die Verschaltung innerhalb ihres Gehirns bedingt ist, könnte man mit gleichem Recht sagen, sie *erschafften* eine andere Wirklichkeit als Menschen ohne diese Anlage. Wenn wir an die schwebenden Zahlen denken, ist der Verdacht, dass die »äußere Wirklichkeit« in Wahrheit von unserem Gehirn hervorgebracht wird, kaum noch von der Hand zu weisen.

Man kann diesen Gedankengang weit über die spezielle Synästhesieforschung hinaus weiter treiben. Unstrittig ist, dass unsere Wahrnehmung der Außenwelt der Filterung durch die Sinne unterliegt. Aber wenn Querverschaltungen in unserem Gehirn die Wahrnehmung nicht verzerren, sondern bereichern, sind wir in der unbequemen Lage, nicht so genau zu wissen, wie weit die Kreativität unseres Bewusstseins eigentlich geht. Ist »da draußen« überhaupt etwas »real« vorhanden oder erzeugen wir es *alles* selbst? Aus wissenschaftlichen Untersuchungen wissen wir bereits, dass Babys das Sehen erst *lernen* müssen: Ihre voll entwickelten und voll funktionstüchtigen Augen sind keineswegs »Fenster«, durch die eine fix und fertig vorgegebene Welt hereinschaut. Wir bringen unserem Nachwuchs das Wahrnehmen bei, vor allem dadurch, dass wir die Dinge mit Namen versehen – dies ist ein »Baum«, das ist eine »Blume« und das da eine »Katze«. So entsteht eine Konsenswirklichkeit, die sich schnell verfestigt und dann nicht mehr hinterfragt wird. Kein Wunder, dass es uns dann schockiert, wenn Umfragen ergeben, dass wir die Wirklichkeit keineswegs alle gleich wahrnehmen, wie man ja erwarten sollte, wenn die Wirklichkeit einfach »da draußen« und vorgegeben ist. Die Unterschiede verschwinden nur in den meisten Fällen unter Deutungsmustern, auf die wir uns geeinigt haben. Aber haben Sie schon einmal zusammen mit einer anderen Person überprüft, ob Sie wirklich beide in allen Einzelheiten das Gleiche sehen?

Das bringt uns zur Position tibetischer Mystik zurück, die da lautet: Die scheinbar objektive Wirklichkeit ist pure Illusion, ein

Traum, den nur der Konsens der Unerleuchteten aufrechterhält. Die einzige wahre und dauerhafte Wirklichkeit ist der Geist. Aber Geist ist nicht das, wofür Sie ihn immer gehalten haben.

17 EINE UNWIRKLICHE WELT

Wir können sicher davon ausgehen, dass die tibetischen Mystiker durch eigene Erfahrungen zu ihrer Sicht der Wirklichkeit gelangt sind, aber ihre Aussagen über die Leere sind eigentlich eine Neuformulierung der Maya-Lehre, wie sie im fünften Jahrhundert von den indischen Begründern der Mahayana-Schule formuliert worden ist. Viele Jahrhunderte später bezog Immanuel Kant eine ganz ähnliche Position, als er sagte, Raum, Zeit und Kausalität seien keine Aspekte der äußeren Wirklichkeit, sondern geistige Kategorien, mit denen der Mensch den Lauf der Dinge zu erfassen sucht.

Dennoch wurde die Frage der Wirklichkeit oder Unwirklichkeit aller Phänomene im abendländischen Denken nie so radikal zugespitzt wie von den Tibetern. Tibetische Mystik geht von der Überzeugung aus, dass wahre Erleuchtung so lange nicht möglich ist, wie der Mensch in der Illusion der Dualität gefangen bleibt, in dieser schier unausrottbaren Vorstellung, wir existierten als ein Ich-Bewusstsein hier drinnen und die Welt als etwas Reales und Dauerhaftes da draußen. Im Buddhismus sind weder das Ich noch die Welt absolut real. Allein der eine Geist existiert wahrhaft. Das *Avatamsaka-Sutra* vergleicht ihn mit einem klaren Spiegel, in dem alles nur erscheint, das Ich ebenso wie die Welt der Phänomene.

Aber diese für den Mahayana-Buddhismus im Allgemeinen und die tibetische Mystik im Besonderen so grundlegende Anschauung hat einen Haken: Wenn die Welt unwirklich ist und das Ich, als das ich mich sehe, ebenfalls unwirklich ist, wieso kommt es dann auf ethisches Handeln an? Kann ich dann nicht einfach lügen, stehlen und betrügen, also ausschließlich auf meinen eigenen Vorteil bedacht sein? Wenn nichts real ist, sollte ich dann nicht einfach dafür sorgen, dass ich »gut drauf« bin, sei es auch durch Drogen oder die Ausbeutung anderer? Was macht das schon, wenn es alles doch irgendwie nur Traum ist?

Eine durchaus berechtigte Frage, denn der Buddhismus ist bekanntlich eine zutiefst moralische Religion, in der »rechtes Handeln« eine entscheidende Rolle für den Weg zur Befreiung spielt. Der Dalai Lama ging darauf ein, als er 2003 vor zweitausend dänischen Zuhörern über die so genannten sechs *Paramitas* sprach. Die sechs Paramitas oder »Vollkommenheiten« sind zentrale buddhistische Verhaltensgrundsätze, durch deren Befolgung man zu einem glücklichen Leben gelangt und die Fesseln der Verblendung abstreifen kann. Da das rechte Handeln hier von großer Bedeutung ist, darf man erwarten, dass die eben aufgeworfene Frage im Zusammenhang mit den Paramitas eine Antwort erhält.

Der Dalai Lama, dem dieses Problem natürlich bewusst ist, merkte schon bald nach Beginn seines Vortrags an, bestimmte buddhistische Lehren dürften nicht als absolut gültig verstanden werden; er bezog hier sogar die grundlegendste aller buddhistischen Lehren ein, dass alles Leben durch Leid gekennzeichnet ist.

Das Interessante an dieser Aussage ist der Schluss, der aus ihr zu ziehen ist: dass alle Lehren und Praxisformen auf den spirituellen Entwicklungsstand des Einzelnen abgestimmt sein müssen. Daraus erhellt sich auch gleich, weshalb Tibeter so viel Wert auf rechtes Handeln und die richtige innere Einstellung legen. Jahrhunderte der Erfahrung haben sie gelehrt, dass falsches Handeln – Lügen, Betrügen, Stehlen – und falsche innere Haltung – Hass, Neid und Gleichgültigkeit gegenüber den Leiden anderer – nur die Illusion des Ich immer weiter verfestigen. Damit ist aber der Weg zur Erfahrung des leeren Geistes versperrt und es wird dem Menschen einfach nicht möglich sein, das Illusionäre der vermeintlich realen Außenwelt zu durchschauen.

Der Dalai Lama weist immer wieder darauf hin, dass es »den einen spirituellen Weg« nicht gibt. Aus seiner Sicht können alle Religionen zum Ziel führen, und welche man wählt, ist vor allem eine Frage des individuellen Temperaments. Dieses Prinzip gilt auch innerhalb einer Religion, etwa für die verschiedenen Yoga-Formen, Meditationstechniken und spirituellen Übungen, die zusammen die Praxis der tibetischen Mystik ausmachen. Manchen Menschen liegt von ihrer Anlage und Bereitschaft her die Meditation des leeren Geistes, anderen nicht.

Doch so gut wie jeder kann den Weg des rechten Handelns wählen.

VIERTER TEIL:
SCHLAF UND TRAUM

18 DER TRAUM UND SEINE WURZELN

Nach den alten tibetischen Lehren sind Träume niemals Zufall. Die subtilen Rlung-Energien im Körper bestimmen das gesamte Traumgeschehen und damit auch die Trauminhalte.

Unser Geist und unser Energiesystem arbeiten nach tibetischer Auffassung Hand in Hand. Die Energie wird gern mit einem blinden Pferd verglichen, das zwar voll bewegungsfähig ist, aber nie weiß, wohin es sich wenden soll. Der Geist ist in diesem Bild ein lahmer Reiter, der zwar sehen, sich aber nur unter großen Mühen bewegen kann. Bilden die beiden eine Einheit, können sie zusammen viel mehr erreichen als jedes allein – vorausgesetzt, der Reiter beherrscht das Pferd. Ein unerfahrener Reiter auf einem nicht zum Gehorsam erzogenen Pferd – die werden wohl weit herumkommen, aber es wird mehr dem Zufall überlassen sein.

Wenn das Bewusstsein der Außenwelt beim Einschlafen allmählich verblasst, wird Ihr Geist vom blinden Pferd der Rlung-Energie zu einem Ihrer Chakras getragen. Bei Unerleuchteten bestimmen allein die vorhandenen karmischen Prägungen der Energie darüber, welches Chakra angesteuert wird. Jedes Chakra ist Zugang zu einem der Sechs Bereiche, nämlich der Höllenwesen, der hungrigen Geister, der Tiere, der Menschen, der Halbgötter und der Götter. Man könnte wohl auch sagen, dass jedes Chakra mit einer bestimmten Bewusstseinsebene zusammenhängt.

Oft hängt es von irgendwelchen Tagesereignissen ab, wohin Ihr Geist beim Einschlafen gezogen wird. Nehmen wir an, es habe einen heftigen Wortwechsel mit Ihrem Ehepartner gegeben oder irgendetwas in Ihrem Liebesleben hätte eine für Sie enttäuschende Wendung genommen. Dadurch werden vorhandene karmische Spuren aktiviert, die mit dem Herz-Chakra zusammenhängen. Beim Einschlafen wird Ihr Geist nun zu diesem Chakra hingezogen und es kommt zu einem entsprechenden Traum.

Im Prinzip bietet jeder Traum Gelegenheit, uns mit irgendeinem Anteil unseres angesammelten Karmas auseinander zu setzen. Die Tibeter glauben, dass Traum- und Wachbewusstsein nur zwei Pole des menschlichen Geistes sind und wir folglich nicht nur mit dem, was wir im Wachzustand tun, sondern auch mit unserem Verhalten im Traum altes Karma bereinigen oder neues Karma entstehen lassen können. Leider bleiben die spirituellen Chancen, die der Traum bietet, den meisten Menschen verborgen; und selbst wenn man sie darauf aufmerksam macht, können sie diese Chancen nicht nutzen. Deshalb haben die Tibeter ihren Traum-Yoga entwickelt. Hier geht es unter anderem darum, Bewusstsein und Rlung-Energie auf den Zentralkanal zu konzentrieren. Wenn das gelingt, kann der Traum relativ frei von Einflüssen des persönlichen Karmas sein (während kollektives Karma wirksam bleibt, wie wir noch sehen werden). In diesem Fall werden sich Träume einer neuen und anderen Art einstellen, die in der tibetischen Tradition »Klarheitsträume« oder »Klares-Licht-Träume« genannt werden.

Träume der Klarheit sind im Wesentlichen Erkenntnisträume. Je besser Sie den Traum-Yoga beherrschen, desto klarer, lebendiger und detailreicher werden Ihre Träume. Es müssen keine luziden Träume sein, aber Sie werden sich wahrscheinlich besser an sie erinnern und im Traum eher merken, dass Sie träumen. In gewöhnlichen Träumen, das wissen Sie bereits, schwimmt man so von einer Szene oder Erfahrung zur nächsten, ohne dass viel Zusammenhang zu erkennen wäre. Alles fließt und verwandelt sich ständig und ist kaum rational zu verfolgen. Klarheitsträume besitzen mehr Stabilität und auch Sie selbst sind darin stabiler, ein Hinweis darauf, dass das blinde Pferd und der lahme Reiter nicht mehr nur von den Winden des persönlichen Karmas umhergeweht werden, sondern sich von den Chakras gelöst und im zentralen Energiekanal Zuflucht gefunden haben.

Auch in Klarheitsträumen erwarten Sie Bilder und Erlebnisse, aber sie sind nicht mehr durch Ihr persönliches Karma bedingt. Sie entspringen einer überpersönlichen Quelle. In solchen Träumen können Sie Unterweisungen göttlicher Wesen erhalten oder Ihrem Guru begegnen und auf diese Weise Anleitung für Ihre spirituelle Praxis erhalten. Klarheitsträume besagen aber noch nicht, dass Sie erleuchtet sind; das größtenteils von der Gesellschaft, in der Sie leben, erzeugte kollektive Karma, bleibt bestehen und hält die Illusion der Dualität aufrecht.

Jeder kann mal einen Klarheitstraum haben, aber das bleibt die Ausnahme, bis man den Traum-Yoga beherrscht. Tibetische Meister legen außerdem Wert auf die Feststellung, dass nicht alle Träume, die spirituelle Anleitung zu geben scheinen, Klarheitsträume sein müssen. Wenn Sie an esoterischen Dingen interessiert sind und vielleicht gerade mit einer spirituellen Praxis begonnen haben, sind solche Träume ganz normal. Doch solange Pferd und Reiter noch ohne Stabilität sind, bleiben solche Träume fast immer vom persönlichen Karma geprägt, und was man an scheinbar spiritueller Unterweisung empfängt, ändert sich ständig, je nachdem, welche karmischen Spuren gerade aktiv sind.

Vielleicht haben Sie schon einmal erlebt, wie Menschen reagieren, die ihren eigenen »Erkenntnisträumen« auf den Leim gehen. Sie sind kaum noch zu einfachsten Entscheidungen in der Lage, ohne zuvor ihren »spirituellen Ratgeber« konsultiert zu haben. Sie sind so sehr mit der Umsetzung solcher Ratschläge beschäftigt, dass sie kaum noch zu etwas anderem kommen. Sie verhaspeln sich ganz in ihrem selbst angezettelten Drama und sehen überall Zeichen und Omen. Ihr einziger Ausweg besteht darin, unterscheiden zu lernen: zwischen den seltenen Träumen, die echte spirituelle Weisheit enthalten, und den vielen anderen, die nur persönliche Fantasien widerspiegeln.

Mit Klares-Licht-Träumen darf man in der Regel erst nach zehn oder mehr Jahren der spirituellen Praxis rechnen, da sie nur aus der ursprünglich reinen Rlung-Energie im Zentralkanal hervorgehen können, der keine karmischen Spuren mehr anhaften dürfen. Es gibt zwei Arten solcher Träume. Träume der ersten Art kann man kaum so nennen, da sie einen nichtdualistischen Zustand der Leerheit voraussetzen, in dem keinerlei Bilder oder auch nur Gedanken auftauchen. Die zweite Art ist schwieriger zu beschreiben, denn hier bleibt die mentale Aktivität bestehen und es gibt auch Traumbilder, aber man erlebt sie nicht mehr dualistisch. Wenn das Ich verschwunden ist, erlebt man Gedanken und Bilder nicht mehr als etwas, das sich irgendwie außen abspielt und vom Ich beobachtet wird. Das Erfahrene und der Erfahrende verschmelzen zu einem nahtlosen Ganzen.

Wenn Sie sich mit fernöstlichen Lehren schon etwas auskennen, fällt Ihnen vielleicht auf, dass der Klares-Licht-Traum etwas von mystischer Ekstase, wenn nicht von Erleuchtung hat. Das ist kein Zufall. Tibeter bezeichnen die Erfahrung der Nichtdualität als *Rigpa* – und das ist ein erleuchteter Zustand, in dem der Mensch endlich erkennt, dass zwischen ihm und dem Ganzen des manifestierten Daseins keine Grenze besteht: Jedes Ding ist alles und alles ist Einheit und die wahre Wirklichkeit ist die Leere des Klaren Lichts.

Es gibt verschiedene Yoga-Formen, die solche Erfahrungen auslösen und dem Praktizierenden immer längere Rigpa-Phasen ermöglichen sollen. Da jedoch Traum- und Wachzustand einfach zwei Äußerungsformen desselben Geistes sind, wird das, was wir am Tag für die Entwicklung von Rigpa-Zuständen tun, in der Nacht unweigerlich Klares-Licht-Träume nach sich ziehen. Das gilt auch anders herum: Wenn wir Traum-Yoga praktizieren, bis wir Klares-Licht-Träume haben, wird sich dies auf das Tagesbewusstsein übertragen und dort eine wachsende Bereitschaft für Rigpa-Zustände erzeugen.

19 TRAUM-YOGA

Hinter dem gesamten tibetischen Traum-Yoga steht die Erkenntnis, dass karmische Spuren uns in der Unwissenheit gefangen halten. Um auszubrechen, müssen wir darauf aufmerksam werden, wie wir ständig karmische Spuren erzeugen und vertiefen. In dieser Aufmerksamkeit können wir unsere über etliche Inkarnationen entstandenen Gewohnheiten durchbrechen und von Anhaftungen frei werden.

Je mehr Zeit Sie dafür aufwenden, desto schneller kommen Sie natürlich zu Resultaten. Tibeter sind durch und durch pragmatisch und haben sich schon vor langer Zeit gesagt, dass man die Schlafenszeit, rund ein Drittel eines ganzen Tages, für eine »Praxis der Nacht« nutzen könne. Das gibt einem mehr Zeit für die spirituelle Praxis, ohne zu Lasten der Anforderungen des Alltags zu gehen. (Letztlich mag es zwar um das Klare Licht gehen, in dem alle Gegensätze vereinigt sind, aber einstweilen haben wir

in einer dualistischen Welt zu leben, und da ist es wichtig, seinen Lebensunterhalt zu verdienen.)
Um jedoch im Schlaf die spirituelle Praxis fortsetzen zu können, muss man seiner jeweiligen inneren Zustände gewahr sein, weil man sonst keine Möglichkeit hat, den Lauf der Dinge zu steuern. Sehr hoch entwickelte Yoga-Meister bleiben während ihres gesamten Schlafs bewusst – schier unvorstellbar nach westlichem Kenntnisstand. Andere Praktizierende begnügen sich mit Bewusstheit im Traum, also mit dem, was man »luzides Träumen« nennt.
Das tibetische Verfahren, nach dem man Luzidität entwickelt (und dann über sie hinausgehen kann), unterscheidet sich von den diversen westlichen Techniken. Es hat die gleiche Ausgangsbasis wie so Vieles in der mystischen Tradition Tibets: Klang, Visualisation, Beherrschung des Geistes und gezielter Umgang mit den Rlung-Energien. Damit der Praktizierende nicht von diesem für den Traumzustand typischen Gewoge karmischer Spuren mitgerissen wird, beginnt die Praxis nicht mit der eigentlichen Traumarbeit, sondern mit einer bestimmten Meditation, die seinem Geist Stabilität geben soll. Diese im Tibetischen *Zhine* oder »ruhiges Verweilen« genannte Meditation hat manches mit der christlichen Kontemplation gemein. Zunächst geht es darum, den Geist anhaltend auf einen einzigen Gegenstand auszurichten, und mit der Zeit lernt man, den Geist auch ohne ein bestimmtes Objekt so gesammelt zu halten. Die gesamte Praxis besteht aus drei Stufen, die »nachdrückliches Zhine«, »natürliches Zhine« und »höchstes Zhine« genannt werden.
Für die Übung des ruhigen Verweilens, wenn sie keinem weiter gehenden Zweck dient, eignet sich jedes Objekt, aber als Vorbereitung auf den Traum-Yoga bevorzugen viele tibetische Gurus als Vorlage den tibetischen Buchstaben A, der so aussieht:

Malen Sie sich Ihre eigene Meditationskarte. Die äußere Form kann viereckig sein, aber Sie müssen sechs konzentrische Kreise einzeichnen. Der innerste Kreis soll einen Durchmesser von gut zweieinhalb Zentimetern haben und indigofarben ausgemalt werden, der nächste blau, der nächste grün, dann rot, gelb und zuletzt weiß. In den innersten Kreis malen Sie sorgfältig das tibetische A, sodass es sich weiß gegen den indigofarbenen Hintergrund abhebt. Basteln Sie sich irgendeinen Ständer, an dem Sie Ihre Meditationskarte so befestigen können, dass Sie sie beim Sitzen mit überkreuzten Beinen in Augenhöhe vor sich haben.

Um mit der Übung zu beginnen, nehmen Sie eine bequeme Sitzhaltung mit überkreuzten Beinen ein. Die Hände legen Sie mit den Handflächen nach oben im Schoß ab, eine über der anderen. Der Rücken soll ganz aufrecht, aber nicht stocksteif sein, das Kinn wird ein wenig zurückgezogen, damit auch der Hals gerade ist. Ihr Kartenständer sollte jetzt ungefähr einen halben Meter vor Ihnen stehen, und zwar möglichst genau auf Augenhöhe, damit Sie den Blick weder heben noch senken müssen. Blicken Sie ganz entspannt, die Augen sollen weder ganz geöffnet noch zu weit geschlossen sein. Atmen Sie normal und richten Sie den Blick auf die Karte. Bleiben Sie ganz still sitzen und versuchen Sie sich ausschließlich auf das weiße tibetische A zu konzentrieren.

Das wird Ihnen anfangs schwer fallen, insbesondere dann, wenn Sie noch wenig Meditationserfahrung haben. Ihr Geist wird abschweifen und an andere Dinge denken wollen. Bewegungen und Geräusche werden Sie ablenken – kommen Sie einfach immer wieder zu Ihrer Karte zurück. Schnell wird Ihnen aufgehen, weshalb diese Stufe »nachdrückliches Zhine« genannt wird. Es geht nur, wenn Sie Ihren Geist immer wieder und mit Nachdruck zurückholen. Deshalb wird es am Anfang besser sein, wenn Sie Ihre Praxis hin und wieder unterbrechen, anstatt eine lange durchgehende Sitzung anzustreben. Halten Sie sich aber in den Pausen bewusst, dass Sie sich nur für einen Augenblick von einer schwierigen Übung ausruhen.

Betrachten Sie diese Übung als das mentale Äquivalent eines Muskeltrainings. Man muss dranbleiben, wenn man Ergebnisse sehen will. Gehen Sie an Ihre Grenzen und der »mentale Muskel« wird mit der Zeit immer stärker werden.

Versuchen Sie Ihre Meditationskarte zu betrachten, ohne sich Gedanken darüber zu machen. Mit inneren Dialogen – »Das hier ist ein tibetisches A ... interessante Form ...« und so weiter – werden Sie Ihr Ziel nicht erreichen. Sie sind auf ein schlichtes Gewahrsein des Buchstabens hier und jetzt aus, nicht mehr und nicht weniger. Lassen Sie Ihren Atem so ruhig werden, dass Sie ihn nicht mehr bemerken. Geben Sie dem Körper Gelegenheit, sich zu entspannen. Lassen Sie Ihren Geist immer tiefer in einen Zustand von Ruhe und Frieden sinken, aber achten Sie darauf, dass es nicht Schlaf oder Trance wird.

Vielleicht fallen Ihnen ungewöhnliche Körperempfindungen auf. Das kann einige Zeit so bleiben und ist eine natürliche Folge dessen, was Sie hier anstreben. Der menschliche Geist mag keine Disziplinierung und wird sie nach Kräften zu hintertreiben versuchen. Ignorieren Sie die Empfindungen einfach.

Durch Übung wird Ihnen diese Meditation mit der Zeit immer leichter fallen. Gedankliche Abschweifungen bleiben für immer längere Abschnitte aus und plötzlich sind Sie soweit, dass Sie das Symbol auf der Karte betrachten können, ohne die Aufmerksamkeit ständig wieder zurückholen zu müssen. Sie sind in das Stadium des natürlichen Zhine eingetreten.

Jetzt können Sie ein höchst interessantes Experiment machen. Versuchen Sie ohne die Meditationskarte in die gleiche geistige Verfassung zu kommen. Können Sie Ihre Aufmerksamkeit auf leeren Raum sammeln? Klarer Himmel ist vielleicht am besten für dieses Experiment geeignet, aber Sie können jedes andere Umfeld wählen. Es geht nicht darum, sich auf einen Punkt im Raum zu sammeln, sondern auf den Raum selbst. Bleiben Sie ruhig und entspannt und lassen Sie zu, dass sich Ihr Geist über den ganzen Raum ausbreitet, den Sie betrachten. Die Tibeter nennen das sehr treffend »den Geist auflösen«.

Sobald Ihnen dies gelingt, treten Sie in das Stadium des höchsten Zhine ein. Vielleicht merken Sie das selbst gar nicht (ein tibetischer Lehrer würde Sie allerdings darauf aufmerksam machen). Es ist nicht mit dramatischen Veränderungen verbunden, eher mit einem Gefühl von Gelöstheit und Leichtigkeit. Ihre Gedanken tauchen auf und verschwinden wieder, ohne dass Sie dazu etwas Besonderes unternehmen müssten. Und noch etwas, worauf ein Guru Sie hinweisen würde: Wenn Sie genau hinsehen, werden Sie zwischen den Aktivitäten des Geistes – seinen Gedanken und Bildern – und der stetigen, gleich bleibenden Präsenz des Geistes selbst unterscheiden können.

Richtig ausgeführt kann Sie die Zhine-Praxis allein auf dem mystischen Pfad sehr weit bringen, aber für viele ist sie der Zugang zur faszinierenden Welt des Traum-Yoga. Mit der ersten Übung des eigentlichen Traum-Yoga versuchen wir unsere karmischen Prägungen so abzuändern, dass ein wenig Ordnung in das typische Traumchaos kommt. Diese Methode hat etwas mit dem »Realitäts-Check« gemein, mit der im Westen bei der Praxis des luziden Träumens gearbeitet wird, aber es gibt auch einen wichtigen Unterschied.

Wer ein luzider Träumer werden will, muss zunächst im Wachzustand immer wieder innehalten und sich vergewissern, dass er wirklich wach ist. Wenn man sich das zur Gewohnheit gemacht hat, so heißt es, wird man diese instinktive Überprüfung schließlich auch im Traum vornehmen. Dann ist leicht zu erkennen, dass man tatsächlich träumt – und damit wird der Traum ein luzider Traum.

Westler setzen allerdings voraus, dass Wachzustand und Traumzustand grundsätzlich verschieden sind: Hier agiert man in der realen Welt, dort nicht. Für Tibeter sind die Grenzen längst nicht so klar gezogen. Deshalb steht an der Stelle des westlichen Wirklichkeits-Checks, der zwischen Wirklichkeit (Wachzustand) und Illusion (Traum) unterscheiden soll, der »Unwirklichkeits-Check«, der uns daran erinnern soll, dass *alles* in unserer Erfahrung Illusion ist, ob wir wachen oder schlafen. Deshalb geben tibetische Traum-Gurus den Rat, sich tagsüber bewusst daran zu erinnern, dass man in einem Traum lebt. Das Auto, das wir steuern, ist buchstäblich ein Traumauto. Das Gebäude, in dem wir arbeiten, ist ein Traumgebäude. Das Geld, das wir verdienen, ist Traumgeld. Alles, was erscheint, ist Projektion unseres Geistes.

Aber es genügt nicht, mechanisch immer wieder zu sagen: »Dies alles ist ein Traum.« Sie müssen es zuinnerst fühlen, Sie müssen die Wahrheit, die Sie da aussprechen, wirklich nachvollziehen können. Setzen Sie Ihre Fantasie ein, nutzen Sie alles, was Sie darin unterstützen kann. Und seltsam: Diese Übung verwandelt Ihre Welt nicht in eine flirrende Luftspiegelung, sondern macht sie lebendiger und gibt Ihnen ein stärkeres Präsenzgefühl. Das zeigt, dass Sie wirklich ernsthaft Ihren spirituellen Weg gehen und nicht bloß mechanisch etwas wiederholen.

Sie müssen bei dieser Übung genauso sich selbst wie Ihre Umwelt betrachten. Denn wenn alles ein Traum ist, sind Sie ja der

Träumer. Sie träumen auch Ihren Körper mit seinen Verdauungsbeschwerden und Gelenkschmerzen, den Ärger über Ihren Chef, die Enttäuschung angesichts des Verhaltens Ihrer Kinder. Und wenn wir schon mal dabei sind: Sie träumen auch die Lust, die sich Ihrer bemächtigt, die Freuden der Freundschaft, das Glück, das Sie manchmal empfinden, wenn ein neuer Tag heraufdämmert. Alles, wovon Sie ein Leben lang geglaubt haben: »Das bin wirklich ich«, ist nichts weiter als Schöpfung Ihres eigenen Geistes.

Sie werden eine neue Sicht der Dinge gewinnen. Sie werden immer deutlicher erkennen, dass alles, was geschieht, erstens wieder vergeht und zweitens sehr intim mit den Projektionen Ihres Geistes zusammenhängt. Damit ändern sich Ihre bis dahin weitgehend unbewusst abgelaufenen Reaktionen auf alle Dinge. Das Leben hat nicht mehr so viel Macht über Sie, weil Sie Ihre eigene Macht nicht länger abgeben. Erinnern Sie sich bitte daran, dass karmische Spuren vor allem durch Reaktionen erzeugt werden, weniger durch Erfahrungen oder Aktionen. Wenn Sie also den illusorischen Charakter des Lebens erkennen und Ihre Reaktionen sich entsprechend ändern, werden Sie künftig weniger karmische Spuren erzeugen. Und diese Veränderungen im Karma ziehen wiederum Änderungen im Traumgeschehen nach sich.

(Auch wenn es im tibetischen Traum-Yoga nicht eigens thematisiert wird, dürfte leicht einzusehen sein, dass unser beharrliches Hinterfragen der Realität unseres Wachzustands früher oder später dazu führt, dass wir auch den Traumzustand auf seinen Realitätsgehalt überprüfen. Wird die entsprechende Frage im Traum gestellt, wechseln wir in den Zustand der Luzidität.)

Der »Unwirklichkeits-Check«, den Tibeter als eigenständigen Teil der Praxis sehen, lässt unser Begehren und unsere Aversionen abnehmen. Es gibt kaum ein besseres Mittel gegen Depression, Zorn, Neid und andere unerfreuliche Zustände als dieses Loslassen.

Auf der nächsten Stufe des Traum-Yoga kommen wir zu einer Technik, die auch im Westen nicht unbekannt ist – dem Tagesrückblick. Das ist etwas im Grunde sehr Einfaches. Sie gehen unmittelbar vor dem Einschlafen die Ereignisse des Tages noch einmal durch und führen sich alles leidenschaftslos und urteilsfrei vor Augen. Das tibetische Verfahren beinhaltet darüber hinaus, dass Sie diese Erinnerungen als Traumbilder ansehen. Machen Sie sich das auch mit dem Verstand ganz klar, denn schließlich haben Erinnerungen manches mit Träumen gemein, und versuchen Sie die Projektionen zu erkennen, die hinter Ihren Erfahrungen standen. Es ist ein großer und deutlich spürbarer Unterschied, ob man eine Erinnerung als Traumgebilde oder als Abbild von etwas Festem und Realem ansieht.

Stellen Sie sich nach diesem Rückblick darauf ein, auch die Ereignisse der kommenden Nacht als das zu erkennen, was sie sind, als Träume. Tibetische Gurus nennen das »einen Wunsch aussenden«, und vielleicht ist diese Sicht der Dinge hilfreich für Sie. Versuchen Sie Ihren Vorsatz als ein Gebet an Ihre inneren Lehrer oder Götter zu sehen, in dem Sie Ihr Bestes zu geben versprechen, um das wahre Wesen Ihrer Träume zu erkennen – und bitten Sie um Hilfe dabei.

Nehmen Sie sich am Morgen etwas Zeit, um sich an die Träume der Nacht zu erinnern. Manchen fällt das anfangs schwer und es ist völlig in Ordnung, einen Notizblock oder sogar ein Aufzeichnungsgerät neben dem Bett zu haben. Sehen Sie alles, woran Sie sich erinnern, als Illusion und nehmen Sie sich fest vor, diesen illusorischen Charakter auch in den Dingen des kommenden Tages wahrzunehmen.

Zusammen bilden diese Übungen ein den gesamten Tag umfassendes Rad der spirituellen Praxis, die Sie davon überzeugen soll, dass Ihre Innenwelt und die Außenwelt gleichermaßen Maya sind.

20 SCHLAF-YOGA

Tibetische Mystiker nehmen den Schlaf sehr ernst. Sie glauben, dass geistige Läuterung vor dem Schlaf mehr Präsenz im Traum erlaubt, karmische Einflüsse reduziert und überhaupt für ein positiveres Erleben sorgt. Diese geistige Läuterung ist dann besonders wichtig, wenn Sie sich dem Traum-Yoga zuwenden möchten. Dazu kann Ihnen eine Übung dienen, die »Atem der neun Reinigungen« genannt wird.
Diese Übung beruht auf der Beobachtung, dass sich Stress auf unsere Atmung auswirkt. Die Tibeter wollten schon vor langer Zeit wissen, ob das auch anders herum gilt, ob man also über den Atem Stresserscheinungen beeinflussen kann. Sie stellten fest, dass es so ist, und entwickelten daraus die neun Reinigungen.
Nehmen Sie Ihre gewohnte Meditationshaltung mit überkreuzten Beinen ein, der Rücken ganz aufrecht, aber nicht starr, das Kinn ein wenig eingezogen, damit auch der Hals gerade wird, die Hände mit den Innenflächen nach oben im Schoß abgelegt, die linke über der rechten.
Visualisieren Sie die drei Hauptkanäle der Energie in Ihrem Körper (die Rtsa, von denen im vierten Kapitel die Rede war). Bei dieser Übung brauchen Sie die Chakras nicht zu visualisie-

ren; konzentrieren Sie sich ganz auf ein klares Bild der Kanäle. Beginnen Sie mit dem Zentralkanal, der ungefähr die Dicke eines Pfeilschaftes hat und mit der Mittelachse Ihres Körpers übereinstimmt. Vom Herzen aufwärts bis zum Scheitel weitet er sich ein wenig. Seine Farbe ist ein klares Blau.

Sobald Sie den Zentralkanal klar vor Ihrem inneren Auge haben, wenden Sie sich den beiden Seitenkanälen zu. Sie sind nur ungefähr bleistiftdick und vereinigen sich vier Fingerbreit unterhalb des Nabels mit dem Zentralkanal. Aufwärts verlaufen sie beiderseits parallel zum Zentralkanal, dann in Bögen über den Schädel und hinter den Augen wieder abwärts. In manchen Quellen heißt es, sie besäßen Öffnungen in den Nasengängen – ein Hinweis auf die enge Beziehung zwischen dem Atem und den subtilen Energien des Körpers.

Auch die Seitenkanäle besitzen jeder seine charakteristische Farbe, jedoch gibt es hier Unterschiede zwischen den beiden Geschlechtern. Bei Männern ist der Kanal auf der rechten Körperseite weiß, der linke rot. Bei Frauen ist es umgekehrt, rechts rot, links weiß. Diese Spiegelbildlichkeit schlägt sich in kleinen Unterschieden bei der Übung der neun Reinigungen nieder.

Die meisten Übungen konzentrieren sich wie diese auf die drei Hauptkanäle, aber tatsächlich gibt es viele weitere Energieleitbahnen im Körper. Die verschiedenen Yoga-Formen und Mudras (Handgesten) sollen den Energiefluss in diesen Leitbahnen beeinflussen. Auch zu den neun Reinigungen gehört eine einfache Mudra: den Daumen gegen das Grundgelenk des Ringfingers drücken.

Halten Sie sich bei der Übung an die folgende Anleitung:

FÜR MÄNNER

1. Drücken Sie mit dem rechten Daumen gegen das Grundgelenk des rechten Ringfingers. Heben Sie die rechte Hand vor das Gesicht und drücken Sie das rechte Nasenloch mit dem Ringfinger zu. Atmen Sie durch den linken Nasengang grünes Licht ein. Verschließen Sie jetzt (wieder mit dem rechten Ringfinger) das linke Nasenloch und atmen Sie durch das rechte ganz aus. Stellen Sie sich beim Ausatmen vor, dass alle mit Ihrer Männlichkeit verbundenen Probleme und Hindernisse aus dem weißen Kanal ausgetrieben werden. Visualisieren Sie die ausgeatmete Luft als hellblau. Das ist die erste Reinigung. Nach weiteren zwei Atemzyklen in dieser Weise haben Sie die ersten drei Reinigungen absolviert.

2. Gehen Sie jetzt genau spiegelbildlich mit der anderen Hand vor. Stellen Sie sich beim Ausatmen jedes Mal vor, dass der rote Kanal von allen weiblich geprägten Problemen und Hindernissen gereinigt wird. Visualisieren Sie die ausgeatmete Luft als blassrosa. Nach drei Atemzügen haben Sie jetzt sechs der neun Reinigungen vollzogen.

3. Ihre Hände liegen nach oben geöffnet im Schoß, die linke über der rechten. Atmen Sie durch die Nase grünes Licht ein. Visualisieren Sie es als etwas Heilsames, Balsamisches, das in den Seitenkanälen bis zum Zusammenfluss mit dem Hauptkanal absteigt. Beim Ausatmen visualisieren Sie, wie dieses Licht im Zentralkanal aufsteigt und aus Ihrem Kopf austritt. Stellen Sie sich dabei vor, dass alle von bösen Geistern verursachten Probleme und Krankheiten als schwarzer Rauch ausgestoßen werden. Nach drei vollen Atemzyklen sind die neun Reinigungen abgeschlossen.

FÜR FRAUEN

1. Drücken Sie mit dem linken Daumen gegen das Grundgelenk des linken Ringfingers. Heben Sie die linke Hand vor das Gesicht und drücken Sie das linke Nasenloch mit dem Ringfinger zu. Atmen Sie durch den rechten Nasengang grünes Licht ein. Verschließen Sie jetzt (wieder mit dem rechten Ringfinger) das rechte Nasenloch und atmen Sie durch das linke ganz aus. Stellen Sie sich beim Ausatmen vor, dass alle männlich geprägten Probleme und Hindernisse aus dem weißen Kanal ausgetrieben werden. Visualisieren Sie die ausgeatmete Luft als hellblau. Das ist die erste Reinigung. Nach weiteren zwei Atemzyklen in dieser Weise haben Sie die ersten drei Reinigungen absolviert.
2. Gehen Sie jetzt genau spiegelbildlich mit der anderen Hand vor. Stellen Sie sich bei Ausatmen jedes Mal vor, dass der rote Kanal von allen mit Ihrer Weiblichkeit verbundenen Problemen und Hindernissen gereinigt wird. Visualisieren Sie die ausgeatmete Luft als blassrosa. Nach drei Atemzügen haben Sie jetzt sechs der neun Reinigungen vollzogen.
3. Ihre Hände liegen nach oben geöffnet im Schoß, die linke über der rechten. Atmen Sie durch die Nase grünes Licht ein. Visualisieren Sie es als etwas Heilsames, Balsamisches, das in den Seitenkanälen bis zum Zusammenfluss mit dem Hauptkanal absteigt. Beim Ausatmen visualisieren Sie, wie dieses Licht im Zentralkanal aufsteigt und aus Ihrem Kopf austritt. Stellen Sie sich dabei vor, dass alle von bösen Geistern verursachten Probleme und Krankheiten als schwarzer Rauch ausgestoßen werden. Nach drei vollen Atemzyklen sind die neun Reinigungen abgeschlossen.

Nach den neun Reinigungen können Sie zu Bett gehen und die Übungen machen, die Ordnung in Ihre Träume bringen und sie

schließlich zu Klarheits-Träumen machen sollen. Hier ein möglicher Einstieg:
Atmen Sie ein paar Mal tief durch, um ruhig und gesammelt zu werden. Konzentrieren Sie sich auf die Visualisation eines weißen A in der Körpermitte. Da zu diesem Buchstaben auch der Laut empfunden werden soll – aaaah –, werden Sie vielleicht das A unseres europäischen Alphabets verwenden wollen (wovon natürlich nichts in den alten tibetischen Texten steht). Es ist wie bei vielen anderen Übungen durchaus in Ordnung, so etwas auszuprobieren, und wenn Sie damit zurechtkommen, bleiben Sie einfach dabei. Puristen werden auf jeden Fall das tibetische Schriftzeichen bevorzugen und Ihnen ist es ja auch schon geläufig, sofern Sie die Zhine-Meditation im 12. Kapitel gemacht haben:

Welche Form Sie auch wählen, beide stehen für denselben lang gezogenen A-Laut. Er soll innerlich so gehört werden, als käme er aus dem Symbol selbst.
Sammeln Sie sich so lange wie möglich auf dieses Symbol, aber wenn Sie das als schwierig empfinden, können Sie sich auch sagen, dass es vor allem darauf ankommt, es beim Einschlafen *mental* gegenwärtig zu haben. Wenn Ihnen die statische Visualisation schwer fällt, können Sie sich auch vorstellen, dass ein zweites Symbol aus dem ersten hervorgeht, dann ein drittes aus dem zweiten und immer so weiter, bis die Kette der Symbole von der Herzgegend bis zum Scheitelpunkt Ihres Kopfes reicht.

Dann lassen Sie die Kette Symbol für Symbol wieder einschmelzen, bis wieder nur noch das zentrale Symbol da ist. Wiederholen Sie das bis zum Einschlafen. Es mag anstrengend klingen, wirkt aber tatsächlich einschläfernd wie das berühmte Schäfchenzählen.

Das wird Ihnen viel leichter fallen, wenn der ganze Ablauf durch Übung instinktiv geworden ist. Dann haben Sie nicht mehr das Gefühl, dass Sie das Symbol visualisieren, sondern es steht gleichsam bereit und Sie können es abrufen. Es bleibt ohne Anstrengung Ihrerseits präsent. Deshalb können Sie sich ganz entspannen und in dem Wissen, dass Ihre Konzentration und das Symbol präsent bleiben werden, dem Schlaf überlassen. Richtig ausgeführt, wird diese Übung Ihre Träume luzide machen, wenngleich das nur ein Nebeneffekt ist. Vorrangig geht es um ein Energiegleichgewicht im Zentralkanal, weshalb Sie auch angewiesen werden, unmittelbar nach dem Aufwachen wieder Anschluss an das Symbol und seinen Klang zu suchen.

Bei einer anderen Übung, die etwas komplexer ist, aber im Wesentlichen die gleiche Zielsetzung hat, nehmen Sie zum Einschlafen eine bestimmte Haltung ein. Männer liegen auf der rechten Seite, Frauen auf der linken, beide mit dem Kopf nach Norden. Ziehen Sie die Knie ein wenig an, um die Haltung stabil zu machen, legen Sie den Kopf in die Hand und lassen Sie den anderen Arm ausgestreckt auf dem Körper ruhen. Entspannen Sie sich und lassen Sie den Atem so ruhig werden, dass er kaum noch hörbar ist.

Visualisieren Sie eine rote Lotosblüte mit vier Blütenblättern in Ihrem Kehl-Chakra. Visualisieren Sie ein leuchtendes tibetisches A im Zentrum der Blüte und beobachten Sie, wie es die Farbe der Blütenblätter annimmt. Visualisieren Sie auf den Blütenblättern die tibetischen Silben *Ra* (vorn), *Sha* (hinten), *La* (links) und *Sa* (rechts).

Ra Sha La Sa

Bleiben Sie beim Einschlafen auf das tibetische A in der Mitte gesammelt. Nach zwei Stunden Schlaf folgt der nächste Teil der Übung. (Stellen Sie sich eventuell einen Wecker. Da der Beginn der Übung traditionell mit 22.00 Uhr angenommen wird, wäre es jetzt zum Beginn des zweiten Abschnitts Mitternacht und zum Beginn des dritten Abschnitts zwei Uhr früh. Das genaue Timing scheint nicht von entscheidender Bedeutung zu sein, lässt jedoch erkennen, dass die tibetischen Eingeweihten ihre Traumrhythmen gut kannten.) Nehmen Sie erneut Ihre Einschlafhaltung ein, falls Sie inzwischen die Lage gewechselt haben. Atmen Sie langsam ein und halten Sie den Atem an. Spannen Sie die Beckenbodenmuskulatur so an, dass es sich anfühlt, als würden Sie den Atem nach oben drücken und unterhalb des Nabels komprimieren. Halten Sie den Atem noch ein paar Sekunden an, um dann loszulassen und alle Muskeln des Körpers zu entspannen, auch Brust und Beckenboden.
Richten Sie Ihre Aufmerksamkeit bei dieser Atemübung auf das dritte Auge, also das Stirn-Chakra etwas oberhalb des gedachten Treffpunkts der Augenbrauen. Visualisieren Sie dort eine kleine Kugel aus weißem Licht. Versuchen Sie eine wirkliche Kugel an dieser Stelle zu fühlen.
Anfangs wird die Visualisation Ihre gesamte Aufmerksamkeit binden, aber wie bei früheren Übungen wird es irgendwann dahin kommen, dass sie automatisch wird und Sie sich nicht mehr groß um die Aufrecherhaltung des Bildes bemühen müssen. Wenn es so weit ist, können Sie Ihren Geist nach und nach mit dem immer klarer werdenden Licht der kleinen Kugel ver-

schmelzen lassen. Sie werden merken, dass jetzt nicht nur luzide Träume möglich werden, sondern auch eine Kontinuität der Bewusstheit über die Grenzen von Wach- und Schlafzustand hinweg.

Die dritte Stufe beginnt wieder zwei Stunden später. Benutzen Sie einen Wecker, falls Sie nicht von allein rechtzeitig aufwachen können. Diesmal müssen Sie eine andere Schlafhaltung einnehmen. Kopf und Oberkörper sollten erhöht liegen; nehmen Sie ein paar Kissen zur Hilfe. Legen Sie sich auf den Rücken, überkreuzen Sie die Fußgelenke und ziehen Sie die Beine mit locker nach außen fallenden Knien etwas an – wenn Sie jetzt aufrecht säßen, würden Sie eine Art Meditationshaltung einnehmen.

Richten Sie die Aufmerksamkeit auf Ihr Herz-Chakra und visualisieren Sie dort die tibetische Silbe HUNG. Sie sieht folgendermaßen aus:

Visualisieren Sie das Symbol in »leuchtendem« Schwarz. (»Leuchtendes Schwarz« mag zunächst widersprüchlich klingen, aber versuchen Sie es und Sie werden bald verstehen, was gemeint ist.) Atmen Sie jetzt einundzwanzigmal tief, aber ohne Anstrengung durch und lassen Sie Ihr Bewusstsein dabei mit dem HUNG verschmelzen. Überlassen Sie sich in diesem Zustand dem Schlaf.

Die vierte Phase dieser Übung folgt traditionell wiederum zwei Stunden später, aber die Wirkung wird nicht beeinträchtigt, wenn Sie bis zu Ihrer gewohnten oder natürlichen Aufwachzeit weiterschlafen. Wenn Sie früh am Morgen so schwer hochkommen wie ich, werden Sie gern hören, dass beim Aufwachen keine besonderen Haltungen oder Atemübungen notwendig sind. Nehmen Sie eine bequeme Haltung ein und sammeln Sie sich auf Ihr Basis-Chakra (zwischen Genitalien und Anus). Visualisieren Sie hier eine »leuchtend« schwarze Kugel und lassen Sie Ihr Bewusstsein wieder damit verschmelzen. Wenn Sie das erreicht haben, überlassen Sie sich einem letzten behaglichen kleinen Schlummer, um schließlich aufzustehen und sich den Dingen des Tages zuzuwenden.

Allerdings können Ihre Träume in dieser letzten Schlafphase alles andere als behaglich sein. Alle vier Stufen der Traumpraxis sind dazu da, Ihre Energien so zu dirigieren, dass jeweils Träume einer bestimmten Art entstehen:

Die erste Übung vor dem abendlichen Einschlafen soll friedvolle, sanfte Träume erzeugen.

Die zweite Übung, zwei Stunden später, verspricht eine Bewusstseinswandlung und mehr Klarheit im Traumprozess, aber schon bevor es dazu kommt, sollten Sie im Traum selbst Anzeichen des Fortschritts erkennen können. Ihre Träume sollten heiter und angenehm sein und Ihnen das Gefühl vermitteln, dass etwas bevorsteht.

Die dritte Übung, in der Sie mit der Silbe HUNG arbeiten, soll Ihre Kräfte entwickeln; genauer gesagt: Sie sollen Anschluss an die Grundkraft finden, die Sie immer schon in sich haben. Wenn das geschieht, wird sich ein Gefühl der Geborgenheit einstellen, das sich in den Träumen widerspiegeln sollte. Vielleicht sehen Sie sich in einer Position der Autorität oder Sie finden Zustimmung bei Menschen, an denen Ihnen besonders viel liegt.

Bei der vierten Übung sind die Träume wie gesagt eher unangenehm – aber genauso wichtig. Tibeter gebrauchen für solche Träume das Adjektiv »zornvoll« oder »rasend«. Hier könnten Sie sich Unwettern oder Überflutungen oder anderen vehementen

Erscheinungen dieser Art ausgesetzt sehen. Wir im Westen stufen solche Träume als Albträume ein, die man am besten schnell wieder vergisst. Für einen tibetischen Traum-Yogi bieten sie die Chance, die Furcht zu überwinden.

Und das wird nicht ausbleiben, wenn Sie oft genug erlebt haben, wie Ihr Traum-Ich von den furchtbaren Kräften solcher Träume vernichtet wird und dann wunderbarerweise doch unversehrt überlebt. Der Lerneffekt ist hier ein ganz ähnlicher wie beim Chöd-Ritual, in dem Sie ja völlig zerfleischt werden und doch überleben. Wenn Ihnen solche Träume vertraut geworden sind, werden Sie nicht anfangen, die darin wütenden Kräfte gering zu schätzen; aber Sie werden erkennen, dass Ihnen letztlich nichts etwas anhaben kann. Diese Erkenntnis hängt natürlich sehr eng mit dem immer deutlicheren Bewusstsein zusammen, dass unsere Traumumgebung, wie real, massiv und schrecklich sie auch wirken kann, eben doch nur Traum ist, ein Produkt unseres eigenen Geistes – und das ist es, was man gemeinhin Luzidität nennt.

Luzidität ist nicht das, worum es im tibetischen Traum-Yoga letztlich geht, aber sie ist ein nützliches Werkzeug, um das sich ein Traum-Yogi intensiv bemüht. Ohne Luzidität bleibt man dazu verdammt, die Traumerfahrung als Realität zu sehen. Mit ihr wird echter spiritueller Fortschritt möglich. Ein alter tantrischer Text (zitiert von Evans-Wentz, siehe Literaturverzeichnis) rät jedem, der sich um Luzidität bemüht:

> *Wenn dir langsam, langsam aufgeht, dass es alles Maya (Illusion) ist, lass alle Furcht fahren. Ist es ein Traum von Feuer, so lass das Feuer zu Wasser werden, zu dem, was Feuer löscht. Ist es ein Traum von sehr kleinen Dingen, so verwandle sie in große, und ist es ein Traum von großen Dingen, so verwandle sie in kleine. So begreift man die Natur*

der Ausdehnung. Ist es ein Traum von etwas Einzelnem, verwandle es in Vielheit, und ist es ein Traum von vielen Dingen, verwandle sie in ein einziges. So begreift man das Wesen der Vielheit und der Einheit.

Dieses Ausmaß der Herrschaft über das Traumgeschehen wird aus zwei Gründen angestrebt, der eine hat mit dem Leben zu tun, der andere mit dem Tod.
Lochen Dharma Shri, der »dumme Mönch«, wie er sich selbst nannte, äußerte gegen Ende des 17. Jahrhunderts Folgendes zu diesem Thema (zitiert von Gyatrul Rinpoche, siehe Literaturverzeichnis):

Sieh, während du deine Träume am Tag betrachtest und ohne Ablenkung in der Achtsamkeit bleibst, dass die Phänomene nur vermöge der Kraft der geistigen Prägungen, nicht aber aus sich selbst existieren. Alle Arten von Erscheinungen, verneinend oder bejahend, sind Traumgebilde, wenn sie auch als äußere Phänomene wahrgenommen werden. Wahre ohne Unterbrechung und voller Eifer deine Achtsamkeit und halte dir diese Wahrheit gegenwärtig.

Damit ist auf einen kurzen Nenner gebracht, was wir weiter oben über die Entwicklung der Luzidität gesagt haben, als es darum ging, die Erfahrungen des Wachzustands als Traum zu sehen: Wenn diese Betrachtungsweise zur Gewohnheit geworden ist, kann sie auf das Traumgeschehen übertragen werden, und dann wird der Traum als Traum erkannt.
Lochens Ratschlag geht jedoch noch weiter. Letztlich zielt der Traum-Yoga ja darauf, die Wahrheit der buddhistischen Maya-

Lehre *erfahrbar* zu machen. Wenn Sie im Traum erkennen, dass Sie träumen, muss Ihre Traumwelt dadurch nicht weniger real oder vielgestaltig werden. Der Traum kann sogar noch lebendiger werden, als er bis dahin war. Aber einfach dadurch, dass Sie ihn als Traum erkennen, wird er formbar, sodass Sie ihn nach Ihren Vorstellungen verändern können. Sie können, wie der tantrische Text sagt, Feuer in Wasser und Großes in Kleines verwandeln.

Wenn Sie das einige Male gemacht haben, kann es gar nicht ausbleiben, dass Ihnen auch die Realität Ihrer Alltagswelt höchst zweifelhaft wird. Der Gedanke, dass auch Ihr Wachleben Illusion sein könnte, ist dann keine intellektuelle Pflichtübung mehr, die man macht, um in die richtige Geisteshaltung für luzide Nachtträume zu kommen. Sie werden vielmehr nach und nach bis ins Mark davon überzeugt sein.

Und darin haben wir nun das zentrale Geheimnis tibetischer Magie (von dem der Uneingeweihte selten erfährt): Wenn der Wachzustand ein Traum ist, ist er doch sicher genauso formbar wie der Traum der Nacht. Es braucht nichts weiter als ein klares Bewusstsein der Wahrheit.

Wer Meister im Traum-Yoga geworden ist, verfügt demnach über das Potenzial, seine Erfahrung im Wachzustand so zu verändern, wie er gern möchte. Wenn die Welt Maya ist, eine von unserem Geist erzeugte Illusion, muss diese Illusion über den Geist umzugestalten sein. Wie im luziden Schlaftraum ist uns dann alles möglich, was uns vorschwebt: Stürme entfachen, Blei in Gold verwandeln, auf dem Wasser gehen – all die »Wunder«, die überall auf der Welt den Zauberern zugeschrieben wurden und werden.

So ist es kein Zufall, dass praktisch alle magischen Systeme der Welt von zwei Grundsätzen ausgehen: dass man alles erreichen kann, wenn man daran *glaubt*, und dass man das Ziel leichter erreicht, wenn man es detailliert visualisiert. Auch die abendländische esoterische Tradition ruht – trotz ihrer komplizierten Rituale und ihrer Theorien von astralen Energien – auf diesen beiden Prinzipien. Die Schulung, das ganze Drum und Dran und die Techniken stehen im Dienst dieser Prinzipien. Im Westen gibt es jedoch keine klare Theorie für die Wirkungsweise magischer Methoden – nur die Erfahrung, dass bestimmte Menschen damit umzugehen verstehen.

Magie ist aber nicht sehr zuverlässig, wie jeder weiß, der damit Erfahrung gesammelt hat. Sie ist eher eine Kunst als eine Wissenschaft. Ohne zuverlässige Theorie weiß man nicht recht, weshalb das so ist. Aus Tibet kommt die komplette Antwort: Glaube an dich selbst und visualisiere die Resultate, und du wirst in dem Maße Erfolg haben, wie du Klarheit darüber gewonnen hast, dass die Welt ringsum unwirklich ist, eine Schöpfung deines Geistes. Es ist zweifellos faszinierend, einen Traum in diese oder jene Richtung verändern zu können, aber was bringt es letztlich ein? Auch der mächtigste Zauberer der Welt, Heiliger oder Sünder, muss sich im Augenblick seines Todes schließlich die Vergeblichkeit seines Tuns eingestehen. Das bringt uns zum zweiten Grund dafür, dass tibetische Meister Bewusstheit im Traum anstreben.

Für alle, die wie Milarepa der Magie abschworen, um den mystischen Pfad einzuschlagen, bietet der Traum-Yoga eine entscheidende Navigationshilfe, um im Zwischenzustand nach dem Tod Erleuchtung zu finden und das Rad von Geburt, Tod und Wiedergeburt endgültig zu verlassen. Dazu noch einmal der »dumme Mönch« Lochen:

> *In tiefer Versunkenheit eins werden mit dem Bardo-Zustand:*
> *Wenn du dich während der Nacht damit vertraut machst,*
> *dass der Illusionskörper, der Traum und der Bardo-Zustand*
> *untrennbar eins sind,*

so stelle dir auch das Spiel des spirituellen Körpers während
der allmählichen Auflösung
in das höchste klare Licht des Todes vor.
Sieh all die trügerischen Erscheinungen
als das Sich-Zeigen des Illusionskörpers.
Halte dich an die Leerheit, an das Fehlen von wahrem Sein,
und mache dich so vertraut mit dem Wirken des
Emanations-Körpers.

Die Sprache ist hier zwar stellenweise recht dunkel, aber insgesamt wird doch klar, was Lochen Dharma Shri meint. Er gibt uns den Rat, für den Tod zu üben, gewissermaßen einen Probedurchgang vor dem eigentlichen Ereignis zu machen. Traum-Yoga eignet sich bestens dazu, weil Träume so viel Ähnlichkeit mit dem Bardo-Zustand haben.

Wenn man die Mechanik des Träumens während eines luziden Traums genau betrachtet, so Lochen, wird man verstehen, dass Traumkörper, Traumumgebung und die Grundstruktur unseres Geistes ein und dasselbe sind – Körper und Umgebung sind einfach mentale Projektionen. Dann kann man den luziden Traum nutzen, um sich mit einer Erfahrung vertraut zu machen, die eines Tages kommen muss: dem eigenen Tod.

FÜNFTER TEIL:
STERBEN UND TOD

21 DIE TÖDLICHE KUNST DES WOHLLEBENS

Beim Thema »Tod« ist im Westen meist ein gewisses Maß an Verleugnung mit im Spiel. Vom Verstand her wissen wir alle, dass wir eines Tages sterben werden, aber im Normalfall leben wir so, als glaubten wir nicht, dass es je dazu kommen wird. Achtzigjährige, Neunzigjährige schmieden fröhlich Pläne für den nächsten Urlaub oder nehmen Einladungen an, wie krank sie auch sein mögen. Über den Tod redet man nicht. Wozu sich mit solch morbiden Themen befassen?
Nach unserer »wissenschaftlichen« Sicht des Todes – der ein wenig Bescheidenheit gut zu Gesicht stehen würde – ist Tod einfach Vernichtung und Totalverlust, und natürlich kommen dann Ängste auf, wenn doch einmal vom Tod die Rede ist.
Das Verleugnen geht sogar im Todesfall weiter. In den Vereinigten Staaten ist die Praxis der Leichenkonservierung so weit verbreitet, dass viele bereits meinen, es sei gesetzlich vorgeschrieben. Die wenigsten wissen aber (und wer möchte schon wirklich ganz genau wissen, was die Bestattungsunternehmen so im Einzelnen treiben?), dass man zur Konservierung einer Leiche zunächst einen Schlauch entweder auf direktem Wege oder über eines der großen Blutgefäße ins Herz einführen muss, um dann mittels einer Pumpe so viel Blut wie möglich abzusaugen. Eine Leiche auszubluten ist nicht ganz einfach, nicht einmal mit Maschinen. Doch das soll uns keine Kopfschmerzen machen, denn anschließend pumpen wir den Körper über eine Vene in der Achsel mit einem chemischen Cock-

tail voll: Formaldehyd, Glyzerin, Borax, Phenol, Kaliumnitrat und –azetat, Safranin, Methylrot in Wasser. Jede Zutat dieser Mumifizierungslösung hat ihre ganz eigene Wirkung. Formaldehyd konserviert das Gewebe. Glyzerin wirkt als Feuchthaltemittel. Borax verflüssigt das Blut. Phenol, Kaliumnitrat und Azetat sind Desinfektionsmittel. Safranin und Methylrot färben und geben dem Kadaver eine ansprechend lebensfrische Ausstrahlung.

Was natürlich der ganze Zweck der Übung ist. Wer sich die Mühe macht, etwas genauer hinzusehen, wird schnell herausfinden, dass selbst diese Prozedur eine Leiche nicht endlos lagerfähig macht. Auch solch eine Mumie verfault. Und das dauert nicht einmal besonders lange, sofern man sie nicht in einer knochentrockenen Umgebung wie der ägyptischen Wüste beisetzt. Kurz, es geht bei dieser Einbalsamierung ausschließlich darum, die Leiche für die Überlebenden bis zur Beisetzung präsentabel zu machen und den Eindruck vorzugaukeln, der/die teure Verblichene schlafe, sei aber ansonsten wohlauf.

Auch unsere Beerdigungspraxis trägt also zur Verleugnung des Todes in dieser Gesellschaft bei. Und das ist nur eine von vielen Facetten. Hier noch eine zweite: Vor Jahren habe ich ein Buch über dieses Thema geschrieben und musste erleben, dass es von etlichen Verlagen abgelehnt wurde. Den Begründungen war deutlich anzumerken, dass man von dergleichen Themen nichts hören wollte.

Natürlich gibt es auch im Westen Menschen, die dem Tod ins Auge zu blicken bereit sind, weil er ja doch unvermeidlich und außerdem natürlich ist – nichts, worüber man sich graue Haare wachsen lassen müsste. Zu dieser wackeren Haltung sagt der tibetische Lama Chagdud Tulku Rinpoche, sie sei »gut und schön – bis es dann tatsächlich ans Sterben geht«.

Verleugnung des Todes, seine Gleichsetzung mit totaler Auslöschung und die nur äußerst vage bewusste Annahme, mit dem eigenen Tod werde es schon ganz von selbst irgendwie in Ordnung gehen – diese drei zusammen rauben dem Leben alle Sinnhaftigkeit und blockieren die Entwicklung langfristiger Lösungsansätze für die großen Probleme der Welt. Wie der frühere brasilianische Umweltminister Jose Antonio Lutzenberger 1991 sagte, handeln wir so, als wären wir die letzte Generation auf der Erde. Systematisch zerstören wir das, was die Natur zum Schutz des Lebens eingerichtet hat, beispielsweise die Ozonschicht und die Sauerstoff erzeugenden Wälder, während wir zugleich Flüsse, Meere und die Atmosphäre vergiften.

Wie ganz anders die tibetische Einstellung zum Tod! Es fängt damit an, dass die Reinkarnationslehre für Tibeter praktisch selbstverständlich ist. Von diesem Glauben ist die tibetische Kultur zutiefst durchdrungen; das ging bis zum Einmarsch der Chinesen sogar so weit, dass man Darlehen aufnehmen konnte, die im nächsten Leben zurückzuzahlen waren! Solche Transaktionen hatten weder für den Geber noch für den Empfänger etwas Merkwürdiges. Jedenfalls fördert ein solcher Glaube die langfristige Perspektive – schon aus Eigennutz: Wer davon ausgeht, dass er wiedergeboren wird, sieht gewiss gute Gründe für die Gesunderhaltung der Erde.

Tibetische Mystiker bleiben dabei jedoch nicht stehen. Aus buddhistischer Sicht sind Leben und Tod Aspekte eines Ganzen. Nach Ansicht eines tibetischen Lehrers ist der Tod »ein Spiegel, in dem sich die ganze Bedeutung des Lebens widerspiegelt«. Die buddhistischen Lehren versichern uns jedenfalls, dass es möglich und sinnvoll ist, sich schon im Leben auf den Tod vorzubereiten. Dadurch bereitet man sich nicht nur auf die Todeserfahrung selbst vor, sondern leitet auch schon weitere Inkarnationen in die Wege und bahnt die Erleuchtung an, durch die sich irgendwann das Klare Licht erschließt.

Die Vorbereitung, ein lebenslanges Unterfangen, ruht auf einer doppelten Voraussetzung, nämlich dass der Tod gewiss ist, der Zeitpunkt seines Eintretens jedoch nicht. Es scheint in der menschlichen Natur zu liegen, sich an den zweiten Teil zu klammern, um sich mit dem ersten gar nicht erst abgeben zu müssen. Daraus resultiert ein Verhalten, das manchmal »aktive Trägheit« genannt wird. Sogyal Rinpoche, der *Das tibetische Buch vom Leben und vom Sterben* verfasst hat, erzählt dazu eine Geschichte aus seiner Heimat:

Ein bettelarmer Tibeter sagte sich eines Tages, er werde sein Schicksal durch unablässige harte Arbeit wenden. Und tatsächlich, nach vielen Monaten schwerer Arbeit sah er sich als stolzer Besitzer eines ganzen Sacks Getreide. So viel Reichtum hatte er noch nie sein Eigen genannt. Als er nach Hause kam, band er den Sack mit einem Strick an einen Balken seines Hauses, damit er vor Ratten und Dieben sicher war. Zusätzlich richtete er auch noch sein Nachtlager unter dem Sack ein.

Dort lag er dann und plante sein weiteres Leben. Er war stolz auf das, was er bereits geschafft hatte, aber im Herzen wusste er, dass noch mehr in ihm steckte. Da verfiel er auf den Gedanken, nicht den ganzen Sack auf einmal zu verkaufen, sondern kleine Mengen abzupacken und auf diese Weise viel mehr Gewinn zu machen. So wäre nicht nur seine Ernährung gesichert, sondern er würde außerdem über Mittel verfügen, die er wieder in Getreide investieren konnte.

Mit dem zweiten Sack würde er genauso verfahren und die Profite immer wieder investieren – und eines Tages würde er in seinem Dorf als reicher und angesehener Mann dastehen. Dann würde er sich unter den Frauen die schönste aussuchen können,

und ein Kind wäre auch bald da, der Sohn, den er sich schon immer gewünscht hatte.
Aber wie sollte er ihn nennen? Als er darüber nachsann, ging draußen vor dem kleinen Fenster der Mond auf, und das nahm er als gutes Omen. »Ich werde ihn Berühmt-wie-der-Mond nennen!«, rief er.
Nur dass in diesem Augenblick der Strick riss und der Sack herabstürzte und ihn erschlug.

Diese Geschichte ist nicht nur ein schönes Beispiel für den etwas drastischen tibetischen Humor, sie enthält auch eine wichtige Botschaft, speziell für uns im Westen. Es gibt zwei Arten von Trägheit. Eine besteht darin, dass man bis mittags im Bett bleibt, um anschließend den ganzen Tag herumzuhängen und mit Freunden zu telefonieren und Popmusik zu hören. Wenn Sie heranwachsende Kinder im Haus haben, ahnen Sie vielleicht, was ich meine. Die andere Art ist in hoch entwickelten Ländern eine Art »Way of Life« geworden und besteht darin, dass man seinen Tag derart mit »Pflichten« und Vorhaben voll packt, dass man keine Zeit mehr findet, sich mit den wesentlichen Dingen auseinander zu setzen oder sie auch nur wahrzunehmen. Ein tibetischer Meister hat dafür den Ausdruck »Haushaltsführung in einem Traum« geprägt. Es ist ein Traum, aus dem Sie jederzeit aufgeschreckt werden können.
Das tibetische Wort für »Körper« lautet *Lu*, wörtlich zu übersetzen als »etwas, das du zurücklassen musst«. In diesem Wissen geben sich tibetische Mystiker so wenig mit Komfortbedürfnissen und Verbesserung der äußeren Lebensumstände ab, wie Sie ein Hotelzimmer umgestalten würden, in dem Sie nur eine Nacht bleiben. »Du musst essen, schlafen und ausscheiden«, merkt Patrul Rinpoche dazu an. »Mit allem Weiteren hast du nichts zu schaffen.«

Ein anderer Meister, Gyalse Rinpoche, kommt dem Kern der Sache noch näher, wenn er sagt: »Nichts wird je genau so laufen, wie du es möchtest, also vergiss deine Vorhaben und Planungen ruhig ganz. Wenn du unbedingt über etwas nachdenken musst, würde sich die Ungewissheit deiner Todesstunde anbieten.«
Denken wir an Ben Johnsons berühmte Worte, dass die Hinrichtung am frühen Morgen eine wunderbare geistige Sammlung bewirkt. Genau diese zugespitzte Ausrichtung möchten tibetische Gurus bei sich selbst und ihren Schülern bewirken. In einem Land, wo es üblich ist, das Feuer über Nacht in Gang zu halten, lassen die tibetischen Mystiker ihres ausgehen – einfach als Bekräftigung der Tatsache, dass sie im Schlaf sterben könnten. Und sie rufen uns auf, über diese Worte des Buddha zu meditieren:

Das Dasein ist flüchtig wie Herbstwolken. Sieh Geburt und Tod der Lebewesen – ist es nicht, als schautest du bei einem Tanz zu? Ein Leben ist wie der über den Himmel zuckende Blitz, es rauscht vorbei wie ein reißender Gebirgsbach.

Die Bedeutung der Worte ist klar, aber die Meister wissen längst, dass ein intellektuelles Wissen um die Vergänglichkeit niemals ausreicht, einen Menschen zu Verhaltensänderungen zu bewegen – zu Veränderungen, die unumgänglich sind, wenn sich etwas bewegen soll. Schon im 12. Jahrhundert sagte der Mystiker Drakpa Gyaltsen: »Ihr Leben lang halten sich die Menschen mit Vorbereitungen, Vorbereitungen, Vorbereitungen in Atem ... und gehen doch unvorbereitet ins nächste Leben.« Kein Wunder also, dass in vielen tibetischen Meditationen die Visualisation des Todes eine große Rolle spielt.
Wenn Sie vorhaben, den tibetischen Weg zu gehen, schließen Sie sich am besten gleich an. Entspannen Sie sich und machen

Sie Ihre Meditationsvorbereitungen wie gewohnt. Sammeln Sie sich auf den Atem, bis Sie innerlich ruhig geworden sind. Nehmen Sie für den Anfang die zitierten Worte des Buddha als Ihr Meditationsobjekt. Versuchen Sie die Bedeutung so klar wie möglich zu erfassen.

Lassen Sie dieser analytischen Phase möglichst lebhafte Visualisationen des Todes folgen: Schlachtvieh vor dem Schlachthaus, Fische im Netz oder am Angelhaken, ein zum Tode Verurteilter auf dem elektrischen Stuhl, während die Wärter alles für die Betätigung des Schalters vorbereiten.

Versuchen Sie sich selbst in diesen Bildern zu sehen – als eine dieser Kühe, als einer dieser Fische, als der Todeskandidat. Haben Sie den Blutgeruch in der Nase, fühlen Sie diese Ur-Angst bei jedem Schritt in Richtung Tor? Oder stellen Sie sich Ihr verzweifeltes Zappeln im Netz vor, hilflos mit den Kiemen pumpend. Oder dieses Gefühl von absoluter Ohnmacht, wenn Sie am elektrischen Stuhl festgeschnallt werden und man ihnen die Metallkappe auf den kahl geschorenen Kopf setzt, und alles in dem Wissen, dass der Tod – Ihr Tod – nur noch Augenblicke entfernt ist.

Wenn Sie sich als irgendein anderes Lebewesen sterben sehen, können Sie die letzten Augenblicke aus einer gewissen Distanz erleben und den Schmerz und das Entsetzen halbwegs gelassen betrachten. Dennoch wird Ihnen die Unausweichlichkeit des Todes klar werden: dass der Tod auf keine Art und Weise zu vermeiden ist und nicht unbedingt so kommen muss, wie wir es gern hätten, sondern grauenvoll sein kann.

Schließen Sie die Meditation mit einer Visualisation Ihres eigenen Todes ab, und zwar nicht über die Ersatzvorstellung eines Tieres oder irgendeines fiktiven Todeskandidaten. Versuchen Sie es erst einmal mit dem »perfekten« Tod: Sie als uralter Mensch, der in einem behaglichen Bett und inmitten liebevoller Angehöriger und Freunde sanft entschlummert.

Wenn Sie ein Gefühl für diesen Ablauf bekommen haben, können Sie zu weniger erfreulichen Todesumständen übergehen, die bekanntlich häufiger vorkommen. Sie könnten sich als einen der unzähligen Menschen sehen, die jedes Jahr an Herzkrankheiten oder ganz unverhofft an einem Gehirnschlag sterben. Vielleicht erkranken Sie auch, wie es jedem Vierten in unserer Gesellschaft blüht, an Krebs.

Wenn Sie sich für die Visualisation des Herztodes entscheiden, wäre es gut, sich vor Augen zu halten, dass jede Herzkrankheit ihre Vorgeschichte hat, aber der große Infarkt ohne Vorwarnung kommen kann: Plötzlich spüren Sie einen vernichtenden Schmerz in der Brust, der vielleicht in Hals, Arm(e) und Rücken ausstrahlt. Der Schmerz bleibt. Medikamente helfen nicht, Ruhe hilft nicht. Die Qualen können stundenlang anhalten. Zum Schmerz kommt wahrscheinlich auch noch Atemnot. Sie schwitzen. Ihnen ist übel. Der Blutdruck fällt ab. Das Herz rast, und das wahrscheinlich auch noch unregelmäßig. Ein schwer erträgliches Vernichtungsgefühl kommt über Sie.

Alle diese Symptome, wenn Sie die Vorstellung irgendwie aushalten können, sollten in Ihre Visualisation einbezogen werden, denn so oder so ähnlich könnte es Ihnen in Ihren letzten Minuten tatsächlich ergehen. Solche Visualisationen sollen Ihnen nicht die Hölle heiß machen, sondern Sie einfach befähigen, sich den beiden großen Wahrheiten des Lebens zu stellen: *dass* Sie sterben werden und dass Sie absolut nicht wissen können, wann und wie.

Es ist wohlbekannt, dass Menschen, die unverhofft (zum Beispiel durch eine schlimme Diagnose) mit dem Bevorstehen ihres Todes konfrontiert werden, eine von Panik geprägte Stufenfolge durchlaufen – Verleugnung, Wut, Feilschen mit Gott und so weiter –, bis sie endlich das letzte Stadium des ruhigen Einverständnisses erreichen. Leider kehrt diese Gelassenheit oft erst unmittelbar vor dem Tod ein und dann bestehen natürlich kaum noch Chancen, das Leben tief greifend zu ändern.

Tibetische Mystiker hoffen dagegen, dass sie durch solche Todesmeditationen frühzeitig zu diesem ruhigen Einverständnis kommen und sich deshalb noch gründlich vorbereiten können. Diese Vorbereitung besteht in nichts weiter als einem guten Leben – nicht im Sinne eines fröhlichen In-den-Tag-hinein-Lebens, sondern im tiefen Wissen um das, was wirklich zählt. Es wird Ihnen dann vielleicht auf einmal viel weniger um Geld und Besitz und dafür viel mehr um Menschen gehen. Liebe bedeutet Ihnen dann mehr als Erfolg, Mitgefühl mehr als Siege. Und Sie werden mehr wissen wollen, insbesondere über sich selbst. Vor allem werden Sie wohl einer Sache Zeit widmen wollen, die Sie bis dahin einfach nicht beachtet haben: Vorbereitung und Einstimmung auf den Augenblick, in dem Sie Ihren Lu zurücklassen, der dann ansehnlich hergerichtet aufgebahrt, beerdigt und schließlich in seinem kalten finsteren Grab vergessen wird.

Doch das ist nur der Lu. Alle Vorbereitungen dieser Art sollten aus tibetischer Sicht von der sicheren Gewissheit ausgehen, dass unser Weg nicht zu Ende ist, wenn wir sterben.

22 STERBEN

Der Tod ist kein Ereignis, sondern ein Prozess.
Er tritt am häufigsten in den frühen Morgenstunden ein, wenn auch alle körperlichen Prozesse am weitesten zurückgefahren sind. Wahrscheinlich schlafen Sie dann gerade und viel-

leicht schlafen Sie auch weiter, aber es könnte durchaus sein, dass Sie aufwachen. Sollten Sie aufwachen, werden Sie merken, dass der Atem sehr flach und mühsam geworden ist. Sie werden vielleicht Muskelzuckungen im Gesicht oder anderswo wahrnehmen. Vielleicht hören Sie ein sonderbares Gurgeln tief im Hals, das berühmte »Todesrasseln«. Und dann wissen Sie auf einmal, dass Ihr Herz stehen geblieben ist.

In der guten alten Zeit war es damit ausgestanden. Jeder kundige Arzt hätte dann bereits den Totenschein ausgestellt. Heute weiß man, dass ein Herzstillstand nicht endgültig sein muss und das Herz von selbst oder durch medizinische Intervention wieder zu schlagen beginnen kann. Deshalb hat man sich angewöhnt, erst bei »irreversiblem Herzstillstand« vom Tod zu reden. Doch selbst wenn Ihr Herz unwiderruflich aufgehört hat zu schlagen, ist der eigentliche Todesaugenblick immer noch nicht erreicht.

Der Körper ist im Grunde ein Versorgungssystem für das Gehirn, dem er über die Blutbahn die notwendigen Nährstoffe zukommen lässt. Wenn Ihr Herz nicht mehr schlägt, zirkuliert das Blut nicht mehr. Das bringt Ihr Gehirn in eine schwierige Situation, aber es gibt trotzdem nicht gleich auf. Bis zu drei Minuten kann es alle seine Funktionen ohne Blutversorgung aufrechterhalten, dann jedoch beginnen die Nervenzellen der Großhirnrinde abzusterben.

Von der siebten oder achten Minute an entstehen irreversible Hirnschäden, wobei allerdings eine gewisse elektrische Aktivität des Hirnstamms noch einige Minuten länger erhalten bleibt. Aber Ihr Hirnstamm mag sich an das Leben klammern, wie er will, auch er »verhungert« schließlich. Wenn das eintritt, sind Sie das, was man »hirntot« nennt. Aber in Ihrem Körper geht auch dann noch so manches vor sich.

Kaum ist Ihr Herz stehen geblieben, weiten sich die Pupillen, die Muskeln verlieren alle Spannung, der Körper beginnt abzukühlen. Solange Sie lebendig sind, sorgen etliche zu Regelkreisen verknüpfte Prozesse für eine gleich bleibende Körpertemperatur von um die 37 Grad. Sobald das Herz nicht mehr schlägt, fallen auch die Regelprozesse aus. Deshalb kühlt der Körper langsam bis zur Umgebungstemperatur ab. Das geschieht natürlich von außen nach innen; im Kernbereich des Körpers hält sich die Wärme am längsten. Lässt man den völlig ausgekühlten Leichnam zu lange liegen, wird er sich nach einiger Zeit wieder erwärmen.

Die Zellen der Nieren und der Leber sind zum Zeitpunkt des Hirntodes noch lebendig und werden noch eine gute halbe Stunde am Leben bleiben. Erstaunlicherweise gilt das sogar für das Herz. Ein Herz, das der Leiche innerhalb einer halben Stunde nach seinem endgültigen Stillstand entnommen wird, kann einem vorbereiteten Empfänger mit guten Erfolgsaussichten eingepflanzt werden. Die Hornhaut der Augen und die Haut überhaupt bleiben noch viel länger lebendig und transplantierbar – bis zu zwölf Stunden! Ihr Blut fließt zwar nicht mehr, aber die weißen Blutkörperchen schwimmen noch weitere sechs Stunden lang herum und haben nichts anderes im Sinn, als den Körper vor dem Eindringen schädlicher Keime zu schützen.

Doch nicht nur auf der mikroskopischen Ebene sind noch eine ganze Weile Lebenszeichen zu verfolgen. Für bis zu zwanzig Minuten nach dem Tod lässt sich der Kniescheibenreflex noch auslösen. Muskeln lassen sich noch für etliche Stunden mittels elektrischer Reize zu Kontraktionen veranlassen. Da das Blut jedoch nicht mehr fließt, können die Muskelzellen nicht mehr mit Luftsauerstoff versorgt werden und gehen dazu über, ihren Sauerstoffbedarf notdürftig durch Umwandlung gespeicherter Kohlenhydrate zu decken. Dadurch entsteht Milchsäure, die sich im Muskelgewebe anreichert und den Körper steif werden lässt. Diese Erstarrung beginnt eine bis sechs Stunden nach dem Tod und erfasst zunächst den Unterkiefer, um sich von dort aus abwärts auszubreiten und Ihren Körper schließlich bis zu den Füßen als *Rigor mortis* zu erfassen – Leichenstarre. Die Starre hält etwa sechsunddreißig Stunden an, um sich dann allmählich wieder zu lösen, weil jetzt Enzyme das Bindegewebe zwischen den Muskelfasern zersetzen.

Eine halbe bis zwei Stunden nach dem Herzstillstand zeigen sich erste dunkle Flecke auf Ihrer Haut, die sich in den nächsten acht bis zwölf Stunden immer weiter ausbreiten. Diese Leichenflecke nennt man medizinisch *Livor mortis*; sie entstehen dadurch, dass die Schwerkraft Ihr Blut in die tiefer liegenden Bereiche Ihres regungslosen Körpers zieht.

All das setzt Ihrer Leiche bereits erheblich zu, ist aber noch längst nicht alles. Da Ihr Immunsystem jetzt lahm gelegt ist, vermehren sich die Kolibakterien in Ihrem Darm ungehemmt. Innerhalb von zwei Tagen haben sie sich so weit ausgebreitet, dass Ihre Körpertemperatur wieder steigt. Das deutet jedoch keine Verbesserung Ihres gesundheitlichen Zustands an. Vielmehr beginnt jetzt die Zersetzung: Die Bakterien verzehren ihr einstiges Zuhause und dabei entsteht Wärme. Es bilden sich auch Gase, die Ihren Darm auftreiben, bis er platzt, sodass die Bakterien sich überallhin ausbreiten und über die anderen Organe hermachen können. Der ganze Körper schwillt an und beginnt zu riechen.

Wie lange das alles dauert, hängt von der Umgebungstemperatur ab. Aber nach ein, zwei Wochen lassen sich Haar, Nägel und Zähne mühelos vom Körper lösen. Nach spätestens einem Monat verflüssigt sich das Gewebe. Die anfängliche Zersetzung geht in Verwesung über. Der Körper sinkt in sich zusammen und der Geruch ... nun ja.

Anschließend trocknen die Reste ein, aber es bleiben noch ein paar Feuchtigkeitsnester, die jetzt einen käsigen Geruch verströmen. Die Haut platzt auf wie alte Farbe, Schimmel breitet sich aus. Noch ein paar Monate weiter und der Kadaver ist mehr oder weniger vollständig ausgetrocknet. Die weitere Verwesung geht jetzt langsamer vor sich, aber schließlich bleiben nur noch Knochen zurück.

So weit Ihr Körper. Noch viel erstaunlicher ist aber, was mit Ihrem Geist passiert.

Im wissenschaftlichen Westen gibt es hier allerdings nichts zu bestaunen. Wenn der Körper als Versorgungssystem ausfällt, hört der Geist einfach auf, fertig. Das innere Wesen, für das Sie sich immer gehalten haben, erlischt flackernd wie eine abgebrannte Kerze. Tibetische Mystiker sehen gute Gründe, dem zu widersprechen.

Wie schon gesagt, sind Meditierende der tibetischen Tradition bald darauf gekommen, dass Geist nicht das ist, was wir für gewöhnlich als »unseren Geist« erleben. Und hier ist nicht der buddhistische Grundbegriff des reinen Geistes gemeint, der aller Wirklichkeit zugrunde liegt. Sie teilten mit der modernen westlichen Psychologie die Anschauung, dass es geistige Bereiche gibt, von denen wir unter normalen Umständen wenig oder nichts wissen und die in der westlichen Psychologie mit Begriffen wie »Unterbewusstsein«, »das Unbewusste« oder »Überbewusstsein« umschrieben werden. Darüber hinaus postulierten sie jedoch geistig-energetische Wechselwirkungen, die im Westen unbekannt sind.

In dem bereits angesprochenen Vortrag, den der Dalai Lama 1992 bei einer Konferenz zum Thema »Geist und Leben« in Dharamsala hielt, kam Seine Heiligkeit auch auf die wechselseitige Abhängigkeit von Geist und Energie zu sprechen. Zunächst stellte er fest, dass das alltägliche Bewusstsein tatsächlich an die Funktionsfähigkeit des Gehirns gebunden ist und folglich mit ihm stirbt. Bis hierher ist die Übereinstimmung mit dem westlichen Denken also noch gegeben. Dann führte er jedoch aus, tibetische Mystiker hätten darüber hinaus beobachtet, dass es eine subtile »Geist-Essenz« gibt, die ihren Sitz im Energiesystem des Körpers hat und nicht vom Gehirn abhängig ist. Aus tibetischer Sicht kann der Geist demnach den Hirntod überleben, so lange jedenfalls, wie das Energiesystem des Körpers noch funktionstüchtig ist.

Bedenken wir, dass der Dalai Lama hier vor einem internationalen Publikum sprach und sich so vorsichtig wie möglich ausdrückte. Für tibetische Mystiker gilt, dass die Geist-Essenz erhalten bleibt, auch wenn die körperliche Basis des Energiesystems nicht mehr existiert. Sie sind zu einem Bild des Sterbeprozesses gelangt, das mindestens so detailliert ist wie der geschilderte körperliche Verfall, aber einen ganz anderen Standpunkt voraussetzt. Während wir uns im Westen auf die körperlichen Vorgänge konzentriert haben, wollten die Tibeter wissen, was innen passiert, mit unserem Geist. Und sie sind da auf ein paar, gelinde gesagt, aufregende Dinge gestoßen.

Das erste Zeichen des Todes ist nach ihren Beobachtungen ein Gefühl von Schwäche, gefolgt von Empfindungen des Sinkens und Zerfließens. Vor den Augen verschwimmt alles wie unter Wasser. Körperliche Empfindungen verblassen. Der Körper wird taub, die Ohren hören immer weniger, die Augen sehen immer weniger. Alles wird unwichtig. Man erlebt eine eigentümliche Ruhe. Geruchssinn, Berührungssinn und Geschmackssinn nehmen ab und verschwinden. Die Atmung wird immer flacher und hört schließlich auf.

Dieser Zustand stimmt mit dem überein, was im Westen klinischer Tod genannt wird. Herzschlag, Blutkreislauf und elektrische Hirnaktivität kommen zum Erliegen. Aus tibetischer Sicht geht jetzt aber doch noch einiges vor sich, und zwar in den Energiekanälen. Davon ist in der wissenschaftlichen Darstellung des Westens überhaupt nicht die Rede. Ihr Denken verblasst und Sie haben den Kontakt zur Außenwelt verloren, aber Sie erleben doch noch eine traumartige leuchtende Dunkelheit, auf die etwas folgt, was wie einsetzende Ohnmacht oder beginnender Schlaf ist.

Das ist für Tibeter der eigentliche Moment des Todes. Ihr Geist ist so weit reduziert, dass Sie ihn selbst kaum noch ausmachen können. Doch dann, nach einer momentanen Dunkelheit, nehmen Sie wieder wahr, was um Sie her vorgeht – nur von einer anderen Warte aus. Sie sind nicht mehr in Ihren auf dem Sterbelager liegenden Körper eingesperrt. Sie sind irgendwie aus ihm herausgetreten und fühlen sich, kann man sagen, um einiges besser als eben noch. Sie sehen die ganze Szene: den Arzt, der sich um Sie bemüht, die um Ihr Bett versammelten Angehörigen und Freunde. Schnell wird Ihnen klar, dass Sie von diesen Menschen nicht gesehen werden und niemand Ihre tröstenden Worte hört, dass ein Wunder geschehen ist und alles gut ist und Sie gar nicht wirklich tot sind. Es ist, auch wenn es sich für Sie nicht so anfühlt, als hätten Sie sich plötzlich in ein Gespenst verwandelt. Aber Sie *können* ein richtiges spukendes und mit Ketten rasselndes Gespenst werden. Dazu kommt es nicht sehr oft, sagen die Tibeter, aber es kann passieren. Wenn Sie im Leben allzu sehr an den materiellen Dingen gehangen haben, könnten Sie in diesem Augenblick zu dem Schluss kommen, dass Sie bleiben möchten. Dann werden Sie in Ihrem neuen Geist-Körper Kontakt zu den Menschen aufnehmen und den Gang der Dinge beeinflussen wollen. Manche sind darin lange Zeit unbelehrbar und versuchen es immer wieder, auch wenn längst klar ist, dass die Erfolge in keinem Verhältnis zum Aufwand stehen. Wenn sich Ihre Anwesenheit anderen mitteilt – was unter bestimmten Umständen möglich ist –, dann spuken Sie eben.

Doch so weit kommt es meistens nicht. Ihre Gefühle werden Sie vielleicht veranlassen, noch einige Zeit zu verweilen, aber wahrscheinlich wird nichts weiter passieren, als dass Sie hier und da in den Träumen von Freunden und Verwandten auftreten, bevor Sie die stoffliche Welt gänzlich hinter sich lassen. Und dann wird es erst richtig interessant.

23 STEUERLOS IM BARDO

Menschen, die in ihrem blinden Wüten besonders viel Schlimmes im Leben angerichtet haben, werden nach ihrem Tod augenblicklich in den Höllenbereichen wiedergeboren. Es sind aber zum Glück nicht viele, die solch ein Schicksal erleiden. Uns übrigen – gut, schlecht oder weder dies noch das – steht nach tibetischer Auffassung eine Folge von Visionen bevor, sehr lebhafte Träume, die einem für alle Menschen gleichen Grundmuster folgen.
Nach landläufiger tibetischer Sicht dieser Dinge werden wir den Gottheiten und Dämonen der Bardo-Bereiche begegnen, aber wir sollten das vielleicht nicht ganz so wörtlich nehmen. Das Wort »Bardo« bezeichnet einen Zwischenbereich, in dem wir uns nach dem Tod und vor unserer nächsten Inkarnation aufhalten. Zu dieser Zwischenwelt gibt es jedoch keine Schilderung oder Ausgestaltung nach christlichem Muster: Hier erfährt man weder Lohn noch Strafe, noch Läuterung wie in Himmel, Hölle und Fegefeuer der christlichen Jenseitswelt. Tatsächlich könnten die Bardos eher Bewusstseinszustände als richtige Welten sein. Im Buddhismus ist das nicht immer leicht auseinander zu halten, zumal letztlich ohnehin alles Geist ist.

Und abgesehen von den Bardos selbst, werden auch die Gottheiten und Dämonen von den tibetischen Mystikern alles andere als vordergründig gesehen – nicht als eigenständige Wesenheiten, sondern als Verkörperungen verschiedener Aspekte der Erleuchtung, die in den tiefsten Schichten Ihres eigenen Geistes angelegt sind. Es handelt sich demnach um Projektionen.

Für einen Tibeter nehmen solche Projektionen natürlich das Gepräge seiner Kultur an. Aber jedem wird das »begegnen«, was er erwartet, und Ihr Tiefenbewusstsein wird die religiösen Bilder projizieren, die ihm vertraut sind. Wenn Sie also ein Christ sind, könnten Ihnen Christus und seine Heiligen oder der Teufel mit seinen Helfershelfern begegnen. Was Ihnen da begegnet, wird in beiden Fällen nicht real sein, denn es ist immer ... Sie selbst. Da das Tiefenbewusstsein jedoch bei allen Menschen die gleiche Grundstruktur aufweist, werden die Visionen trotz unterschiedlicher kultureller Färbung von gleicher *Art* sein – die gleichen Energien, die gleichen Prinzipien. Die Tibeter sagen: Wer das erkennt und durchschaut, dessen Chancen, Erleuchtung und Befreiung zu finden, vergrößern sich drastisch.

Was also geschieht, wenn Sie sich endgültig aus der körperlichen Welt zurückziehen?

All das wird in einem alten tibetischen Text angesprochen, der so erstaunliche Inhalte bietet, dass er heute mit Recht weltbekannt ist. Sein Titel lautet *Bardo Thödol* und wird in den allermeisten Übersetzungen mit *Das Totenbuch der Tibeter* oder in ähnlichem Wortlaut wiedergegeben. Tibeter nennen das Buch eher *Das tibetische Buch der großen Befreiung*, doch auch das ist nicht die wörtliche Übersetzung des Originaltitels; die lautet einfach »Das Buch vom Zwischenzustand«.

Dieser Text sagt, dass die Visionen einsetzen, sobald Sie sich von den Menschen rings um Ihr Sterbelager abzuwenden beginnen. Jetzt bemerken Sie seltsame Lichter, helle Farben, laute Geräusche (»wie tausendfacher Donner«). All das kann erschreckend sein, wenn Sie nicht damit rechnen, ist aber tatsächlich harmlos und deutet lediglich darauf hin, dass Sie sich der spirituellen Ebene nähern. Alles, was sich auf diesem Abschnitt ereignet, ist Ausdruck spiritueller Energien, und daher ist es am besten, sich nicht dagegen zu wehren. Inzwischen beschleicht Sie wahrscheinlich der Verdacht, dass Sie tot sind (das liegt nämlich keineswegs von vornherein auf der Hand), und tibetische Mystiker sehen darin einen sehr erfreulichen Schritt. Sie raten Ihnen auch, dass Sie die Verbundenheit mit Ihren Freunden und Verwandten ebenso wie die Trennung von ihnen als Illusion zu sehen versuchen, die mit Ihrer gegenwärtigen Verfassung gar nichts mehr zu tun hat und deshalb schnellstens aufgegeben werden sollte.

Da Ihr Geist sich vom Körper gelöst hat, so das *Bardo Thödol*, erleben Sie Zeit jetzt anders als während Ihrer Inkarnation. Aber als Zugeständnis an den Leser bleibt das Buch für die Schilderung der jetzt anschließenden Visionen bei einer Einteilung nach Tagen. Und selbst wenn wir das als Zugeständnis nehmen, bleibt es eine fragwürdige Sache, denn es scheint so zu sein, dass es von Ihrem spirituellen Entwicklungsstand abhängt, wie lange jede dieser Erfahrungen für Sie dauert. Dennoch, für die große Mehrheit der Menschen wird sich nach einer viereinhalb Tage dauernden Phase der Bewusstlosigkeit Folgendes abspielen:

ERSTER TAG

Die Visionen des ersten Tages sind von einem hellen, tief himmelblauen Licht von großer Reinheit geprägt. Aus diesem Licht tritt die Gottheit Vairochana hervor, der Erleuchter. Er lebt im zentralen Buddha-Reich Ghanavyuha, sitzt auf einem Löwenthron und hält ein Rad mit acht Speichen. Bei ihm ist seine Gefährtin, die Herrin des Raumbereichs, die er zärtlich umarmt. (Manche sehen darin eine sexuelle Umarmung, Symbol für die gegenseitige Durchdringung der beiden Erleuchtungsaspekte, für welche die beiden Gottheiten stehen.)

ZWEITER TAG

Am zweiten Tag tritt an die Stelle des blauen Strahlens ein weißes Licht, das Tibeter mit dem Element Wasser assoziieren. In diesem weißen Licht erscheint Ihnen die Gottheit Akshobhya – Tibeter nennen ihn »der Gesegnete«. Er sitzt auf einem Elefantenthron und sein Gefolge besteht aus den Bodhisattvas Kshitigarbha und Maitreya sowie den beiden Göttinnen Lasya und Pushpa. Akshobhya hält einen *Vajra* und umarmt seine Gefährtin Buddha-Lochana. (Vajra ist das ursprüngliche Sanskritwort für den rituellen Dorje, Symbol der »diamantenen Weisheit«.)

DRITTER TAG

Am dritten Tag hat sich die Farbe des Strahlens erneut geändert. Es ist jetzt ein gelbes Licht, das Tibeter mit dem Element Erde verbinden. Der im südlichen Reich Shrimat beheimatete Ratnasambhava erscheint vor Ihnen. Er ist gelb, sitzt auf einem Pferdethron und trägt ein »Wunsch erfüllendes Juwel« in der Hand. Die Bodhisattvas Akashagarba und Samantabhadra sowie die Göttinnen Mala und Dhupa bilden sein Gefolge. Er umarmt seine Gefährtin Mamaki.

VIERTER TAG

Das Licht ist jetzt rot, die Farbe des Elements Feuer, und es erscheint Ihnen der im westlichen Reich Sukhavati beheimatete Amitabha. Er sitzt auf einem Pfauenthron, umarmt seine

Gefährtin Pandaravasini und hält eine Lotosblüte in der Hand. Amitabha ist von roter Farbe und wird von den Bodhisattvas Avalokiteshvara und Manjushri sowie den Göttinnen Gita und Aloka begleitet.

FÜNFTER TAG

Am fünften Tag erscheint das Grün des Luft-Elements (in der tibetischen Tradition »Wind« genannt) und Sie sehen die grünhäutige Gottheit Amoghasiddhi vor sich. Er sitzt auf einem Adlerthron und hält in einer Hand zwei überkreuzte Vajras. Amoghasiddhi kommt aus dem nördlichen Reich, umarmt seine Gefährtin Tara und wird von den Bodhisattvas Vajrapani und Sarvanivarana-Vishkambhin sowie den Göttinnen Gandha und Naivedya begleitet.

SECHSTER TAG

Hier werden Ihre visionären Erlebnisse nun erheblich komplexer. An die Stelle des einfarbigen reinen Lichts der vergangenen Tage tritt ein Regenbogen aus Weiß, Gelb, Rot und Grün, den elementaren Lichtern aus den vier Himmelsrichtungen. (Allen Lesern, die mit den Farbzuordnungen der abendländischen esoterischen Tradition vertraut sind, wird längst aufgefallen sein, dass das tibetische System davon abweicht.) Es ist, als stünden Sie vor einem weiten Ritualgrund, der den gesamten Raum einnimmt. In den vier Farben beleuchtet erscheinen Vairochana und seine Gefährtin, die Herrin des Raumbereichs, und nehmen den Platz in der Mitte ein. Dann tauchen im Osten Akshobhya und seine Gefährtin Buddha-Lochana mit ihrem Gefolge auf, danach im Süden Ratnasambhava und Mamaki mit ihrem Gefolge. Im Westen führen Amitabha und Pandaravasini ihr Gefolge an und zuletzt erscheinen der grünhäutige Amoghasiddhi mit seiner wunderschönen Gefährtin Tara und Gefolge im Norden.

Wenn die Buddha-Gottheiten ihre Plätze eingenommen haben, treten nach und nach immer mehr untergeordnete Wesen auf. Zuerst die acht zornvollen Torhüter, die in Paaren ihre Plätze einnehmen: der weiße Vijaya mit seiner Gefährtin Ankusha im Osten, der gelbe Yamantaka mit seiner Gefährtin Pasha im Süden, der rote Hayagriva mit seiner Gefährtin Shrinkhala im Westen und der grüne Amritakundali mit seiner Gefährtin Ghanta im Norden.

Zu diesen Wesen gesellen sich sechs Erlöser-Buddhas: der schwarze Dharmaraja, Erlöser des Höllenbereichs, der rote Jvalamaraja des Bereichs der hungrigen Geister, der blaue Dhruvasimba des Tierbereichs, der gelbe Shakyasimba des Bereichs der Menschen, der grüne Vimacitra des Halbgötterbereichs und der weiße Indra des Götterbereichs. Zuletzt schließen sich diesen Buddha-Gestalten zwei archetypische Wesen an, die in Tibet Samantabhadra oder »All-guter Vater« und Samantabhadri oder »All-gute Mutter« genannt werden.

(Wenn Sie die Ereignisse des sechsten Tages visualisiert haben, wird Ihnen aufgefallen sein, dass ein farbiges Mandala mit zweiundvierzig Wesen entstanden ist, wie man es in tibetischen Klöstern häufig ganz ähnlich in der Form von *Thangkas* antrifft, jenen farbenprächtigen, in Form eines Mandalas gestalteten Darstellungen des Buddha auf Seide.)

SIEBTER TAG

Auch für diesen Tag bleibt die Grundstruktur das Mandalas, aber es ist ein anderes Mandala mit anderen Gottheiten. Die Gottheiten dieses Tages werden *Vidyadharas* genannt. Als Vidyadhara bezeichnet man einen voll erleuchteten tantrischen

Meister der materiellen Welt, der sich als ein archetypischer Aspekt im spirituellen Bereich manifestiert. Im Zentrum des vielfarbigen Lichtraums erscheint der oberste Vidyadhara, der Lotosherr des Tanzes, mit seiner roten Dakini-Gefährtin. Sie tanzen mit zum Himmel erhobenen Gesichtern und schwenken dabei Krummdolche und blutgefüllte Schalen, die aus Menschenschädeln gemacht zu sein scheinen.

Jetzt beginnt das Mandala Gestalt anzunehmen, denn im Osten erscheint eine weiße, lächelnde Gottheit Namens »Der auf den Ebenen weilt« mit seiner Dakini-Gefährtin. Auch sie tanzen und halten dabei Dolche und mit Blut gefüllte Schalen. Die weitere Reihenfolge von ähnlich ausgestatteten tanzenden Gestalten: Im Süden »Der Herrschaft über das Leben besitzt«, von gelber Farbe und in Begleitung seiner gelben Dakini-Gefährtin; im Westen der rote Vidyadhara »Großes Siegel« mit seiner roten Dakini und schließlich im Norden der grimmig dreinblickende Vidyadhara »Spontanes Erlangen« mit seiner grünen Gefährtin.

Während die Vidyadharas der vier Hauptrichtungen mit ihren Gefährtinnen tanzen und dabei ihre Messer und Schädelschalen schwenken, gesellen sich nach und nach immer mehr Dakinis und Beschützer der Religion zu ihnen, die einigermaßen beunruhigend ausgestattet sind: Sie tragen Knochenschmuck und wehende Fahnen, Bänder und Wimpel aus Menschenhaut. Viele blasen *Kanglings*, Trompeten aus menschlichen Schenkelknochen, und es riecht so, als würde Menschenhaut als Räucherwerk abgebrannt.

ACHTER TAG

Der siebte Tag, Sie werden es an der veränderten Symbolik abgelesen haben, markiert eine Art Wendepunkt in Ihrem Sterbeprozess. Tibeter teilen die Visionen dieser Phase nach dem

Tod des Körpers in zwei Hauptabschnitte ein: in der einen erscheinen friedvolle, in der anderen rasende Gottheiten. Am siebten Tag vollzieht sich der Übergang zu Visionen der zweiten Art und vom achten Tag an erscheinen Gottheiten der eindeutig zornvollen Art.

Das Grauen nimmt seinen Lauf, wenn aus Ihrem eigenen Kopf der furchtbare Buddha Heruka hervorgeht, eine braune Gestalt mit drei Köpfen, sechs Armen und vier Beinen. Jedes der Gesichter – sie sind weiß, rot und braun – besitzt drei Augen. Heruka trägt eine Krone aus Knochenschädeln und schmückt seinen Körper mit schwarzen Schlangen und auf Schnüre gezogenen frisch abgeschlagenen Menschenköpfen.

Er steht auf einem Thron, der von riesigen adlerähnlichen Vögeln gehalten wird. Bei ihm, ja um ihn geschlungen, sehen wir seine ebenso Furcht erregende Gefährtin Buddha-Krodheshvari, die ihm aus einer randvollen Schädelschale Blut zu trinken gibt. Die wilden Blicke und Schreie der beiden Gottheiten, aus deren Körpern gewaltige Flammen schlagen, gelten Ihnen.

NEUNTER TAG

An diesem Tag taucht im Osten der gefürchtete Vajra Heruka auf, eng umschlungen mit seiner Gefährtin Vajra-Krodheshvari, die ihn Blut aus einer Schädelschale trinken lässt. Auch Vajra Heruka hat drei Köpfe, sechs Arme und vier Beine. Seine Gesichter sind rot, weiß und dunkelblau. In einer Hand hält er einen Vajra, in der zweiten eine Schädelschale, in der dritten eine Axt, in der vierten eine Glocke, in der fünften eine Pflugschar und in der sechsten eine weitere Schädelschale.

ZEHNTER TAG

Im Süden erscheint eine weitere rasende Gottheit, Ratna Heruka, mit seiner Gefährtin Ratna-Krodheshvari. Sein Körper ist von dunklem Gelb, seine drei Gesichter sind gelb, weiß und rot. Er hält ein Juwel, einen Speer (auf den, schaurig anzusehen, drei Köpfe gespießt sind), eine Keule, eine Glocke, eine Schädelschale und einen Dreizack. Auch er bekommt von seiner Gefährtin Blut in einer Schädelschale gereicht.

ELFTER TAG

Das Bild entspricht denen der vorigen Tage, nur ist es diesmal Padma Heruka, der mit seiner Gefährtin Padma-Krodheshvari im Westen auftaucht. Seine drei Gesichter sind weiß, rot und dunkelrot. Er hält eine Lotosblüte, einen Speer mit drei aufgespießten Köpfen, einen Stab, eine Glocke, eine kleine Trommel und wie seine Gefährtin eine blutgefüllte Schädelschale.

ZWÖLFTER TAG

Am zwölften Tag steht Ihnen eine weitere Variation des immer gleichen Grundthemas bevor, nämlich Karma Heruka mit seiner Gefährtin Karma-Krodheshvari, die ihn Blut trinken lässt. Sein Körper ist grün und seine drei Gesichter sind weiß, rot und grün. Er hält ein Schwert, einen Speer mit drei aufgespießten Köpfen, einen Stab, eine Glocke, eine Schädelschale und eine Pflugschar. Damit enden die streng symmetrischen Visionen, die jeweils einen Tag in Anspruch nehmen. Aber Sie haben das Schlimmste noch keineswegs hinter sich. Eher noch als Steigerung in diesem Ablauf nach dem Tod des Körpers werden Sie nun den acht Mädchen, den acht Hexen, den vier Türhüterinnen, den achtundzwanzig Frauen und den Herren des Todes begegnen.

Die acht Mädchen
Der Name klingt harmlos, doch tatsächlich sind die acht Mädchen wilde, grauenhafte Gestalten, die an die Harpyien der griechischen Mythologie erinnern. Sie tauchen nacheinander aus den acht Himmelsrichtungen (Osten, Süden, Westen, Norden, Südosten, Südwesten, Nordwesten, Nordosten) auf und gesellen sich zu den fünf Blut trinkenden Herukas.
Im Osten erscheint ein weißes Mädchen, eine Leiche wie eine Keule schwenkend, in der anderen Hand eine blutgefüllte Schädelschale.
Im Süden erscheint ein gelbes Mädchen mit gespanntem Bogen.
Im Westen ist es ein rotes Mädchen mit einem Banner aus Krokodilhaut.
Von Norden kommt ein schwarzes Mädchen, mit einem Vajra und einer blutgefüllten Schädelschale.
Von Südosten kommt ein orangefarbenes Mädchen. Sie hat menschliche Därme um sich geschlungen, von denen sie zehrt.
Im Südosten taucht ein dunkelgrünes Mädchen auf und trinkt Blut aus einer Schädelschale, während sie in der anderen Hand einen Vajra hält.
Im Nordwesten ist ein blassgelbes Mädchen zu sehen. Sie nagt an einem Leichnam und hält das herausgerissene Herz in der Hand.
Im Nordosten taucht ein dunkelblaues Mädchen auf. Auch sie gehört zur Klasse der Leichenfresser und hat ihrem Opfer den Kopf abgerissen.

Die acht Hexen
Dichtauf folgen die acht Hexen, die noch abstoßender und bestialischer sind als die Mädchen und sich wie diese zu den Herukas gesellen.

Im Osten erscheint, lässig an einer Leiche nagend, eine dunkelbraune Hexe mit Löwenkopf.
Im Süden ist es eine rote Hexe mit Tigerkopf, knurrend und wilde Blicke schleudernd.
Im Westen folgt eine schwarze Hexe mit Fuchskopf, die eine rasiermesserscharfe Klinge trägt und bluttriefende menschliche Eingeweide verzehrt.
Im Norden taucht eine dunkelblaue Hexe mit Wolfskopf auf. Ihre Augen funkeln böse und auch sie zehrt von einer menschlichen Leiche.
Im Südosten erscheint eine blassgelbe Hexe mit Geierkopf, über der Schulter trägt sie eine Leiche, in den Händen ein Skelett.
Von Südwesten taucht eine dunkelrote Hexe mit Geierkopf auf, die eine abgezogene Menschenhaut um den Hals trägt.
Von Nordosten kommt eine schwarze Hexe mit Krähenkopf, in der einen Hand eine blutgefüllte Schädelschale, in der anderen ein Schwert. Sie verzehrt mit offensichtlichem Genuss Herz und Lunge eines Menschen.
Die Hexe im Nordosten, dunkelblau und mit Eulenkopf, hält in einer Hand ein Schwert und in der anderen einen Vajra.

Die vier Türhüterinnen
Inzwischen dürfte klar sein, dass Sie Zeuge der Entstehung eines erschreckenden lebendigen Mandalas sind – und jetzt erscheinen an den inneren Toren vier imposante Türhüterinnen.
Die Hüterin des östlichen Tors, weiß und pferdeköpfig, hält einen eisernen Krummstab und eine blutgefüllte Schädelschale.
Dann erscheint am südlichen Tor eine gelbe, schweinsköpfige Hüterin mit einer Schlinge.
Im Westen ist es eine rote, löwenköpfige Hüterin mit einer Eisenkette.

Zuletzt erscheint im Norden die grüne, schlangenköpfige Hüterin, die eine Glocke trägt.

Die achtundzwanzig Frauen
Zur Abrundung des gewaltigen Mandalas erscheinen achtundzwanzig tierköpfige Frauengestalten in Sechser- und Vierergruppen. Wie die Hüterinnen, Hexen und Mädchen sind sie nach Wesen der tibetischen (und indischen) Mythologie gestaltet.
Im Osten erscheinen sechs Frauen. Die erste, dunkelbraun und mit einem Yakkopf, hält einen Vajra. Die zweite, orange und mit Schlangekopf, hält eine Lotosblüte. Die dritte, dunkelgrün und leopardenköpfig, hält einen Dreizack. Die vierte ist dunkelblau, hat den Kopf eines Mungo und hält ein Rad. Die fünfte, rot und mit Bärenkopf, trägt einen Speer. Die sechste, weiß und auch mit Bärenkopf, hält eine Schlinge aus menschlichen Därmen.
Im Süden tauchen weitere sechs Frauen auf. Die erste ist gelb, besitzt den Kopf eines Schweins und trägt eine scharfe Klinge. Die zweite ist rot, hat einen Krokodilskopf und trägt einen Krug. Die dritte ist rot, hat den Kopf eines Skorpions und trägt eine Lotosblüte. Die vierte, weiß und mit dem Kopf eines Falken, trägt einen Vajra. Die fünfte ist dunkelgrün und fuchsköpfig und hält eine Keule. Die sechste ist dunkelgelb und tigerköpfig und hält eine mit Blut gefüllte Schädelschale.
Es folgen sechs Frauen aus dem Westen. Die erste ist dunkelgrün, hat einen Geierkopf und hält eine Keule. Die zweite ist rot, pferdeköpfig und hält eine enthauptete menschliche Leiche. Die dritte ist weiß, hat den Kopf eines Adlers und hält eine Keule. Die vierte ist rot, hat den Kopf eines Hundes und hält einen messerscharfen Vajra. Die fünfte ist rot, hat den Kopf eines Wiedehopfs und spannt einen Bogen. Die sechste ist dunkelgrün und hirschköpfig und hält einen Krug.

Schließlich die sechs Frauen aus dem Norden. Die erste ist blau, hat den Kopf eines Wolfs und trägt ein Banner. Die zweite ist rot, hat den Kopf eines Steinbocks und trägt eine Stange. Die dritte ist schwarz, schweinsköpfig und hält eine Schlinge. Die vierte ist rot und krähenköpfig und hält die abgezogene Haut eines Kindes. Die fünfte ist dunkelgrün, hat den Kopf eines Elefanten und trägt eine menschliche Leiche. Die sechste ist blau, hat den Kopf einer Schlange und hält eine Schlangenschlinge.

Zuletzt erscheinen vier Frauen als Hüterinnen der äußeren Tore des Mandalas.

Von Osten kommt eine weiße Frau mit Kuckuckskopf, die einen eisernen Krummstab hält.

Von Süden kommt eine gelbe Frau mit Ziegenkopf, die eine Schlinge hält.

Von Westen kommt eine rote Frau mit Löwenkopf, die eine Eisenkette trägt.

Von Norden kommt eine grüne Frau mit Schlangenkopf, die eine Glocke hält.

Die Herren des Todes

Und um diese Welt des Grauens komplett zu machen, verwandeln sich jetzt alle diese Gestalten in Herren des Todes. Ihnen wird bewusst, dass das gesamte Universum jetzt voller Herren des Todes ist – riesige geifernde, schnatternde Dämonen, die Körper zerfetzen, Gehirne aussaugen, Herzen und Eingeweide herausreißen und wilde Drohgebärden in Ihre Richtung machen.

In dem wüsten Grauen all dieser Scheußlichkeiten schwinden Ihnen die Sinne. Ihr letzter Eindruck von den Bardos ist ein Aufatmen, während Sie sich in die Arme der Ohnmacht sinken lassen.

24 WIEDERGEBURT

Natürlich kommen Sie irgendwann doch wieder zu sich. Die Frage, wie lange das dauert, ist müßig, denn wie gesagt: Für den Abschnitt, der auf den Tod des Körpers folgt, spielt die vertraute Erfahrung von zeitlichem Verlauf keine Rolle. Wichtig ist dagegen, dass die Dämonen jetzt weg sind. Keine blutrünstigen, drohenden Wesen mehr. Und noch etwas hat sich geändert. Ihr Geist ist klarer und mit ihm das Denken. Sie sehen sich um und nehmen – wahrscheinlich entzückt – wahr, dass Sie offenbar wieder in der realen, körperlichen Welt sind.
Und zu alledem scheinen Sie sogar Ihren alten Körper zurückbekommen zu haben.
Sind Sie womöglich gar nicht wirklich gestorben? Vielleicht war es ja eine Nahtoderfahrung samt den zugehörigen Halluzinationen. Doch wenn Sie sich dann Ihrem alten Zuhause und den Verwandten und Freunden nähern, müssen Sie feststellen, dass Ihr Körper, der sich für Sie real und fest anfühlt, tatsächlich ein Gespensterkörper ist. Sie können mühelos durch Mauern gehen und wenn Sie die Menschen ansprechen, ist nicht zu verkennen, dass Sie nicht gehört werden. Wie Sie sich auch an die Menschen hängen und wie laut Sie auch schreien, man wird Sie einfach nicht wahrnehmen.
Das dürfte Sie endgültig davon überzeugen, dass Sie gestorben sind und jetzt wohl eine Art Astralkörper bewohnen. Die Erinnerungen an Ihre Erlebnisse im Bardo verblassen bereits, als wären sie kaum mehr als ein Traum. Aber so sieht die Realität aus: Sie sind gestorben und geistern jetzt. Diese Erkenntnis bewirkt eine merkwürdige Veränderung Ihrer Umgebung: An den Rändern Ihres Gesichtsfeldes verschwimmt alles zu einem grauen,

düsteren Wabern, als würde von allen Seiten ein Nebel auf Sie zu kriechen.

In diesem Zustand müssen Sie nun für einige Zeit umherirren – einundzwanzig Tage lang, wie die alten Texte sagen, doch das dürfte ein Näherungswert sein, vielleicht der Durchschnitt. Ihr Karma bestimmt, wie lange es tatsächlich dauern wird. Sie sind auf Ihrer Wanderung alles andere als froh, irgendetwas zieht Sie zu katastrophalen Naturereignissen hin – Brände, Überflutungen, Orkane, Lawinen und dergleichen. Dabei erleben Sie, dass Ihnen in Ihrem neuen Körper nichts etwas anhaben kann, und doch leben Sie in einem ständigen Gefühl von Bedrohung, als wären Dämonen hinter Ihnen her.

Sie selbst empfinden Ihren Körper als ganz real und handfest, doch tatsächlich sind Sie körperloser Geist. Sie sind zwar wieder *in* der Welt, aber nicht mehr *von* dieser Welt, und die fehlende Verankerung im Körper macht Sie unruhig und nervös. Wahrscheinlich werden Ihnen »Phantom-Empfindungen« wie Kälte oder Schmerz zu schaffen machen. Sie werden mitunter sehr niedergeschlagen oder wütend sein. Von irgendwoher beschleicht Sie das Gefühl einer fortschreitenden Zerrüttung.

Doch all das wird in den Schatten gestellt durch das Wissen, dass Sie tot und allein sind. Und Sie haben nicht die geringste Ahnung, was jetzt zu tun ist.

In Ihrer Ratlosigkeit suchen Sie vielleicht Ihren alten Körper und versuchen – sofern er noch nicht ganz verwest ist oder beerdigt beziehungsweise eingeäschert wurde – in ihn zurückzukehren. Das wird nicht gelingen. Ihr Körper ist wirklich eine Leiche und Leichen werden nicht wieder lebendig. Als Nächstes werden Sie vielleicht versuchen, einen lebendigen Körper zu kapern.

Manches spricht dafür, dass es das Phänomen der Besessenheit von einem Geist tatsächlich gibt, und wenn es so ist, wird es wahrscheinlich in diesem Stadium Ihrer Abenteuerreise nach dem Tod des Körpers dazu kommen. Zum Glück ist echte Besessenheit etwas Seltenes, denn bewohnte Körper scheinen über wirksame natürliche Abwehrmechanismen zu verfügen. Selbst wenn es also keine innere Stimme gibt, die Ihnen davon abrät, den rechtmäßigen Bewohner eines Körpers zu vertreiben, stehen Ihre Chancen gar nicht gut.

Vielleicht stellen sich jetzt die Bardo-Visionen wieder ein, nur nicht in dieser streng strukturierten Form wie zuvor. Als Tibeter, der fest an das Karma-Gesetz glaubt (aber auch als Westler, der an Sünde glaubt), könnte Ihnen der Herr des Todes erscheinen und Gericht über Sie halten. Ihre früheren Missetaten werden Ihnen so detailliert vor Augen geführt, dass Sie all Ihre Lügen und Vertuschungsversuche als völlig vergeblich erkennen müssen. Der Herr des Todes wird eine Menge an Ihnen auszusetzen finden, er wird Sie packen, Ihnen einen Strick um den Hals legen und Sie immer wieder zerstückeln.

So schrecklich Sie das empfinden mögen, es ist doch eher eine symbolische Strafe, da Sie ja nicht wirklich einen Körper haben, dem man etwas antun könnte. So überlässt der Herr des Todes Sie schließlich wieder Ihren ziellosen Streifzügen. Und die sind trostloser als jede Strafe, die Ihnen je auferlegt werden könnte.

Sie würden alles für einen neuen Körper geben – oder für ein wenig Abwechslung. Alles, was irgendwie neu erscheint, zieht Sie magnetisch an.

Und irgendwann wird sich tatsächlich etwas aufregend Neues zeigen: sechs Lichter, eins von sanftem Weiß, eins rot, eins blau, eins grün, eins gelb und eins von rauchigem Grau. Das sind – was Ihnen vielleicht in diesem Augenblick nicht klar wird – die Lichter der Sechs Bereiche der buddhistischen Lehre: weiß für den Bereich der Götter, rot für den Bereich der Halbgötter, blau für den menschlichen Bereich, grün für den Bereich der Tiere, gelb für den Bereich der hungrigen Geister und grau für den Bereich der Höllenwesen. Ein Licht wird Ihnen heller als die anderen erscheinen und Sie fühlen sich mit geradezu unwiderstehlicher Kraft zu diesem Licht hingezogen. Bald fällt Ihnen auf, dass Ihr Astralkörper auch diese Farbe annimmt. Sie bewegen sich auf das Licht zu.

Einerlei, in welchen Bereich Sie jetzt gelangen, werden Sie sich von Paaren in sexueller Vereinigung angezogen fühlen. Dahinter stehen vielleicht Erinnerungen an das lustvollste Erleben in Ihrer letzten Inkarnation. Zugleich können jetzt kurze Visionen aufblitzen, Bilder von möglichen Orten und Umständen Ihrer nächsten Geburt. Auch hier wird es etwas geben, was Sie besonders anzieht. Der sexuelle Akt fasziniert Sie immer mehr. Sie werden vielleicht so nah wie möglich heranzukommen versuchen, um alles genau zu sehen.

Wenn die Empfängnis vollzogen ist, saugt Sie etwas in diesen Schoß hinein, und Sie werden eins mit den ersten Zellen des neu entstehenden Körpers.

Und dort werden Sie die nächsten neun Monate bleiben und geduldig das Licht Ihrer nächsten Inkarnation erwarten.

25 BEFREIUNG

Aber es könnte auch anders kommen. Ich habe Ihnen in den letzten drei Kapiteln einen Teil der Wahrheit verschwiegen. Das *Bardo Thödol* beschreibt nicht einfach den Wiedergeburtsprozess, sondern zeigt auch detailliert auf, wie man die Wiedergeburt vermeiden kann. Für tibetische Mystiker geht es ja letztlich um die Befreiung vom Samsara, um den Absprung vom ewig sich drehenden Rad von Geburt, Tod und Wiedergeburt, das uns in diese Welt der Leiden und Schmerzen bannt. Deshalb ist es unter Tibetern so, dass man dem Sterbenden das gesamte *Bardo Thödol* vorliest, sogar etliche Tage über den Tod des Körpers hinaus. So soll der Geist des Toten zur Befreiung geleitet werden oder, falls das nicht gelingt, wenigstens zu einer günstigen Wiedergeburt.

Der Zeitpunkt ist denkbar gut gewählt. Tibetische Mystiker haben sich die buddhistische Lehre des Nicht-Haftens ganz zu Eigen gemacht und die beste Gelegenheit, sich von allen weltlichen Belangen zu lösen, hat man natürlich ... wenn man tot ist. Wer wird noch mit Begeisterung an seine Arbeit denken, wenn das Herz stehen geblieben ist und das Gehirn seine Tätigkeit eingestellt hat? Darüber hinaus bietet sich *jedem*, unabhängig von seiner Religionszugehörigkeit oder seinem spirituellen Entwicklungsstand, unmittelbar nach dem Tod eine ganz besondere Chance der Befreiung. Wer sie erkennt und ergreift, ist augenblicklich daheim.

Um diesen einmaligen Augenblick verstehen zu können, müssen wir noch einmal auf den Sterbeprozess zurückkommen. Ich habe den Todesaugenblick dort mit folgenden Worten geschildert:

> *Ihr Geist ist so weit reduziert, dass Sie ihn selbst kaum noch ausmachen können. Doch dann, nach einer momentanen Dunkelheit, nehmen Sie wieder wahr, was um Sie her vorgeht – nur von einer anderen Warte aus. Sie sind nicht mehr in Ihren auf dem Sterbelager liegenden Körper eingesperrt.*

Der wichtige Ausdruck ist hier »momentane Dunkelheit«, der zwar nicht falsch, aber doch unvollständig ist. In der Rückschau

scheint es sich um die Dunkelheit einer kurzen Ohnmacht und Bewusstlosigkeit zu handeln, aber eigentlich ist es eher ein Augenblick des Vergessens. Nach den mystischen Lehren der tibetischen Tradition geschieht in Wirklichkeit Folgendes:
Mit dem Erlöschen der körperlichen Prozesse und der Sinne wird auch das Bewusstsein schwächer. Zugleich finden im Energiesystem Ihres Körpers wichtige und endgültige Veränderungen statt. Die Energien, die normalerweise in der oberen Hälfte Ihres rechten und linken Seitenkanals wirksam sind, strömen aufwärts, bis sie am Scheitelpunkt des Kopfes zusammenfließen und in den Zentralkanal eintreten.

Diese zuströmende Energie löst einen weißen perlenartigen Tropfen subtiler Essenz, den Ihr Vater während der Zeugung beisteuerte, von seinem Platz. Dieser Tropfen wandert nun mit dem Energiestrom im Zentralkanal abwärts und während das geschieht, haben Sie eine Vision von etwas Weißem, das etwas von sehr hellem Mondlicht hat.

Währenddessen fließen die Energien im unteren Teil der Seitenkanäle abwärts, bis sie sich am unteren Ende der Wirbelsäule mischen und so im Zentralkanal aufsteigen, wobei sie einen roten perlenartigen Tropfen lösen und mitschwemmen, den Ihre Mutter während der Zeugung beigesteuert hat. Bei Ihnen erzeugt das den Eindruck eines roten Lichts, etwas heller als das bereits vorhandene weiße Licht.

Die Abwärts- und Aufwärtsbewegungen im Zentralkanal gehen weiter, bis sich die beiden Perlen auf der Höhe des Herzens treffen – in diesem Augenblick kommen alle energetischen Bewegungen zum Stillstand. In dieser »momentanen Dunkelheit«, wie wir es genannt haben, erfahren Sie eine strahlende Helle, die völlig eigenschaftslos ist und trotzdem irgendwie alles umfasst. Der Tod des Körpers hat auch alle psychischen Strukturen ausgelöscht – bis auf einen Grund von reinem Geist, aus dem alle Erfahrung hervorgeht. Anders gesagt, Sie erblicken das, was Tibeter das Klare Licht nennen. Jetzt müssen Sie nur noch zulassen, dass die letzten Reste Ihres Bewusstseins mit diesem Licht verschmelzen, dann haben Sie die vollkommene, endgültige Befreiung erlangt.

Leider erkennen die meisten das Klare Licht gar nicht erst als das, was es ist. Sie nehmen nur eine gewaltige, blendende Helle wahr und sind entsetzt. Ohne das spirituelle Wissen und die Disziplin, die wir bräuchten, um die Gelegenheit beim Schopf zu packen – und das scheint nach den tibetischen Texten wirklich ein sehr kurzer Augenblick zu sein –, reagieren wir mit Panik und »fliehen das Licht«, wie es im *Bardo Thödol* heißt.

Und es bleibt nicht bei der Flucht. Um sich vor dem Grauen des nackten Seins zu schützen, bauen Sie ganz automatisch und instinktiv die inneren Strukturen wieder auf, die Ihnen die eben erst verlassene äußere Welt wieder wahrzunehmen erlauben. Dazu gehört ein Energiekörper, in dem Sie an Ihrem Sterbelager »aufwachen«. Damit ist der kurze Augenblick, in dem alles möglich gewesen wäre, vorbei. Sie erinnern sich nur an einen Augenblick von »gar nichts«. Es fühlt sich so an, als hätte sich im Augenblick des Todes so etwas wie ein Geist-Körper von Ihrem physischen Körper gelöst und als lebten Sie jetzt darin, aber das ist nur Einbildung. Dieser energetische Körper hat sich kurz nach dem Tod des physischen Körpers ebenfalls aufgelöst, doch da Sie das reine Sein der Erleuchtung nicht ertrugen, haben Sie sich einen neuen Energiekörper erschaffen, und als dieses Gespenst leben Sie nun.

Was weiter geschieht, ist ebenfalls zum größten Teil Illusion. Das gilt ganz sicher für die Gottheiten und Dämonen der Bardos. Anfangs ist Ihr neuer Energiekörper noch schwach und nicht voll funktionstüchtig. Immerhin gibt er Ihnen die Möglichkeit, vor den Schrecken des reinen Seins zu fliehen und bis zu einem gewissen Grade Ihre vertraute Welterfahrung wiederherzustellen. Aber nichts ist ganz so, wie es einmal war. Ihr Bewusstsein ist instabil und kann die samsarischen Strukturen nicht wie früher zusammenhalten. Sie befinden sich in einem Schwebezustand wie jemand, der noch halb im Traum ist, und Sie werden das möglicherweise so verstehen, als bewegten Sie sich in Richtung der spirituellen Bereiche.

Was nicht ganz falsch ist. Sie treiben wirklich auf das Klare Licht Ihres ursprünglichen Geistes zu, aber die mentalen und energetischen Strukturen, die Sie neu geschaffen haben, lassen nicht mehr zu, dass Sie es so rein erfahren wie im Augenblick Ihres Todes. Sie lassen es nur noch als Symbole, als Projektionen seiner Essenz in Erscheinung treten, gleichsam gebremst und reduziert durch die Strukturen, die Sie gerade neu anlegen. Die Bardos, so real sie Ihnen erscheinen mögen, sind Träume. Die Wesen, die darin auftauchen, sind samt und sonders Kreaturen Ihres eigenen Tiefenbewusstseins.

Deshalb hat die Bardo-Erfahrung über weite Strecken die beschriebene Mandala-Struktur. C. G. Jung fand heraus, dass die von seinen Patienten gemalten Mandalas Ausdruck der Sehnsucht nach einer unzersplitterten Geistesverfassung sind. Diese Ganzheit des Geistes bekundet sich in den Bardos über die gleiche Symbolik.

Die Projektionen im Bardo sind zunächst durchaus positiver Natur, wie es nicht anders sein kann, wenn sich einem die wahre Wirklichkeit offenbart. Doch dann bauen Sie von Tag zu Tag und von Bardo zu Bardo immer weitere Schutzmechanismen auf, sodass die Projektionen Ihres wahren Geistes immer stärker verfälscht werden, bis Ihre Wahrnehmung gänzlich von paranoiden Wahnvorstellungen bestimmt ist und bis Sie nur noch ein unheilvolles Universum voller Dämonen der übelsten Art sehen.

Aber an jeder Stelle dieses Prozesses können Sie beim Hören der geflüsterten Anweisungen des *Bardo Thödol* aus Ihren Träumen und Albträumen aussteigen, wenn Sie sie als Ihre eigenen Projektionen erkennen und sich auf das hinter ihnen unberührt leuchtenden Klare Licht besinnen.

Ohne spirituelle Vorbereitung und eine davon geprägte Sicht der Dinge wird das allerdings umso schwieriger, je länger Sie dies aufschieben.

In den letzten Phasen Ihrer Traumerlebnisse in den Bardos entfernt sich Ihr Bewusstsein immer weiter von seinem wahren Wesen und zugleich wird der subtile Körper, den Sie sich zugelegt haben, stärker. Ihre Gedanken kehren zur tröstlichen Vertrautheit des Daseins in einem Körper zurück und Ihre Erinnerungen erzeugen ein Verlangen, das Sie in die Welt der Materie zurückzieht.

Ihr Karma bestimmt nach tibetischer Auffassung, in welcher Welt Sie wiedergeboren werden, und Ihre Fantasien von sexueller Lust sorgen dafür, dass Sie die Nähe von Paaren in sexueller Vereinigung suchen. Und wie schon beschrieben, werden Sie schließlich buchstäblich in einen Zeugungsakt verwickelt und Ihr Bewusstsein verschmilzt mit den Zellen dieses neuen Lebens. Der energetische »Feld«-Körper und das Bewusstsein, mit dem Sie in den entstehenden physischen Körper eingehen, modifiziert dessen genetische Programmierung und erlaubt dem Fötus, sich zu entwickeln. Das Feld enthält zwar Gedächtnisspuren Ihres früheren Daseins, doch die sind dem Bewusstsein nicht ohne weiteres zugänglich, zumal es sich auch mit der Entwicklung des Gehirns ändert. Die von schweren Traumen hinterlassenen »Abdrücke« und besonders tief sitzende Charaktereigentümlichkeiten können im neuen Körper fortbestehen, aber wenn Sie geboren werden, sind die Erinnerungen an frühere Existenzen in der Regel verschwunden.

Sie treten in Ihr nächstes Leben ein, als wären Sie ein unbeschriebenes Blatt.

26 DEN TOD TRÄUMEN

Mit den Techniken des Traum-Yoga können wir uns im Leben schon einen Eindruck verschaffen, wie das ist, wenn man ins Klare Licht eintritt und dann mit exakten »Nachbildungen« der verschiedenen Bardos Erfahrungen sammelt. So üben wir uns darin, dem Tod im vollen Bewusstsein der einzelnen Abläufe zu begegnen.

Wenn Sie Traum-Yoga praktizieren, können Sie unabhängig von Ihrem spirituellen Entwicklungsstand nur gewinnen. Und wenn Ihre spirituelle Praxis Sie schon in die Nähe der Erleuchtung gebracht hat, wird der Traum-Yoga Sie befähigen, bei Ihrem Tod ohne Angst oder Widerwillen direkt in den Zustand des Klaren Lichts einzutreten und darin zu bleiben. Dann bleiben Ihnen die Erfahrungen der Bardos erspart und Sie werden sich nicht mehr reinkarnieren müssen. Sie haben Nirvana erreicht, Sie sind frei.

Auch weniger entwickelten Menschen steht die Möglichkeit der Erleuchtung offen. Auch wenn Sie sich vielleicht nicht gleich im Klaren Licht halten können, werden die Probeläufe, die Sie im Traum-Yoga gemacht haben, Ihnen zumindest erlauben, das Klare Licht als das zu erkennen, was es ist. Und dann wird Ihnen auch deutlich sein, dass jetzt die Bardo-Erfahrungen bevorstehen. Da Sie außerdem wissen, dass es lediglich Projektionen sind, schaffen Sie es jetzt vielleicht doch noch, sich trotz des anfänglichen Stolperns dem Klaren Licht zu überlassen.

Da vor allem Angst uns vor dem Klaren Licht zurückschrecken lässt, profitieren selbst Anfänger von den Erfahrungen, die sie mit dem Traum-Yoga gesammelt haben. Sie können sich dann sagen, dass sie in diesem traumähnlichen Zustand nichts zu fürchten brauchen und es folglich nicht nur gegenstandslos, sondern unnötig ist, sein »Heil« in der Wiedergeburt zu suchen. Manchmal kann das allein den Prozess der Reinkarnation unterbrechen, sodass der Mensch es mit ein bisschen Mut und Entschlossenheit doch noch schafft, sich dem Klaren Licht anzuvertrauen.

NACHWORT

Peter Bishop (siehe Literaturverzeichnis) ist einer der ganz wenigen Kenner, die darauf hinweisen, dass es zweierlei Tibet gibt: die geografische Wirklichkeit des Landes auf dem Dach der Welt und das westliche Fantasiegebilde namens Tibet.
Beide sind außerordentlich interessant, wobei letzteres selten wirklich bewusst betrachtet, geschweige denn direkt mit ersterem verglichen worden ist. Für das westliche Bewusstsein ist (oder war) Tibet immer das Land der Geheimnisse und Wunder, ein *Shangri-La*, das in den unsterblichen Worten Louis Armstrongs »*really* la« ist – ein wahrer Himmel der Spiritualität, von lächelnden, friedfertigen Menschen bewohnt, deren hingebungsvolle Religiosität uns alle etwas lehren könnte.
Selten sehen wir Tibeter als hungernd wie ihre unglücklichen Mitmenschen in Afrika. Und wer käme schon auf den Gedanken, dass Tibet wie irgendein nahöstliches Regime im Sinn hätte, seine Nachbarn zu überfallen? Der Gedanke der Korruption schließlich ist überhaupt nicht mit Tibet zu verbinden. Tibet ist Utopia. Tibet war ein Paradies, bis die Chinesen über das Land herfielen.
Wie jedes Fantasiegebilde ist das westliche Tibetbild ein faszinierendes Gemisch aus Wahrheit und Fiktion. Ganz sicher trifft es zu, dass sich Tibet zu einem der religiösesten Länder der Erde entwickelt hat. Seine Wirtschaft war mehr oder weniger ausschließlich auf den Unterhalt der Klöster abgestellt. Ein Viertel der Menschen lebte als Mönche und Nonnen und wurde von den übrigen drei Vierteln vollständig versorgt.
Tibetische Religiosität war keine Fassade für die in der übrigen Welt so verbreiteten klerikalen Machtstrukturen, die vielfach

nur auf Bereicherung und politische Einflussnahme abgestellt sind. Das spirituelle Interesse war echt und ließ Techniken der persönlichen Entwicklung entstehen, wie sie in diesem Buch dargestellt worden sind.

Dennoch ist Tibet nie ein Utopia gewesen. Wie wir bereits gesehen haben, waren die friedfertigen Tibeter einst das am meisten gefürchtete Kriegervolk Asiens. Und noch in der buddhistischen Ära Tibets machten die berittenen Krieger der östlichen Provinz Kham mehr durch ihren grimmigen Kampfgeist als durch meditative Errungenschaften von sich reden. Bis zur chinesischen Invasion war Tibet über Jahrhunderte praktisch abgeriegelt gewesen. Noch im Zeitalter des Welttourismus blieb es eine *Terra incognita*. Nur wenige Ausländer erhielten Zugang und nur wenigen Tibetern wäre es in den Sinn gekommen, ihr Land zu verlassen.

Deshalb blieb der unermessliche Schatz tibetischer Spiritualität weitgehend im Lande. Kaum etwas sickerte durch, um der übrigen Welt als Nahrung zu dienen.

Der Einmarsch der Chinesen, so brutal, blutig, unrechtmäßig und unmoralisch er war, diente über seltsam verschlungene Wege, wie sie der Geist gern nimmt, trotzdem der Sache der Erleuchtung. Als nicht mehr zu übersehen war, dass das maoistische China nicht vor dem spirituellen Erbe Tibets Halt zu machen gedachte, ging dieses spirituelle Erbe einfach außer Landes.

Das erwies sich für die übrige Welt als eine Entwicklung von unschätzbarem Wert. Heute gibt es auf allen Kontinenten zumindest hier und da Zentren des tibetischen Buddhismus. (Auch hier in Irland, wo ich schreibe, ist das nächste Zentrum keine Tagesreise entfernt.) Überall ist man bemüht, die Früchte tibetischer Spiritualität zu bewahren und vielen Menschen zugänglich zu machen. Und sollte es in Ihrer Nähe tatsächlich kein Zentrum geben, ist das auch nicht weiter schlimm, denn die großen spirituellen Texte der tibetischen Tradition werden Ihnen heute, wo Sie auch sind, ins Haus geliefert, sogar als erschwingliche Paperback-Ausgabe.

Das ist ganz einfach gutes Karma in Aktion. Es bleibt zu hoffen, dass dieses Buch Sie dazu anregt, es zu nutzen.

ANHANG: TIBETISCHE SPRACHE UND AUSSPRACHE

Über *die* tibetische Sprache zu sprechen ist nicht ganz richtig. Als die Chinesen 1950 ins Land kamen, mussten sie feststellen, dass in den Klöstern offenbar eine andere Sprache gesprochen wurde als draußen unter den gewöhnlichen Menschen. Dann gab es noch eine höfische Sprache, in der es von Ehrentiteln und Rangbezeichnungen wimmelte. Zudem klaffte eine unübersehbare Kluft zwischen der Schriftsprache, die eindeutig religiöser Natur war, und der gesprochenen Sprache, in der es viel mehr um diesseitige Belange ging.

Damit nicht genug, gab es auch noch regionale Unterschiede in der Aussprache. Unter der Voraussetzung, dass die Schrift die Aussprache zur Zeit ihrer Einführung im 7. Jahrhundert widerspiegelte, waren die Dialekte in Westtibet und Kham wohl noch am ursprünglichsten, während es in Zentraltibet und der Hauptstadt Lhasa zu zahlreichen Abwandlungen gekommen war.

Noch schwieriger wurde die Sache für die Chinesen dadurch, dass im Tibetischen offenbar die Oberbegriffe fehlten. So konnten die Tibeter zwar ohne weiteres von einer Pappel, einer Fichte, einer Weide sprechen, aber den Oberbegriff »Baum« gab es nicht.

Da musste eindeutig etwas geschehen. Die Chinesen nahmen sich vor, auf der Basis des Lhasa-Dialekts eine Standardsprache zu schaffen. Gut zwanzig Jahre später mussten sie einräumen, dass man nur allmähliche Fortschritte machte, aber sie blieben zuversichtlich, dass ihre Standardsprache sich irgendwann durchsetzen werde.

Auch westliche Forscher sehen sich, was die Sprache angeht, vor Probleme gestellt. Westliche Sprachen und das Tibetische haben kein gemeinsames Alphabet, weshalb alle Transliterationen immer nur Annäherungen sein können. In der Tat weichen die Transliterationen schon aus diesem Grund (das heißt abgesehen von den Ausspracheunterschieden im Land selbst) erheblich voneinander ab. So können *Lying* und *Ling* dasselbe tibetische Original meinen.

Im vorliegenden Buch habe ich die Transliterationen so einfach wie möglich zu halten versucht, aber es gibt hier trotzdem Fallgruben. Damit Sie zumindest einige von ihnen erkennen können, gebe ich hier ein paar sehr allgemeine Hinweise zur Aussprache:

Verbindungen wie *ph*, *dh*, *th*, *kh* und *jh* werden normalerweise nicht als Einzellaute, sondern mit deutlicher Trennung vom nachfolgenden *h* ausgesprochen. Das *j* wird »dsch« wie in Dschungel gesprochen.

Ein *c* wird normalerweise »tsch« wie in Matsch ausgesprochen. Beim *ch* ist die Regel des vorigen Absatzes anzuwenden, sodass es »tsch-h« wie in Matsch-Haufen ausgesprochen wird.

Für die Verbindung *tsh* gilt ebenfalls, dass das *h* getrennt gesprochen wird; *z* ist meist ein stimmhaftes s, es kann aber auch wie im Französischen *Jour* klingen. (In manchen Transliterationssystemen werden zur Unterscheidung Akzente gesetzt.)

Wo transliterierte Begriffe mit zwei oder drei Konsonanten beginnen – etwa *Gsang* (»Geheimnis«) oder *Hkhor-lo* (»Rad«) –, bleiben *b*, *d*, *g*, *h*, *l*, *m* und *s* stumm. Darüber hinaus bleiben *d*, *l* und *s* auch am Wortende stumm, modifizieren jedoch die Aussprache vorausgehender Vokale (außer i und e).

Folgt auf *b*, *m*, *p* oder *ph* ein *y*, so ändert sich deren Aussprache. Die Aussprache von *by* entspricht dann dem *j* (»dsch«); *my* wird *ny* wie in Canyon; *py* wird »tsch« wie in Peitsche, und die Verbindung *phy* wird »tsch« mit getrenntem *h* gesprochen.

GLOSSAR

Angkur: Kraftübertragung für eine bestimmte Fähigkeit, in der Regel vom Lehrer auf den Schüler.

Asura: Bewohner des Halbgötter-Bereichs.

Bardo: Bewusstseinszustand; meist jedoch für die Zwischenzustände nach dem Tod und vor der Wiedergeburt verwendet.

Bardo Thödol: Das Totenbuch der Tibeter.

Bön: Die ursprüngliche Religion Tibets.

Bönpoba: Praktizierender des Bön.

Chang: Ritualglocke.

Chenresig: Schutzgottheit Tibets. Traditionell werden die Dalai Lamas als seine Inkarnationen angesehen.

Chöd: Ritual der Selbstopferung.

Dakini: Weibliches Geistwesen.

Damaru: Kleine Doppeltrommel.

Dbu-ma: Zentraler Energiekanal des menschlichen Körpers.

Dorje: Ritualgegenstand. Auch als Repräsentation des »Diamant-Körpers« gesehen, der für das Buddha-Wesen (oder den »göttlichen Funken«) des Menschen steht.

Dorje-Haltung: Entspricht der Lotoshaltung des Hatha-Yoga.

Gtum-mo: Erhöhte Körperwärme, die durch bestimmte Yoga-Formen erzeugt wird.

Hdab-ston: Scheitel- oder Kronen-Chakra.

HUM: Tibetisches Symbol für die göttliche Lebenskraft.

Kangling: Trompete aus einem menschlichen Schenkelknochen.

Kargyut-pa: Anhänger der von Marpa begründeten Schule des tibetischen Buddhismus.

Khor-lo: Energiezentrum (Chakra) des menschlichen Körpers.

Kylkhor: Magischer Kreis.

Lama: Tibetischer Mönch.

Lung-gom-pa: Tranceläufer.

Maheketang: Läufer, der in einem zeremoniellen Lauf Dämonen vertreibt.

Mala: Gebetskette.

Mandala: Streng symmetrische Abbildung des Universums, beim Ritual und zur Meditation verwendet.

Nirvana: Der Zustand, der erreicht ist, wenn man alle Dualitäten aufgelöst hat und sich nicht mehr inkarniert.

OM: Mantrischer Laut, der als Grundklang des Universums gilt.

Panchen Lama: Zweiter Oberlama Tibets nach dem Dalai Lama.

Phurba: Ritualdolch.

Repa: Leichtes Baumwollgewand. Daran angelehnt auch die Bezeichnung für einen Gtum-mo-Adepten.

Rigpa: Die Erfahrung der Aufhebung aller Dualitäten.

Rinpoche: »Kostbarer«; Bezeichnung für einen hohen und verehrten Lama.

Rkyang-ma: Linker Energiekanal des menschlichen Körpers.

Rlung: Die Energie, die in den Rtsa (Kanälen) fließt. Entspricht dem Chi des chinesischen Systems.

Ro-ma: Rechter Energiekanal des menschlichen Körpers.

Rtsa: Energiekanal des menschlichen Körpers.

Samadhi: Ekstatischer Trancezustand, vielfach als Vorstufe des Nirvana gesehen.

Sang-na: Wurzel-Chakra.

Sankha: Muschelhorn; Instrument zum rituellen Gebrauch.

Shugs: In der Samenflüssigkeit enthaltene Energie.

Thangka: Darstellung des Buddha, zu Schutzzwecken gebraucht.

Thig-li: Subtile Essenzen in jedem menschlichen Körper.

Tulpa: Wesenheit, die aus einer Gedankenform entsteht.

Yidam: Meditationsgottheit, die auch als persönlicher Lehrer angesehen wird.

Zhine: Kontemplative Meditation.

LITERATUR-
VERZEICHNIS

Bishop, Peter: *Dreams of Power*. London: Athlon Press, 1993.

Blofeld, John: *The Tantric Mysticism of Tibet*. New York: Dutton, 1970.

Brennan, J. H.: *Discover Reincarnation*. London: Aquarian Press, 1992.

Butler, W. E.: *The Magician: His Training and Work*. London: Aquarian Press, 1963.

Clifford, Terry: *Tibetische Heilkunst*. Bern u. a.: Barth, 1986.

Collins, Andrew: *Gods of Eden*. London: Headline, 1998.

David-Néel, Alexandra, und Lama Yongden: *The Secret Oral Teachings in Tibetan Buddhist Sects*. San Francisco: City Lights. 1971.

David-Néel, Alexandra: *Initiations and Initiates in Tibet*. London: Rider, 1970. (*Der Weg der Erleuchtung: Geheimlehren, Zeremonien und Riten in Tibet*. Stuttgart: Günther, 1960)

dies.: *Magic and Mystery in Tibet*. London: Souvenir Press, 1967. (*Heilige und Hexer*. Wiesbaden: Brockhaus, 1981.)

Evans-Wentz, W. Y. (Hg.): *Tibetan Yoga and Secret Doctrines*. Oxford: Oxford University Press, 1967. (*Geheimlehren aus Tibet*. München: Heyne, 1997.)

Ford, Robert: *Captured in Tibet*. London: Pan Books, 1958.

Govinda, Lama Anagarika: *Grundlagen tibetischer Mystik*. Bern u. a.: Barth, 1999.

Guiley, Rosemary Ellen: *Harper's Encyclopedia of Mystical and Paranormal Experience*. San Francisco: Harper San Francisco, 1991.

Gaytrul Rinpoche: *Ancient Wisdom*. New York: Snow Lion Publications, 1993.

Gyatso, Geshe Kelsang: *A Meditation Handbook*. London: Tharpa Publications, 1993. (*Das Meditationshandbuch*. Zürich: Tharpa, 1995.)

Hodge, Stephen, und Martin Boord: *The Illustrated Tibetan Book of the Dead*. New Alresford, England: Godsfield Press, 2000. (*Das illustrierte tibetische Totenbuch*. Neuhausen am Rheinfall: Urania, 2000.)

Houston, Jean: *The Hero and the Goddess*. London: Aquarian Press, 1993.

Jansen, Eva Rudy: *Klangschalen, Zimbeln, Glocken und Donnerkeile: Funktion und Anwendung*. Havelte, Niederlande: Binkey Kok, 2002.

Kelder, Peter: *Tibetan Secrets of Youth and Vitality*. Wellingborough: Aquarian Press, 1988. (Siehe auch *Die fünf Tibeter*. Frankfurt am Main: Fischer, 2004.)

Landon, Perceval: *Lhasa*, 2 Bde. London: Hurst and Blackett, 1905.

Norbu, Thubten Jigme, und Colin Turnbull: *Tibet: Its History, Religion and People*. London: Pelican Books, 1972. (*Geheimnisvolles Tibet*. Freiburg: Herder, 2000.)

Snellgrove, David L., und Hugh Richardson: *A Cultural History of Tibet*. Bancock: Orchid Press, 2003.

Sogyal Rinpoche: *Das tibetische Buch vom Leben und vom Sterben*. Bern: Scherz, 2004.

Thurman, Robert A. F.: *Essential Tibetan Buddhism*. New Jersey: Castle Books, 1995.

ders.: *Das tibetische Totenbuch*. Frankfurt am Main: Fischer Taschenbuch Verlag, 2000.

Watson, Lyall: *Geheimes Wissen: das Natürliche des Übernatürlichen*. Eschborn: Klotz, 1998.

Zopa Rinpoche und Thubten Yeshe: *Diamantwasser*. Rheinberg: Zero, o. J.

ÜBER DEN AUTOR

J. H. (Herbie) Brennan ist Autor von siebzig erzählenden Werken und Sachbüchern, einige davon internationale Bestseller. Seine Bücher erscheinen in über fünfzig Ländern Europas, Asiens und Amerikas sowie in Australien. Seine *Grailquest*-Serie von Spiel- und Abenteuerbüchern für junge Leser wurde ein Welterfolg.

Brennans geistige Interessen zeigten sich schon früh. Mit Psychologie beschäftigt er sich praktisch, seit er lesen kann, und schon im Alter von neun Jahren hypnotisierte er einen Schulfreund. Mit vierundzwanzig war er der jüngste Zeitungsredakteur in seiner Heimat Irland. Bald darauf veröffentlichte er seinen ersten Roman. Sein Buch *Astral Doorways*, in dem es um außerkörperliche Erfahrungen geht, ist ein Klassiker auf diesem Gebiet.

An Ideen mangelt es Herbie Brennan nicht. Er schreibt nicht nur, sondern interessiert sich auch für Softwareentwicklung, Selbsthilfetechniken und Reinkarnationsforschung. Er hält überall in Großbritannien Vorträge und ist immer wieder gern gesehener Gast bei den Medien.

Wenn Sie Kontakt zu Herbie Brennan aufnehmen möchten, besuchen Sie ihn doch im Internet unter www.herbiebrennan.com. Er hört gern von seinen Lesern und es interessiert ihn immer, wie ihnen dieses Buch gefallen oder vielleicht sogar geholfen hat.

Die geistig-spirituelle Schulung der Kampfmönche

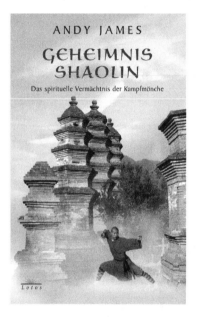

Andy James
Geheimnis Shaolin
Das spirituelle Vermächtnis der Kampfmönche
240 Seiten
ISBN 3-7787-8174-X

Lotos